A History of Urban Housing in
Soviet Union, 1917-1937

苏联城市住房史

(1917—1937)

张 丹 著

图书在版编目(CIP)数据

苏联城市住房史：1917—1937/张丹著. -- 北京：北京大学出版社，2025.5. -- ISBN 978-7-301-36129-0

I. F299.512.3

中国国家版本馆 CIP 数据核字第 20255CR580 号

书　　　名	苏联城市住房史(1917—1937)
	SULIAN CHENGSHI ZHUFANG SHI(1917—1937)
著作责任者	张　丹　著
责 任 编 辑	李学宜
标 准 书 号	ISBN 978-7-301-36129-0
出 版 发 行	北京大学出版社
地　　　址	北京市海淀区成府路 205 号　100871
网　　　址	http://www.pup.cn　新浪微博：@北京大学出版社
电 子 邮 箱	编辑部 wsz@pup.cn　总编室 zpup@pup.cn
电　　　话	邮购部 010-62752015　发行部 010-62750672
	编辑部 010-62752025
印 刷 者	天津中印联印务有限公司
经 销 者	新华书店
	965 毫米 × 1300 毫米　16 开本　13 印张　250 千字
	2025 年 5 月第 1 版　2025 年 5 月第 1 次印刷
定　　　价	58.00 元

未经许可，不得以任何方式复制或抄袭本书之部分或全部内容。
版权所有，侵权必究
举报电话：010-62752024　电子邮箱：fd@pup.cn
图书如有印装质量问题，请与出版部联系，电话：010-62756370

国家社科基金后期资助项目
出版说明

　　后期资助项目是国家社科基金设立的一类重要项目,旨在鼓励广大社科研究者潜心治学,支持基础研究多出优秀成果。它是经过严格评审,从接近完成的科研成果中遴选立项的。为扩大后期资助项目的影响,更好地推动学术发展,促进成果转化,全国哲学社会科学工作办公室按照"统一设计、统一标识、统一版式、形成系列"的总体要求,组织出版国家社科基金后期资助项目成果。

全国哲学社会科学工作办公室

目 录

前 言 ·· 1

第一编 军事共产主义时期集中化的住房管理与城市居民的住房状况(1917—1921)

第一章 严峻的住房形势与住房理论的指导 ························ 3
  一 一战前尖锐的住房问题 ·· 3
  二 战争后破败的住房事业 ·· 7
  三 马克思主义理论的决定性影响 ··································· 9
  四 军事共产主义政策的助推 ·· 11

第二章 住房政策的出台 ··· 12
  一 住房公有化政策 ··· 12
  二 重新分配住房政策 ··· 14
  三 集中管理住房政策 ··· 15
  四 改造和新建住房政策 ·· 16

第三章 集中化的住房管理 ··· 19
  一 将私有住房收归市有 ·· 19
  二 国家统一分配市有住房 ··· 23
  三 国家单一渠道建设住房 ··· 30
  四 疏于管理和近乎无偿使用住房 ································· 32

第四章 城市居民的住房困难 ··· 35
  一 官民共同组建公社房 ·· 35
  二 部分居住场所的改良 ·· 41
  三 居住条件更加艰苦 ··· 42

第二编　新经济政策时期分散化的住房管理与城市居民的住房状况(1921—1927)

第五章　新经济政策的出台与紧迫的住房局势 …………………… 47
　　一　新经济政策的出台 ……………………………………… 47
　　二　住房事业濒临崩溃 ……………………………………… 47
　　三　大饥荒推涛作浪 ………………………………………… 49

第六章　住房政策的调整 ……………………………………………… 50
　　一　住房所有制政策的改变 ………………………………… 50
　　二　松懈管理住房政策的变化 ……………………………… 52
　　三　国家统一建房政策的转变 ……………………………… 58
　　四　单一渠道分配住房政策的转向 ………………………… 60

第七章　转向分散化的住房管理 …………………………………… 62
　　一　将部分市有住房发还原主 ……………………………… 62
　　二　市有住房管理形式分散化和恢复房租征收制 ………… 66
　　三　住房建设主体多元化 …………………………………… 71
　　四　允许租赁买卖房屋和继续紧凑使用市有住房 ………… 79

第八章　部分城市居民住房状况的初步改善 ……………………… 84
　　一　城市住房事业成果斐然 ………………………………… 84
　　二　设施齐备的低、高层新住宅 …………………………… 85
　　三　高层领导干部入住独户住宅 …………………………… 88

第九章　依然严峻的住房形势 ……………………………………… 94
　　一　城市人均居住面积普遍逼仄 …………………………… 94
　　二　青年群众独自组建公社房 ……………………………… 95
　　三　令人身心俱疲的合住房 ………………………………… 98
　　四　肮脏拥挤的集体宿舍 …………………………………… 101

第三编　斯大林模式形成时期高度集中化的住房管理与城市居民的住房状况(1927—1937)

第十章　新经济政策的终结 ………………………………………… 107
　　一　斯大林对战争威胁的预判 ……………………………… 107
　　二　新经济政策终止 ………………………………………… 108

第十一章 住房政策的再度调整 ……………………………………… 111
一 新一轮重新分配住房政策 …………………………………… 111
二 多渠道建房政策收缩 ………………………………………… 114
三 转向住房公有制的政策 ……………………………………… 115
四 统一管理住房政策的出台 …………………………………… 117

第十二章 逐步确立高度集中化的住房管理体制 ………………… 120
一 自动紧凑使用住宅和迁出"人民的敌人" …………………… 120
二 国家成为唯一建房主体 ……………………………………… 124
三 单一住房公有制的建立 ……………………………………… 127
四 垂直管理住房事业 …………………………………………… 129

第十三章 部分城市居民居住条件优越 …………………………… 132
一 城市住房事业继续前进 ……………………………………… 132
二 特殊贡献者的独户住宅和别墅 ……………………………… 133
三 高层领导干部居住区域封闭化 ……………………………… 137

第十四章 广大民众住房状况不容乐观 …………………………… 142
一 公社房退出历史舞台 ………………………………………… 142
二 成为长久居住形式的合住房 ………………………………… 146
三 作家苦闷的合住房生活 ……………………………………… 149
四 工程师激烈的空间争夺战 …………………………………… 151
五 工人苦难的工棚经历 ………………………………………… 153
六 援苏外国工人相对优越的住房条件 ………………………… 156

结 论 ……………………………………………………………… 163

参考文献 …………………………………………………………… 167
住房事业名词对照表 ……………………………………………… 176
苏联城市住房政策一览表（1917—1937） ………………………… 178
后 记 ……………………………………………………………… 181

前　言

　　住房是人类生存的基本条件之一。正如恩格斯所说："人们首先必须吃、喝、住、穿,然后才能从事政治、科学、艺术、宗教等等……"①住有所居的实现通常需要不菲的积蓄,是每个家庭非常重要的一笔开支。因此,这一问题解决得好坏,事关民众的安居乐业和千家万户的切身利益,直接影响社会的和谐与稳定,是各国政府普遍关切的民生之一。

　　人类历史上第一个社会主义国家苏联②早在1930年代即确立了为世人艳羡的、国家全权负责的住房管理体制,彰显了社会主义制度的优越性。遗憾的是,在苏联存在的70余年里,住房事业的发展并不尽如人意,一直是困扰政府和百姓生活的突出社会问题。在1990年,也就是苏联解体前一年进行的问卷调查中,住房问题在"苏联家庭面临的尖锐问题"里排名第一。③丰满理想与骨感现实的巨大反差,引发笔者对苏联住房管理体制的关注和反思。

　　苏联为什么会确立这样一种住房管理体制？其又缘何无法有效解决住房危机？破解苏联"住房难"迷津的关键时段就在1917—1937年。20年间,苏联政府几经调整住房政策,最终在1937年确立了将住房的所有权、建设权、分配权和管理权高度集中于中央的管理方式。在苏维埃政权以后的年代里,这种范式持续应用,变化很小。因此,深入探究这20年的住房历史,是认知"国家化"住房管理来由及效能的基石。

　　20年的探索历程曲折：首先经过了取消商品货币、集权管理经济,直接过渡到共产主义的军事共产主义时期；而后是利用商品货币关系、分权管理经济,迂回过渡到社会主义的新经济政策时期；最后是排斥商品货币关系、高度集权管理经济,在一国建设社会主义的指令性计划经济体制确立时期。在

---

① 《马克思恩格斯选集》第三卷,北京：人民出版社,1995年,第776页。
② 严格意义上讲,1917年11月7日至1922年12月30日之前,俄罗斯的国名应是"苏维埃俄国",1922年12月30日至1991年12月26日,国名才是"苏联"。
③ 黄立茀：《苏联社会阶层与苏联剧变研究》,北京：社会科学文献出版社,2006年,第551页。

三个历史阶段,苏联政府依次建立了"集权""分权""高度集权"的经济管理体制,作为其中的一个组成部分,住房管理体制亦随之变化。完整还原这一演变进程,包括三个时段不同住房管理政策产生的国内外环境、基本内容及其运行情况,将使每种管理方式的成就和局限性一目了然,清晰呈现苏联"住房难"的根本原因。这些经验教训对于许多国家解决住房危机具有启迪意义。

对1917—1937年苏联的住房管理进行研究,不仅具有广泛的现实意义,还拥有重要的学术意义。目前,俄罗斯史学界高度重视对苏联社会史的研究,有大批成果问世。正如乌法国立石油工业大学副教授纳·薇·亚历山德罗夫娜所言:"由于专注于长时段的社会发展趋势和社会文化因素的作用,社会史理所当然地成为现代历史思想库中最迫切需要的方向之一……迄今为止,在国外的历史编纂学中,社会史的发展方向显示出巨大的学术潜力,其体现为不仅可以研究历史过程中以前很少关注的诸多方面,还可以发现历史进程中一些环节的连带关系。"[①]

与俄罗斯史学界兴起的社会史研究热潮相比,我国对苏联社会史的研究还是比较薄弱的。因此,笔者不揣浅陋,尝试对1917—1937年苏联城市住房历史,包括住房管理体制和居民的住房状况进行综合研究。一方面,宏观解读20年间出台的住房政策及相应的管理方式、运行情况;另一方面,运用微观研究方法,展示不同住房管理方式下城市居民的住房类型、各类群体的居住场景,及住房环境对人民日常生活和身心健康的深刻影响。通过宏观和微观视角的结合,动态再现国家化住房管理确立的全过程,揭示"住房难"的根本原因,以期拓宽我国苏联社会史研究的畛域,为探讨苏维埃政权与人民的关系提供新的视角和历史依据。

一 国内外学术界的研究动态

关于苏联住房问题,无论在俄罗斯还是国内学界,都尚有较大的研究空间。

(一)苏联解体前的研究状况

1.苏联学界的研究状况。社会主义制度时期,苏联基本没有公开出版反

---

① В. А. Надеждина. Нэповская Россия в зеркале социальной истории // Отечественная история. 2007. №4.

映本国住房情况的档案集。但全国性的人口普查共进行了 7 次,分别是在 1926 年、1937 年、1939 年、1959 年、1970 年、1979 年和 1989 年,其中关于居住情况的记载,是了解苏联不同阶段住房形势的重要档案文献。如苏联国家统计委员会依据 1989 年的全国人口普查资料,专门出版了《苏联人口的住房条件:统计汇编》,内容包括住房面积、人口数量、住房建设等资料,一些指标还同国外进行了对比。①

涉及苏联住房问题的文件集主要分两类。一类是住房法律和政策汇编。主要有《住房法规汇编》②《苏联住房法》③《苏维埃社会主义共和国联盟和加盟共和国住房立法基础及俄罗斯联邦住房法典》。④ 契尔年科、斯米尔丘科夫主编的《党和政府经济问题决议汇编》,共 13 卷。《汇编》收集了自 1917 年十月革命起到 1981 年,苏联中央一级党政最高领导机关作出的各种与经济问题有关的重要决议、法令和决定,是研究苏联政治经济历史的珍贵资料,从中可以找到许多住房法令和决议。另一类是国民经济统计汇编。主要有《苏联国民经济:统计年鉴》⑤《苏维埃政权 40 年来的成就:数据统计汇编》⑥《苏联国民经济 60 年:纪念统计年鉴》⑦《1922—1982 年苏联国民经济:纪念统计年鉴》⑧和《苏联国民经济 70 年:纪念统计年鉴》⑨,从中可以找到苏联住房总面积、新建住房面积、住房类型等相关信息。

与其他拥有丰硕成果的史学领域相比,苏联学者关于本国住房问题的研

---

① Госкомстат СССР. Жилищные условия населения СССР. Статистический сборник. М., информационно-издательский центр Госкомстата СССР, 1990.
② Сборник жилищного законодательства. М., издательство 《Юридическая литература》, 1963.
③ Составил В. К. Хитев. Советское законодательство о жилище. Государственное издательство 《Советское законодательство》, 1937.
④ Основы жилищного законодательства Союза ССР и союзных республик. Жилищный кодекс РСФСР. М., издательство 《Юридическая литература》, 1983.
⑤ Народное хозяйство СССР. статистический ежегодник ЦСУ СССР. 该年鉴从 1957 年开始出版,包含自 1913 年以来的数据。内容包括苏联经济和文化发展资料,如各加盟共和国城市和农村人口的动态数据;5 万人以上城市的人口数量;受过高等教育和中等教育的人数;福利水平;每千人的出生率、死亡率、人口自然增长率、结婚率和离婚率等。
⑥ Достижения Советской власти за 40 лет в цифрах (Статистический сборник). М., Государственное статистическое издательство, 1957.
⑦ Народное хозяйство СССР за 60 лет (Юбилейный статистический ежегодник). М., Статистика, 1977.
⑧ Народное хозяйство СССР. 1922-1982. Юбилейный статистический ежегодник. М., Издательство 《Финансы и статистика》, 1982.
⑨ Ответственный за выпуск Л. А. Уманский. Народное хозяйство СССР за 70 лет: Юбилейный статистический ежегодник. М., Издательство 《Финансы и статистика》, 1987.

究成果有限。出版的学术专著主要有:《1917—1957 年苏联的建设》①《资本主义和社会主义住房问题》②《1918—1920 年苏联的工人阶级:社会政治变革》③《苏联的住宅建筑合作社》。④ 主要论文有:《苏维埃政权建立 40 年来住房建设的发展:城乡建设》⑤《苏联住房建设的主要阶段》⑥《论苏联解决住房问题的途径》⑦《苏联的住房建设前景和住房普查》⑧《关于苏联解决住房问题的方法问题(1918—1921 年在莫斯科进行的革命性住房重新分配)》⑨《共产主义建设和住房问题》。⑩

综合来看,苏联学者研究了三个问题。

(1)关于住房建设问题。这类研究成果占主流,且多是分阶段介绍苏联住房建设的特点、成就及存在的问题。A. E. 哈丽托诺娃按照生产力发展水平、房屋建设的物质技术基础、建筑队伍和劳动人民的创造积极性等因素,将 1918—1963 年的住房建设划分为 1918—1928 年、1928—1955 年以及 1955—1963 年三个阶段,逐一分析了每一阶段的建房特点、住房建设成就及存在的问题。⑪ A. A. 列夫斯基分阶段讲述了 1917—1960 年的住房情况,涉及建房类型、建房组织、建房成就和存在的问题,并介绍了苏联共产党彻底解决住房

---

① Академия строительства и архитектуры СССР. Строительство в СССР. 1917-1957. М., Госстройиздат, 1958.
② М. А. Шипилов. Жилищный вопрос при капитализме и социализме. М., издательство политической литературы, 1964.
③ Е. Г. Гимпельсон. Советский рабочий класс 1918-1920 гг. социально-политические изменения. М., издательство Наука,1974.
④ Ш. Д. Чиквашвили . Жилищно-строительная кооперация в СССР. М., издательство 《Юридическая литература》,1965.
⑤ А. Николаев. Развитие жилищного строительства за 40 лет Советской власти // Городское и сельское строительство. 1957. №10.
⑥ А. Е. Харитонова. Основные этапы жилищного строительства в СССР // Вопросы истории. 1965. №5.
⑦ А. А. Левский. На путях решения жилищного вопроса в СССР // История СССР. 1962. №4.
⑧ К. Виноградов. Перспективы жилищного строительства и перепись жилищного фонда в СССР // Вопросы экономики. 1959. №10.
⑨ Т. В. Кузнецова. К вопросу о путях решения жилищной проблемы в СССР (революционный жилищный передел в Москве. 1918-1921 гг.).// История СССР. 1963. №5.
⑩ А. Корягин. Строительство коммунизма и жилищный вопрос // Вопросы экономики. 1962. №6.
⑪ А. Е. Харитонова. Основные этапы жилищного строительства в СССР // Вопросы истории. 1965. №5.

问题的方针。①

还有采用比较研究方法宣传苏联建房成就的成果。М. А. 希皮洛夫以美国、英国、法国和其他资本主义国家劳动人民的居住条件为参照,讲述苏联是如何解决住房问题的,颂扬其巨大成就,并展望了彻底解决住房问题的美好前景。②

(2)关于住房分配问题。以个案研究为主。Т. В. 库兹涅措娃以莫斯科为个案,运用部分档案材料对1918—1921年重新分配住房的全过程进行了深入研究。作者认为,在国内战争和外国武装干涉频繁发生、国民经济崩溃的情况下,对现有住房进行重新分配是苏维埃政权迅速解决住房危机的唯一途径。重新分配住房具有重大的政治意义,但这只是处理住房问题的第一步,要通过大规模建设住宅根本解决住房危机。③ Е. Г. 吉姆佩利松以莫斯科和彼得格勒为例,详细阐述了十月革命胜利后重新分配住房的情况及存在的问题。④

(3)关于住房所有制问题。А. 科里亚金阐述了在社会主义条件下和向共产主义过渡时期如何解决住房所有制问题。作者认为,住房问题的顺利解决,不仅取决于住房建设的规模,而且取决于住房所有制关系的发展情况。伴随着向共产主义过渡,住房公有制因素影响应越来越大,私有制因素影响应越来越小。⑤

综上所述,苏联学界关于本国住房问题的研究呈现出两个特点:(1)研究成果基本发表于冷战时期,大多带有强烈的意识形态色彩,研究性的成果不多。只有少量利用部分档案材料进行个案研究的文章发表。(2)成果内容多集中于住房建设方面,重在称赞成就。尽管如此,上述成果充分肯定了苏联政府对住房建设的贡献,且提供了一些数据,对于深入研究苏联住房历史具有一定的参考价值。

2. 中国学界的研究状况。从1979年至1990年代初期,国内出版的苏联

---

① А. А. Левский. На путях решения жилищного вопроса в СССР // История СССР. 1962. №4.

② М. А. Шипилов. Жилищный вопрос при капитализме и социализме. М., издательство политической литературы, 1964.

③ Т. В. Кузнецова. К вопросу о путях решения жилищной проблемы в СССР (революционный жилищный передел в Москве. 1918-1921 гг.). // История СССР. 1963. №5.

④ Е. Г. Гимпельсон. Советский рабочий класс 1918-1920 гг. социально-политические изменения. М., издательство Наука, 1974.

⑤ А. Корягин. Строительство коммунизма и жилищный вопрос // Вопросы экономики. 1962. №6.

住房文件集是《苏联共产党和苏联政府经济问题决议汇编》,它是由中国人民大学科学研究处组织翻译的,原著就是上文提到的13卷本《党和政府经济问题决议汇编》,其中含有大量苏联住房法令和决议。

中国学者对苏联住房问题的研究十分薄弱。改革开放后,国内开始翻译和编著了大批苏联经济史著作,其中多有章节涉及住房情况。还有一些杂志也登载了关于苏联住房的编译文章,但研究性成果很少。

译著中颇具规模性的成果,是复旦大学组织人力对《苏联社会主义经济史》的翻译。①原著由苏联科学院经济研究所主编,共七卷,在"人民物质条件改善"的一节往往用少量文字叙述住房的重新分配、建设、房租、居住条件改善的情况,引用了许多统计数据。要特别提到的是译著《苏联经济现状》(下),作者是美国学者。该书用一个专题"苏联的住宅——计划大,行动小"对1950年代以后新建住宅的数量、质量、单位面积、住宅所有权、建设地点、住宅建设成本,及国家对住宅的投资等方面进行了介绍。文后附有《关于计算方法的附录》和《关于统计资料的附录》,讲述了如何根据苏联公布的住宅资料来推算农村住宅拥有量,以及按单位计算的农村住宅拥有量、按单位计算的城市住宅拥有量。此外,文章还配有大量表格和插图,说明住宅建设情况。② 这是目前国内可见关于苏联住宅建设的一份最翔实的资料,只可惜未涵盖整个苏联时期。值得注意的是,书中公布的一些数据,如不同时期苏联住房总面积、城乡住房面积等,往往与苏联官方公布的统计数据存在一定的差异,引用时需仔细辨析。

编著的成果中,金挥等主编的《论苏联经济:管理体制与主要政策》使用一节的篇幅谈到苏联居民的居住条件,讲述十月革命前到勃列日涅夫当政期间苏联居民的居住条件、建房类型、住房的设计施工及其存在的问题,以及住房分配不合理的现象。该书偏重对第二次世界大战后住房情况的描述。③

还有一些编译文章。《俄罗斯研究》《外国经济与管理》《经济学动态》《上海经济研究》等杂志,在1980年代至1991年刊登了大量介绍苏联住房建

---

① 苏联科学院经济研究所编:《苏联社会主义经济史》,北京:生活·读书·新知三联书店,第一卷出版于1979年,之后陆续出版。
② 〔美〕约翰·P.哈特等:《苏联经济现状》(下),北京:生活·读书·新知三联书店,1981年,第582—616页。
③ 金挥、陆南泉、张康琴主编:《论苏联经济:管理体制与主要政策》,沈阳:辽宁人民出版社,1982年,第540—550页。出自相同作者的另一部专著对住房情况的介绍与此内容相似,但篇幅较少,见金挥、陆南泉、张康琴主编《苏联经济概论》,北京:中国财政经济出版社,1985年。

设情况、住房法令等的编译文章。① 这些内容便于国人了解苏联住房事业的情况。

除占主流地位的编译作品外,1980年代有两篇学术论文发表。胡毓鼎对第二次世界大战后苏联城市住房建设、住房分配、住房短缺的原因,以及政府解决住房问题的措施进行了分析。② 王光复简要介绍了十月革命前到1980年代末,苏联城市的住房建设情况,以及1980年代末苏联各共和国的人均居住面积、建房类型,还分析了无偿分配住房制度的弊端及改革情况。③

综上所述,国内学界关于苏联住房问题的研究呈现出三个特点:(1)起步晚。改革开放之后才逐渐纳入学者的视野,以编译为主,研究性成果很少。(2)研究内容缺乏系统性。内容多集中于住房建设方面,且以第二次世界大战后的情况为主。(3)新史料运用有限。1970年代末至1990年代初期,因苏联的住房资料不完全公开,成果中引用的材料基本是官方允许公布的资料,如党中央会议决议、文件,统计资料,《真理报》《劳动报》等报纸。还有一些文章所列数据根本没有注明出处。使用的材料不广泛或未注明出处使研究的真实性打了折扣,这不能不影响分析和结论的客观性。尽管如此,上述成果中对住房建设情况的介绍以及使用的数据,对于宏观了解和研究苏联时期的住房建设、居民住房条件改善的程度等,是有裨益的。

(二)苏联解体后的研究状况

1. 俄罗斯学界的研究状况。1991年以后,随着苏联历史档案的大量解密,以及俄罗斯史学研究思想和研究方法的多元化,俄罗斯学者对苏联住房问题的研究进入了一个崭新的阶段。

---

① 宁健强:《苏联住房建设:数字与事实》,《俄罗斯研究》1985年第3期;许源远:《苏联对住房立法》,《俄罗斯研究》1983年第1期;黄石:《苏联青年的住房问题与青年住房综合体》,《俄罗斯研究》1987年第1期;陈家麟:《苏联的住房建设》,《俄罗斯研究》1986年第2期;奕星:《苏联的住房建设和文化生活设施》,《俄罗斯研究》1983年第2期;许源远:《苏联的住房情况》,《俄罗斯研究》1984年第4期;张劲令:《苏联农村的住房建设》,《俄罗斯研究》1984年第2期;许源远:《苏联公民的住房权》,《俄罗斯研究》1984年第2期;黄之英:《苏联的住房立法》,《国外法学》1983年第6期;方黎:《苏联二〇〇〇年住房纲领》,《建筑经济》1991年第2期;黎方:《苏联的住房建设》,《世界知识》1991年第9期;杨大全:《苏联人的住房问题》,《和平与发展》1991年第1期;C. A. 切尔涅佐夫、周立公:《苏联发展合作住房建设的现状及其具体措施》,《外国经济与管理》1987年第6期;刘秀云:《苏联是怎样解决住房问题的》,《经济学动态》1982年第9期;莫顿、李必樟:《苏联的住房问题》,《上海经济研究》1981年第3期。
② 胡毓鼎:《谈苏联城市住房问题》,《俄罗斯中亚东欧研究》1984年第2期。
③ 王光复:《苏联的城市住房问题》,《城市问题》1989年第6期。

这一时期虽仍未见到关于苏联住房问题的专项档案集出版，需要在信息情报、建筑、经济、日常生活等多类档案文献中细致查找，但仍涌现出大批新成果。代表性专著有：《莫斯科住宅史》①《19世纪末至20世纪中期的莫斯科住宅》②《住房惩罚：苏联的住房政策是管理人民的手段（1917—1937）》③《1900—1941年俄国工业工人的社会文化风貌》。④ 主要论文有：《新经济政策时期将市有住房发还原主：恢复了住房面积还是富裕了公用事业部门？》⑤《"住房问题是如此重要如此病态"：革命后俄国的住房政策和实践（1917—1920年代初）》⑥《新经济政策时期彼得格勒—列宁格勒的住房问题》⑦《1920—1930年代远东在住房公用事业领域的国家政策》⑧《苏维埃政权在革命后第一个20年里的住房政策》⑨《新经济政策时期伏尔加河畔的日常生活：现代化视角下对大众边缘状态的社会心理分析》⑩《作为社会机构的苏联合住房：历史社会学分析（根据彼得格勒—列宁格勒的材料，1917—1991）》⑪

---

① И. П. Кулакова. История Московского жилья. М., О. Г. И, 2006. 该书已译成中文，伊·帕·库拉科娃：《莫斯科住宅史》，张广翔、张文华译，北京：社会科学文献出版社，2017年。

② И. С. Чередина. Московское жилье конца XIX - середины XX века. М., 《Архитектура-С》, 2004.

③ М. Г. Меерович. Наказание жилищем：жилищная политика в СССР как средство управления людьми（1917-1937 годы）. М., РОССПЭН, 2008.

④ С. П. Постников, М. А. Фельдман. Социокультурный облик промышленных рабочих России. в 1900-1941 гг. М., РОССПЭН, 2009.

⑤ Т. М. Смирнова. Демуниципализация домов в годы нэпа：восстановление жилого фонда или обогащение коммунальных служб?（По материалам Москвы и Московской губернии）. См.: Российская академия наук институт российской истории. НЭП: экономические, политические и социокультурные аспекты. М., РОССПЭН, 2006.

⑥ Т. М. Смирнова. "жилищный ворпос-такой важный и такой больной...": жилищная политика и практика в послереволюционной России（1917-начало 1920-х гг.）. The Soviet and Post-Soviet Review, 33, Nos. 2-3（2006）.

⑦ Елена Кириллова. 《Квартирный вопрос》 в Петрограде-Ленинграде в годы нэпа // Российская история. 2016. №1.

⑧ Т. А. Ярославцева. Государственная политика в жилищно-коммунальной сфере на дальнем востоке в 1920-е-1930-е годы // Отечественная история. 2006. №5.

⑨ И. Б. Орлов. Жилищная политика советской власти в первое послереволюционное двадцатилетие. http://orlov-i-b. narod. ru/otechist/Kvartira. doc. 2007年5月15日下载。

⑩ И. А. Гатауллина. Нэповская повседневность Поволжья: социально-психологический анализ 《массовой маргинальности》 в контексте модернизационной перспективы. См.: Российская академия наук институт российской истории. НЭП: экономические, политические и социокультурные аспекты. М., РОССПЭН, 2006.

⑪ Е. Ю. Герасимова. Советская коммунальная квартира как социальный институт: историко-социологический анализ（на материалах Петрограда-Ленинграда, 1917-1991）. диссертация...кандидата социологических наук . С. -Петербург, 2000.

《苏联城市的住房:历史社会学研究(列宁格勒,1918—1991)》。①

俄罗斯学者的研究涉及四方面问题。

(1)关于住房建设问题。这些成果可分为两类,一类是史料型论文。В. А. 阿维尔琴科提供了俄国在十月革命前、苏联时期、俄罗斯时期住房建设和住房条件的详细统计数据。② 另一类属于建筑史。代表作是《20世纪俄罗斯的住房》,这是一部学术论文集,收录了西方和俄罗斯学者的9篇成果,1993年推出英文版,2001年被译成俄文出版。该书研究了1880年到勃列日涅夫执政时期俄国城乡多种住房类型,包括茅草屋、私邸、合住房、赫鲁晓夫楼和勃列日涅夫火柴盒。这是目前为止唯一一部比较完整叙述苏联住房类型发展历史的作品。但因该书是一部论文汇编,难免缺乏系统性。③ И. П. 库拉科娃专门研究了12世纪至21世纪初莫斯科住宅类型的演变过程,依次为木舍、庄园式建筑、独家公寓、宿舍式住房和多单元小区住宅。④ 此外,《19世纪末至20世纪中期的莫斯科住宅》也谈及莫斯科的住房类型。

(2)关于住房政策问题。可以将这些成果分成两类。

第一类关注住房政策本身,包括政策的内容、实施情况及其评价。⑤ Т. М. 斯米尔诺娃以莫斯科和莫斯科省为个案,运用大量档案材料深入细致地研究了新经济政策时期,国家将部分市有住宅发还原主的问题。结论是远远不是所有应当发还原主的中小房产都归还给了原业主,公用事业处从中大发横财。⑥ 在另一篇论文中,该作者还研究了1917年至1920年代初期苏联住房政策的演变。⑦

---

① Катерина Герасимова. Жилье в советском городе: историко-социологическое исследование (Ленинград, 1918-1991). https://instryktsiya.ru/instr/8509/index.html. 2019年5月25日下载.

② В. А. Аверченко, И. Г. Царев. Жилищное строительство—старая песня о главном // Экономика и организация промышленного производства. 2005. №7.

③ Составление и редакция: Уильям Брумфилд и Блэр Рубл. Жилище в России: век XX. Архитектура и социальная история. М.,《Три квадрата》, 2001.

④ И. П. Кулакова. История Московского жилья. М., О. Г. И, 2006.

⑤ Т. М. Говоренкова. Жилищные реформы периода Новой Экономической Политики и возможность применения их опыта в современной России (Федеральное агентство по строительству и жилищно-коммунальному хозяйству). http://www.comhoz.ru/content/document_r_E44438A8-0BEF-4E85-8573-FEE9528279C1.html. 2007年4月16日下载.

⑥ Т. М. Смирнова. Демуниципализация домов в годы нэпа: восстановление жилого фонда или обогащение коммунальных служб? (По материалам Москвы и Московской губернии). См.: Российская академия наук институт российской истории. НЭП: экономические, политические и социокультурные аспекты. М., РОССПЭН, 2006.

⑦ Т. М. Смирнова. "жилищный вопрос-такой важный и такой больной…": жилищная политика и практика в послереволюционной России (1917-начало 1920-х гг.). The Soviet and Post-Soviet Review, 33, Nos. 2-3 (2006).

Е. 基里尔洛娃运用圣彼得堡中央国家档案馆的资料,将新经济政策时期国家对住房租赁合作社的政策划分为 1921—1924 年和 1925—1929 年两个阶段,分别讲述地方执行机构与住房租赁合作社之间的合作与对抗。① 这是目前见到的唯一一篇细致研究住房租赁合作社如何分配住房的文章。此外,还有《1920—1930 年代远东在住房公用事业领域的国家政策》②《苏维埃政权在革命后第一个 20 年里的住房政策》③等。

第二类侧重考量住房政策的作用,如对苏联居民劳动动机、行为方式、生活方式的影响。这方面研究的代表性人物是伊尔库茨克工学院的 М. Г. 梅耶洛维奇教授。2008 年,他出版了专著《住房惩罚:苏联的住房政策是管理人民的手段(1917—1937)》,该书系统梳理了 20 年间出台的住房政策,揭示国家颁布这些政策的目的是借助住房来管理人和把人束缚在工作地点。作者在其他论文中也表达了类似观点。④ 作者的研究也有不足之处,表现为缺乏数据或史实来体现住房政策的实施情况。除 М. Г. 梅耶洛维奇之外,多数学者热衷于研究一定时段内实施的住房政策对某一群体、某一地区居民的影响。⑤

---

① Елена Кириллова. 《Квартирный вопрос》 в Петрограде-Ленинграде в годы нэпа // Российская история. 2016. №1.

② Т. А. Ярославцева. Государственная политика в жилищно-коммунальной сфере на дальнем востоке в 1920-е-1930-е годы // Отечественная история. 2006. №5.

③ И. Б. Орлов. Жилищная политика советской власти в первое послереволюционное двадцатилетие. http://orlov-i-b. narod. ru/otechist/Kvartira. doc. 2007 年 5 月 15 日下载。

④ М. Г. Меерович. Наказание жилищем: жилищная политика в СССР как средство управления людьми (1917-1937 годы). М, РОССПЭН, 2008. М. Г. Меерович. Кто не работает, тот не живет. Жилищная политика как инструмент управления социальными изменениями: опыт России (1917-1941 гг.). http://www. circleplus. ru/archive/n/34/7. 2007 年 6 月 12 日下载。 М. Г. Меерович. Квадратные метры, формирующие сознание-жилище, как средство управления людьми: жилищная политика в СССР. 1917-1932 гг. http://www. circle. ru/personalia/. 2007 年 6 月 12 日下载。 М. Г. Меерович. Социально-культурные основы осуществления государственной жилищной политики в РСФСР (1917-1941 гг.). Улан-Удэ, 2004. http://planetadisser. com/see/dis_242241. html. 2007 年 6 月 12 日下载。

⑤ Н. Б. Лебина. Социально-политическое развитие рабочей молодежи в условиях становления тоталитарного режима в СССР (20-30-е гг.). диссертация ... доктора исторических наук. С. -Петербург, 1994. А. Н. Федоров. Хроники повседневной жизни москвича в послереволюционном городе (1917-1918 гг.): жилищный вопрос. См.: Редкол.: А. С. Сенявский и др. XX век в российской истории: проблемы, поиски, решения: сборник. М., Издательский центр Института российской истории РАН, 2010. Г. Г. Корноухова. Повседневность и уровень жизни городского населения СССР в 1920-1930-е гг. (На материалах Астраханской области). диссертация ... кандидата исторических наук. М., 2004. М. А. Денисова. Повседневная жизнь населения советского провинциального города в 1920-е годы: на материалах города Курска. диссертация ... кандидата исторических наук. Курск, 2010. А. И. Черных. Жилищный передел—политика 20-х годов в сфере жилья // Социологические исследования. 1995. №10. Сергей Журавлев, Михаил Мухин. 《Крепость социализма》: Повседневность и мотивация труда на советском предприятии. 1928-1938 гг. М., РОССПЭН, 2004.

(3) 关于住房条件问题。这类成果非常丰富,可以分为四类。

第一类是对某一区域住房条件的微观研究。И. А. 加塔乌尔莉娜通过对伏尔加河畔各类居民住房条件的比较得出结论:住房问题的解决取决于个人在官位等级中所处的位置。如果一个人没有进入官名册,无法选择住宅,那么他最好成为冶金工。同其他工种相比,冶金工在住宅分配中占据绝对优势。① Н. Б. 列比娜等选取1920年代和1953—1964年两个改革时期,深入研究了彼得格勒城市普通居民和高层领导干部住房类型的变化,及其居住条件、生活情况。② 此外,也有涉及其他地区的成果。③

第二类是对某一社会阶层或社会群体住房条件的微观研究。С. П. 波斯特尼科夫等运用地方档案以及1926年全国人口普查资料,细致叙述了十月革命前、新经济政策时期和工业化时期俄国工人住房分层的发展演变,并通过资料对比批驳了前人的观点,得出自己的看法。结论是1930年代苏维埃国家构建了比十月革命前更大的社会分层,这种不平等为工人提高文化水平和社会地位创造了不同的机会。④ 这是目前为止关于苏联工人住房状况最翔实的研究成果。此外,还有成果涉及莫斯科电厂的工人、列宁格勒党政精英、作家和工程师。⑤

第三类是长时段考察某种住房类型的发展历史。Е. Ю. 格拉西莫娃逐一

---

① И. А. Гатауллина. Нэповская повседневность Поволжья: социально-психологический анализ《массовой маргинальности》в контексте модернизационной перспективы. См.: Российская академия наук институт российской истории. НЭП: экономические, политические и социокультурные аспекты. М., РОССПЭН, 2006.

② Н. Б. Лебина, А. Н. Чистиков. Обыватель и реформы: картины повседневной жизни горожан в годы НЭПа и Хрущевского десятилетия. СПб., Дмитрий Буланин, 2003 (ГИПП Искусство России).

③ Л. В. Лебедева. Повседневная жизнь пензенской деревни в 1920-е годы: традиции и перемены. М., РОССПЭН, 2009. Е. И. Косякова. Городская повседневность Новониколаевска-Новосибирска в конце 1919 - первой половине 1941 г. диссертация... кандидата исторических наук. Омск, 2006. А. А. Рогач. Городская повседневность Самаро-Саратовского Поволжья в 1918-1920 гг. диссертация...кандидата исторических наук. Самара, 2009.

④ С. П. Постников, М. А. Фельдман. Социокультурный облик промышленных рабочих России. в 1900-1941 гг. М., РОССПЭН, 2009.

⑤ Сергей Журавлев.《Маленькие люди》и《Большая история》: иностранцы Московского электрозавода в советском обществе 1920-х-1930-х гг. М., РОССПЭН, 2000. В. С. Измозик, Н. Б. Лебина. Жилищный вопрос в быту Ленинградской партийно-советской номенклатуры 1920-1930-х годов // Вопросы истории. 2001. №4. В. А. Антипина. Повседневная жизнь советских писателей. 1930-1950-е годы. М., Молодая гвардия, 2005. С. Шаттенберг. Инженеры Сталина: Жизнь между техникой и террором в 1930-е годы. М., РОССПЭН, 2011.

阐述了合住房产生、发展的历史,合住房的组织原则,以及合住房中的社会分层。① И. Б. 奥尔洛夫则从社会文化视角研究了合住房的兴亡历程。②

第四类是对城市居民住房条件的宏观研究。H. A. 阿拉洛韦茨叙述了十月革命前到1926年城市家庭的住房类型、住宅内部设施,以及因人口稠密引发的各种问题。③

(4) 关于住房管理的综合研究。这类成果寥寥无几。

C. 格拉祖诺夫等主要研究了俄罗斯的住房公用事业问题,但在开篇对苏联时期的住房所有权、多层住宅的管理权,以及苏联住房公用事业体制的特征作了简要回顾。④ 此外,《圣彼得堡住房总面积发展史》一文,对圣彼得堡市从建城到21世纪初期的住房事业进行了粗线条梳理,内容涉及住房所有制、住房分配、住房管理和住房建设四个方面。⑤

综上所述,俄罗斯学界关于苏联住房问题的研究呈现出三个特点:(1)自2000年以来,关于苏联住房问题的专著、论文大批问世,表明该题目已逐渐受到学界关注。(2)研究内容虽丰富,但多集中于微观研究某一区域、某一社会阶层或群体的住房条件,以及揭示住房政策发挥的社会作用两个层面,在时间维度上偏重二战前,尚缺乏从其他角度,尤其是对住房管理的各个层面综合研究的成果。(3)研究成果普遍运用解密档案,用事实说话。俄罗斯学界的丰硕著述,尤其是利用地方档案进行微观研究的成果,为探索苏联住房全貌拓宽了视角、提供了素材,使用的档案材料也成为后继者可资利用的间接档案。

2. 中国学界的研究状况。苏联解体后历史档案的解密,为国内的苏联史研究提供了大好机遇,旧选题新意层出,新选题不时涌现。苏联住房史虽仍显冷落,但呈现出由编译向利用解密档案开展研究转型的态势。

---

① Е. Ю. Герасимова. Советская коммунальная квартира как социальный институт: историко-социологический анализ(на материалах Петрограда-Ленинграда,1917-1991). диссертация…кандидата социологических наук . С. -Петербург, 2000.
② И. Б. Орлов. Советская повседневность: исторический и социологический аспекты становления. М., Изд. дом Гос. ун-та—Высшей школы экономики, 2010.
③ Н. А. Араловец. Городская семья в России 1897-1926 гг. Историко-демографический аспект. М., РИО ИРИ РАН, 2003. 此外,美国历史学家Ш.菲茨帕特里克介绍了1930年代苏联新、老工业城市居民恶劣的居住条件、因住房短缺引发的日常生活冲突及各种社会问题,对精英们的住房特权也作了简要介绍。其专著在2001年从英文译成俄文出版。См.: Ш. Фицпатрик. Повседневный сталинизм. Социальная история Советской России в 30-е годы:город. М.,РОССПЭН, 2001.
④ Сергей Глазунов, Владимир Самошин. Доступное жилье:люди и национальный проект. М.,издательство《Европа》, 2006.
⑤ История развития жилищного фонда Санкт-петербурга. http://www. zemso-spb. ru/index. php? go = Pages&in = print&id = 48. 2007年5月4日下载。

苏联住房史的研究依然未受到重视的主要原因,与中国在1990年代加快了住房体制改革紧密相关。出于现实关怀,国内学者更关注当代俄罗斯住房制度改革的进展,寻求可资借鉴的经验。这方面涌现的大批研究成果中,虽均涉及苏联时期的住房制度和住房状况,但仅是作为背景提及,且重在揭示弊端。《俄罗斯住房政策与住房市场的现状和未来》是在2006年发表的一篇关于俄罗斯住房改革的学术论文,资料翔实。受主旨所限,文章仅在第一节中,对第二次世界大战之后到戈尔巴乔夫改革这段时期,苏联的人均住房面积、住房所有制情况、住房短缺引发的社会问题、房租情况,以及戈尔巴乔夫的住房改革做了简要回顾。① 其他成果也是如此。②

自2009年起,国内学界开始出现使用解密档案开展住房研究的成果,其多为硕士博士学位论文,为苏联住房史研究注入了新鲜血液。臧志远分国民经济恢复时期和大规模工业化建设时期两个阶段,对苏联时期建造的集合住宅展开研究。结论是,在苏联的历史上,无论十月革命、卫国战争还是战后的重建,都为集合住宅的工业化发展提供了机遇。苏联正是在这一系列社会变革中不断地探索和实践,使得其集合住宅工业化建设水平发展得比较完善。综观苏联集合住宅发展的历程,供给与需求这对矛盾伴随始终,成为政府制定住宅政策要权衡的首要问题。③ 张丹研究了1917—1929年苏联城市的住房历史,得出结论:苏维埃政权在军事共产主义时期采取的集中化住房管理方式,不利于弥补战争对住房事业造成的创伤和解决住房危机,在新经济政策时期采取的分散化住房管理方式取得了积极效果,尽管这种方式运行的时间短暂,但其中蕴含的原则仍被实践证明非常有利于建设住房、管理住房,至今仍有着强大生命力。④ 该作者还对1920—1930年代苏联官民住房条件差距、住宅建筑合作社、城市住房管理体制开展了研究。⑤ 沈晓龙通过对20世

---

① 余南平:《俄罗斯住房政策与住房市场的现状和未来》,《俄罗斯研究》2006年第1期。
② 李凯:《俄罗斯住房保障研究》,西北农林科技大学2010年硕士学位论文。
③ 臧志远:《苏联工业化集合住宅研究》,天津大学2009年硕士学位论文。
④ 张丹:《1917—1929年苏联城市住房历史研究》,中国社会科学院研究生院2009年博士学位论文。
⑤ 张丹:《1920—1930年代苏联领导干部住房问题研究》,载沈志华主编《一个大国的崛起与崩溃》,北京:社会科学文献出版社,2009年,第223—255页。张丹:《苏联新经济政策时期住宅建筑合作社初探》,《中国社会科学院世界历史研究所学术文集》(第7辑),北京:社会科学文献出版社,2011年。张丹:《1920—1930年代苏联的住宅建筑合作社》,载余伟民主编《俄罗斯道路:历史与现实——中国学者的研究视角》,上海:上海三联书店,2013年,第158—172页。张丹:《苏联新经济政策时期城市住房管理体制转型初探》,《俄罗斯研究》2012年第3期,第126—143页。张丹:《城市住房的市场化改革与居民住房状况的初步改善》,载黄立茀等《新经济政策时期的苏联社会》,北京:社会科学文献出版社,2012年,第299—357页。

纪初至70年代苏联城市居民住房问题的研究得出结论,经过历届政府的努力,城市居民人均住房面积得到了显著提高,但住房问题从未彻底解决。原因是:苏联政府实行错误的"赶超"型建设模式;苏联政府对住房建设投资不足;苏联住房建设主体过于单一;苏联政府对住房定位出现偏差。① 杜婧阐述了苏联时期城市市民的住房状况,结论是:在住房条件上,人均居住面积提高并达到标准水平,城市住房建设规模扩大,配套设施进一步完善。②

综上所述,国内学界关于苏联住房问题的研究呈现三个特点:(1)住房问题已逐渐受到学界关注。(2)尚有广阔的研究空间。研究内容多集中于住房条件上,上至住房体制、住房政策,下到建房组织、住房类型、住房的空间分布、住房形势对民众身心的影响等问题,均有待深入细致地研究。(3)新史料运用有限。苏联历史档案解密后,住房档案仍没有得到系统整理和出版,研究者需要在各类档案中细致查找与住房相关的文献,这在一定程度上影响了新史料的应用。

从已掌握的国外、国内研究动态来看,涉及1917—1937年苏联城市住房史的成果中,多关注城市住房管理的某一方面,目前还没有发现对其涵盖的四个主要层面,即住房所有制、住房建设、住房分配和住房管理进行系统考察,完整还原高度集中化住房管理方式确立过程的著作。本书就尝试进行这样的研究。

二　本书的史料来源和研究方法

本书使用的史料来自俄文文献和中文文献,可以分成三类。第一类是档案文献,分为公务档案和私人档案。公务档案包含苏维埃政权法令汇编,苏联共产党历届代表大会、会议和中央全会的决议和决定,苏维埃政权关于住房问题的法令和决议等,国民经济统计年鉴,人口统计年鉴,中央和地方住房管理机关在公务活动中形成的档案。私人档案主要是个人回忆录。第二类是学术文献,包括专著、学术论文和研究报告,其中有来自俄罗斯学者的十余篇副博士、博士学位论文。第三类是社会文献,包括小说和诗歌等文学作品。

本书采用以下研究方法。其一,坚持马克思主义唯物史观,依历史发展的时间顺序,运用多种文献对1917—1937年苏联城市住房历史进行实证研

---

① 沈晓龙:《20世纪初至20世纪70年代苏联城市居民住房问题研究》,吉林大学2014年硕士学位论文。
② 杜婧:《苏联时期城市市民社会生活研究》,吉林大学2019年硕士学位论文。

究,史论结合、论从史出。其二,采用人口学、经济学、统计学等多学科的研究方法,进行严密论证。其三,宏观与微观相结合的研究方法。宏观研究住房管理的演进历程,微观描画城市居民居住条件的变迁,反观不同住房管理方式的优点和不足。二者有机结合,真实再现和分析评价这段住房历史。

三 本书的主要内容

十月革命后的苏维埃俄国,国民经济千疮百孔。由于很快又被迫进行反对外国武装干涉和国内反革命叛乱的战争,经济困难更为严重。为了攻克难关,布尔什维克实行了"军事共产主义"的非常政策和措施,将一切经济命脉集中在国家手中,完全取消商品生产和货币关系。这种集中管理经济的思路,对住房管理产生了深刻影响,执政党力图通过将住房公有化和统一分配,一举解决因战争破坏而加剧的住房危机;在住房所有制和分配方面,将资产阶级和知识分子的私有住房大规模收归国有和市有,通过各级行政机构组织劳动群众搬迁进去,主要以公社房或者合住房的形式居住,近乎无偿使用。同时,也将部分资产阶级等非劳动者迁出住宅,甚至迁出城市;在住房建设方面,由国家出资,建设了苏维埃时期的第一批新住房;在住房管理方面,收归市有的住房暂由自治组织贫农住宅管理委员会代管,地方机构起总领作用。总之,实行了集中化的住房管理方式。

集中化的住房管理取得了历史性功绩:部分工人阶级有生以来第一次从地下室、陋室等搬迁到资产阶级宽敞的大住宅里,居住条件发生了质变。住所的人口密度也有所降低。市有住房中的劳动群众房费低廉,1921年时工人、职员及其家属还彻底免除了房租,过去沉重的经济负担解除了。这些努力虽然所及面十分有限,但显示了苏维埃政权和社会主义制度为工人阶级谋利益的无产阶级性质。

总体来看,这一时期城市居民的居住条件比十月革命前更加艰苦,房舍更为破落,许多群众原地未迁,搬迁者也并不认可政府赠与的礼物。造成这种状况的原因,当然首先是沙俄时期住房问题尖锐,苏维埃政权不可能在短短四年时间解决工业化几十年留下的问题。其次,这与国内战争的破坏和战时紧迫的形势有关。战时国家无暇也无力大举维修和建设新房,而迁入新居的老百姓,改善居住条件的成本亦大大超过了收益。最后,也应该看到集中化住房管理方式存在的缺欠,不利于住房事业的恢复和发展:房屋市有化并近乎无偿使用,使住户与住房之间没有责任义务关系,导致住户不爱惜住宅,住房被人为地污损；国家管理住房的力度较小，使得住房因失修而遭到进一步破坏。这些新问题使原本存在的住房短缺、居住条件恶劣的形势雪上加霜。实践证明，布尔什维克将马克思主义的住房理论机械照搬到苏维埃俄国的尝试并不成功，将穷人迁入富人住房的简单做法不能解决住房危机，还缠绕着太多的后续问题。

新经济政策时期，为了迅速恢复满目疮痍的国民经济，也为了消除继续实行粮食摊派制在农民中间引发的严重不满情绪，苏维埃政权开始引入市场机制，对经济进行分权管理。这种经济管理思路自然也影响到住房领域，住房事业转向分散化管理：将收归市有的少部分住房发还原主，归个人所有和管理；将大部分市有住房租赁给住房租赁合作社集体管理；发动国家、住宅建筑合作社和个人的力量，参与建设住房；恢复房屋的租赁、买卖和房租征收制，地方苏维埃管理的市有住房则继续按照人均面积标准紧凑使用。这种管理方式是对马克思主义住房理论的重大突破，也是布尔什维克针对本国国情，对社会主义国家解决住房危机的一次理论创新。

分散化的住房管理取得了积极效果：城市居民的住房总面积增加；室内配套设施有了一定程度的改善；开始出现设施齐全和居住环境良好的低、高层住宅，定型单元式住宅乃至建筑群；重工业工人的人均居住面积提高；高层领导干部搬进了宽敞、设施齐备的独户住宅。

在充分肯定上述成绩的同时，也要清醒地认识到这些进步仅发生在个别部门，涉及小范围群体，总体来看，城市居民的居住条件并未发生根本性改变，仍居住在合住房、集体宿舍、公社房和工棚里，人均居住面积逼仄，卫生状况恶劣。究其原因，首先是分散化住房管理实际运行的时间只有六年左右，难以偿清沙俄时期积累的旧债、战争的破坏和革命后集中化住房管理方式带来的新债；况且，在这一时期，国家依然采用行政手段，对非国家建设和管理的住房进行限制，从而影响了分散化管理方式可能发挥的效果。此外，因国家的工作重心是恢复和发展国民经济，对住房事业的投资较少、建房面积不多。再加之城市人口自然增长率的上升和大量农民涌入城市做工，以及饥荒导致农村饥民流入城市等因素，住房供需矛盾有增无减。尽管分散化住房管理方式实行的时间短暂、效果有限，但其中蕴含的原则，即住户与住房之间需要有责任关系约束，运用市场因素、调动多方积极性建设和管理住房，减少行政机构对住房事业的干预，被实践证明非常有利于建设住房、管理住房，至今仍具有强大的生命力。

1920年代下半期，基于资本主义国家侵苏战争迫近，以及国内外阶级斗争形势严峻的判断，斯大林终止了新经济政策，逐步建立起高度集中的指令性计划经济体制,住房管理方式亦随之向集中化回归。通过自动紧凑使用住宅和迁出"人民的敌人",重新分配存量住房;基本堵塞了市场分配渠道;撤销住房租赁合作社和住宅建筑合作社,将其租赁和建造的房屋移交给地方苏维埃和工业企业等机构;变相剥夺了私房所有者的所有权,将私房也置于国家掌握之中;近乎取缔私人建房;所有类型的住房都以租赁的形式使用,由各级机构自上而下垂直管理。到1937年,国家将住房分配、所有、建设和管理的权限全部集中在自己手中,高度集中化的住房管理体制确立。自然,作为斯大林模式的一个组成部分,这种管理方式是建立在对马克思主义理论的错误和教条化理解基础上的。

高度集中化的住房管理体制取得了一定进步:城市住房总面积继续增加;人均居住面积已经超过十月革命前的水平;房屋材质和住宅的配套设施也有改善;为工业化作出特殊贡献者住房待遇优渥;高层领导干部的居住环境十分优越且居住空间封闭化。但是,随着分散化管理方式的收缩,国家在住房领域逐步限制市场作用、禁止社会力量参与,住房的商品属性日趋淡化,福利性质突出。住房只被政府作为国民收入中的一项支出,对其投资得不到任何回报,是最赔钱的买卖。所以,即使城市人口不断增加,国家、企业和机关出资建房乃至建设优质住房的动力都明显不足。此外,国家日益集住房管理于一身,却又必须将主要财力用于投入或换取工业化所需的资金、技术和机器设备,实际上也无力兼顾住房大业。种种因素造成住房事业发展空间狭窄,进展缓慢。在1930年代,城市居民仍主要居住在合住房、工棚和集体宿舍里,住房类型未发生质变,公社房则因不符合工业化发展要求被抛弃。总之,高度集中化的住房管理体制将住房事业的发展系于一身,排斥其他力量和市场因素的介入,尤其是将住房作为一种福利品由国家掌握和分配,不利于住房事业的蓬勃发展。

第一编
军事共产主义时期集中化的住房管理与城市居民的住房状况(1917—1921)

十月革命的胜利,标志着人类历史上第一个社会主义国家的诞生。新生政权面临的是什么样的住房形势?执政党又颁布了怎样的住房政策?其实施情况如何?与革命前相比,劳动群众的住房状况是否得到改善?本编就来探讨这些问题。

第一章 严峻的住房形势与住房理论的指导

布尔什维克解决住房问题的主导思想,受到一战前后住房形势和马克思主义理论的深刻影响。

一 一战前尖锐的住房问题

城市住房问题的出现是工业革命的产物。在19世纪上半叶的欧洲,随着工业化的迅猛发展,农村劳动力蜂拥进城,对住房的需求量剧增。而城市尚未做好充分准备,住房供给明显落后,且地价、房价不断上涨,新老居民的居住条件日益恶化,住房危机由此产生。在沙皇俄国,住房问题较西欧国家晚出现几十年,它是在废除农奴制以后出现的。在此之前,大部分农奴被束缚在土地上,流动空间极其有限,城市人口在全国总人口中所占比例很小,所以在城市几乎不存在住房紧张问题。1861年的农奴制改革为俄国的资本主义发展提供了廉价劳动力,获得人身自由的农民大批涌入城市。莫斯科和圣彼得堡①成为最具吸引力的移民城市,人口迅速突破百万,很快出现住房短缺、房价飙升的问题。面对住房的供需矛盾,沙俄政府一味遵循市场化原则,少有作为。私营企业主也很少主动介入,唯有工人中爆发流行病或骚乱时,住房建设才会被提上日程,但很快又一切如初。只有城市杜马投入部分资金,为流落街头的儿童和贫穷的老人开设了收容所和孤儿院;还为低收入的贫困人口提供小客栈。② 正因为这一问题久拖未决,所以,一战爆发前,沙皇俄国的住房问题是十分棘手的,表现在四个方面。

---

① 圣彼得堡始建于1703年,是俄罗斯第二大城市。市名源自耶稣的弟子圣徒彼得,1914年改名为彼得格勒。1924年列宁逝世后,为纪念列宁改名为列宁格勒。1991年又恢复原名圣彼得堡。
② В. В. Святловский. Жилищный и квартирный вопрос в России. Избранные статьи. М., РОССПЭН,2012. С. 6.

第一，人均住房面积狭小。1913年，俄国城市住房总面积为1.8亿平方米，人口为2850万，人均住房面积为6.3平方米，①在欧洲排名靠后。

第二，房屋质量差。1910年俄国城市统计资料显示，在房屋建筑材料上，28.5%为石质建筑，23.1%是混合型建筑，48.4%是木质建筑；在屋顶材料上，主要是木屋顶和草屋顶，铁皮屋顶占36%，还有少量油毡顶和瓦顶。②城市住房以木房为主且多是木屋顶和草屋顶，这样的建筑防腐防潮防火能力差，不如砖石建筑耐久。此次调查仅涉及俄国大中城市，其他城市可想而知。

第三，室内公用设施极为落后。自来水管道数量少且分布不均。1870—1914年，在俄国的欧洲部分和西伯利亚的城市里铺设了135条自来水管道，其中86.6%分布在欧洲部分。多数城市居民从水井和露天水塘取水，因水源极易受污染，经常暴发流行病、传染病、中毒事件频发。③下水道也很少。自来水代表大会常务局在1909年进行的调查显示：俄国欧洲部分的762个城市中只有27个城市有下水道；高加索地区的103个城市中只有6个城市有下水道；西伯利亚和中亚的城市根本就没有。④1910年的统计资料显示，被调查城市中只有5%的房屋安装了电灯。⑤可知，俄国城市房屋内部公用设施的配置水平极低，上下水道和电力照明都属于稀有之物。

第四，居住条件差异巨大。

工人阶级的居住环境不如人意。工人阶级的住房类型包括自己的住房、床位小间公寓、集体宿舍和工棚等。1914年，俄国各地区的工人基本都是居住在私人租赁的住房和自己的住房里。其中，中央黑土区51.5%的工人、维亚茨基省近40%的工人、中央工业区29.8%的工人、伏尔加河中下游地区27.5%的工人、白俄罗斯约1/3的工人居住在自己的住房里。⑥绝大多数工人居住面积在3平方米及以下。10%—30%的住宅位于地下室和半地下室。所有住房中1/6—1/3都很寒冷。在这样的条件下，工人多半无法得到较好

---

① В. А. Аверченко, И. Г. Царев. Жилищное строительство—старая песня о главном // Экономика и организация промышленного производства. 2005. №7. С. 46.

② Там же. С. 45. 1910年俄国城市统计资料是阐述十月革命前住房状况的最完整材料，它涵盖了1228座城市，都是行政中心或不少于1万人口的城市，没有统计小城市及城镇。调查涉及的建筑共25078栋，居住人口为925.7万。

③ Н. А. Араловец. Городская семья в России 1897-1926 гг. Историко-демографический аспект. М., РИО ИРИ РАН, 2003. С. 87.

④ Там же. С. 88.

⑤ Д. Л. Бронер. Жилищное строительство и демографические процессы. М., Статистика, 1980. С. 4.

⑥ С. П. Постников, М. А. Фельдман. Социокультурный облик промышленных рабочих России. в 1900-1941 гг. М., РОССПЭН, 2009. С. 121.

的休息。①

两个首都的工人以租赁床位小间公寓为主。床位小间公寓是由私人出租的一居室住宅，在靠近窗户的地方用不高的薄板隔成几个单间，其余的空间安置一个用于烹饪的公用炉子，还有紧密排列在一起的单人床和双人床。② 公寓如山洞一般漆黑闷热、臭气熏天，墙上的灰泥纷纷下落，窟窿用破布堵着。1910年初，莫斯科有17.4万人在此居住，1912年增加到约32.7万人。此外，还有12.5万人居住在地下室，39.5万人栖息在各类拥挤不堪的住所里。这样，即使不计算居住在小客栈的住户，也可以得出结论，莫斯科70%的居民住房条件极其恶劣，一个小屋人均1.8平方米。③ 圣彼得堡的住房情况也很糟糕。1908年的调查显示，大约70%的单身工人租半张或整张床位，最好的情况是租一个屋角，超过43%的工人家庭拥有一张床位或者一个屋角，人均居住面积2.4平方米。④

与两个首都的情形不同，俄国大部分工业区直接吸纳本地工人，一些工厂的工人甚至世代相传，他们基本都有自己的房子。1914年夏对乌拉尔所有官办企业住房状况的抽查显示，工人村没有集体宿舍，大多数工人居住在自己的住房里。伊热夫工厂和沃特金工厂是维亚茨基省的两家龙头企业，一战前，那里所有的本地工人都有自己的房子，占工人总数的80%，其余的工人向本地人租房。这些私房主要是两层的木构架房屋，底层不高，用于存放东西，贴着底层有一个带篷的院子，顶层住人。相较之下，熟练工人的住房条件较好。他们的房屋是一至两层的，面积大，地基是砖材料的，有阳台，院子里有菜园、井和浴室。在伊热夫工厂，拥有如此居住条件的工人占1/3。但总体来看，大多数工人的住房面积还是比较局促的。伊热夫工厂工人住房的平均面积是35.2平方米，沃特金工厂也接近这个数字，两个工厂共有2/3的工人居住在面积小、带1—2扇窗户的住宅里。

也有一些新兴工业区的住房类型以集体宿舍为主。在巴库地区，石油工人主要居住在工厂的集体宿舍，绝大多数宿舍都靠近作业场，露天堆放的石油废料气味刺鼻，对身体危害极大。⑤ 在乌拉尔和西伯利亚的金矿企业，工

---

① С. П. Постников, М. А. Фельдман. Социокультурный облик промышленных рабочих России. в 1900-1941 гг. М., РОССПЭН, 2009. С. 122-123.
② Д. Л. Бронер. Жилищное строительство и демографические процессы. С. 5-6.
③ В. А. Аверченко, И. Г. Царев. Жилищное строительство—старая песня о главном. С. 47.
④ М. А. Шипилов. Жилищный вопрос при капитализме и социализме. М., издательство политической литературы, 1964. С. 63.
⑤ Д. Л. Бронер. Жилищное строительство и демографические процессы. С. 8.

人及其家属都居住在集体宿舍里,人均居住面积约1平方米。①

恶劣的居住条件却要支付昂贵的房租。1908年,俄国工人的月平均工资为20卢布50戈比,用于住房、取暖和照明的费用占收入的20%—25%;租赁一个单独房间的三项费用占30%—40%,而租赁两个房间,则需要花费60%—65%。②1912年,莫斯科城市杜马的调查显示:在床位小间公寓、地下室等人口过密的住宅里共居住着84.66万人,占全市人口的70%。尽管如此,由于房租太高,在莫斯科还有10%的住宅闲置。③对此,列宁曾经写道:"关于每个大城市中的住宅统计材料告诉我们的情况也完全是这样,居民的底层阶级如工人、小商人、小职员等等,居住条件最坏,他们的住房最窄最差,每一立方英尺的房租却最贵。按单位面积计算,任何工厂宿舍或贫民窟的房租都要比涅瓦大街上任何一所华丽住宅的房租昂贵。"④

各地工人区的住房史料表明,在一战前的俄国,工人的居住条件虽有差距但普遍较差,空间逼仄、人员密集、环境简陋,一些居住区甚至有健康之虞,房租及生活缴费是工人的一笔重大支出。

与工人阶级不良的居住环境形成鲜明对比的是权贵阶级优越的居住条件。资产阶级、国家和军队的高级官吏、工资很高的职员和颇有成就的自由职业者,居住在独栋住宅和多居室独户住宅里,人均面积至少15平方米。莫斯科的富人区位于花园环路以内。1912年的住房普查显示:6—9个房间组成的住宅,平均居住面积为118平方米,包括仆人在内人均13.7平方米;10个及以上房间组成的住宅,平均居住面积为180平方米,包括仆人在内人均19.1平方米。⑤在圣彼得堡,居住在市中心的是工厂主、银行家、高官、医生和律师等,那里到处是豪华的宫殿、花岗岩堤岸、美丽的花园、剧院、大商场。富人们的正房朝着街,非常便利,有正门和后门,室内高度很高,甚至往往有上下两排窗户,不少房屋都装有电梯。⑥室内公共设施也要比工人区齐备得多。如果说在中央区有2%的住宅没有自来水、2.5%没有下水道,那么,在维堡区则有75%的住宅没有自来水、78%没有下水道。⑦可见,权贵阶级的居住

---

① В. А. Аверченко, И. Г. Царев. Жилищное строительство—старая песня о главном. С.47.
② М. А. Шипилов. Жилищный вопрос при капитализме и социализме. С.59.
③ Там же. С.61.
④ 列宁:《现代农业的资本主义制度》(1910年9月15日〔28日〕以后),参见 http://www.71.cn/2011/1208/648556.shtml. 2020年6月12日下载。
⑤ В. А. Аверченко, И. Г. Царев. Жилищное строительство—старая песня о главном. С.46,47-48.
⑥ А. Черных. Становление России советской:20-е годы в зеркале социологии. М., Памятники исторической мысли, 1998. С.197.
⑦ Там же. С.198.

条件普遍良好,住宅宽敞舒适、环境优雅,室内公共设施和周边配套设施齐全。

住所的天壤之别带来身心健康的明显差异。在莫斯科,急性传染病、呼吸系统疾病等的最低发病率位于富人区,通常是在市中心的街区,那里房屋设施齐备,安装了自来水、下水道、电力照明,人口也不稠密。①圣彼得堡市中心的资产阶级街区,每千人的年均死亡率为7—8人,而市郊的工人街区是30—40人,②约为前者的4—5倍。在巴库,工人区的人口死亡率比配套设施最齐备地区高2倍。③

综上所述,一战前的俄国,工业化的快速发展使城市的住房问题凸显,人均面积小,住房质量差、设施少,阶级差别大,工人阶级的健康受到严重威胁。沙俄政府和企业主的消极无为,使住房成为突出的民生问题。

二 战争后破败的住房事业

一战炮火中掌权的布尔什维克继承了沙皇俄国的住房问题遗产,而第一次世界大战及随后的国内战争,又使住房事业蒙受更大损失,为新生政权增加了解决问题的难度。

战争削减住房面积。1914—1922年,全国所有城市至少有20%的房屋被毁,莫斯科达到30%。④ 在敌占城市里有36.1万幢房子遭到彻底破坏。⑤仅1918—1920年间,住房事业的物质损失就超过20亿金卢布。⑥ 1914—1918年,莫斯科的住房总面积从4125万平方米降低到2681.3万平方米。⑦斯卡杰尔特胡同的5—6号楼,留有20多道弹痕,几乎完全报废。⑧ 萨马拉在1917年年底共有10303所房屋,其中33105套房间是住宅。1918年的人均住房面积是4.7平方米,到国内战争结束时,被毁的住房面积达到8万平

---

① Н. А. Араловец. Городская семья в России 1897-1926 гг. С. 87.
② М. А. Шипилов. Жилищный вопрос при капитализме и социализме. С. 63.
③ Там же. С. 65.
④ С. П. Постников, М. А. Фельдман. Социокультурный облик промышленных рабочих России. в 1900-1941 гг. С. 126.
⑤ 苏联科学院经济研究所编:《苏联社会主义经济史》第二卷,第578页。
⑥ М. Аркадьев. О жилищном строительстве в СССР. Государственное издательство политической литературы, 1949. С. 12.
⑦ Редкол.: А. С. Сенявский и др. XX век в российской истории: проблемы, поиски, решения: сборник. М., Издательский центр Института российской истории РАН, 2010. С. 80.
⑧ ЦАГМ. Ф. 1564. Оп. 1. Д. 27. Л. 7. См.: Там же. С. 76.

方米,人均住房面积明显下降。① 1917—1920 年代,喀山市的住宅数量减少近 7500 套。每条街道都有大约 50% 的房屋变成废墟,堆满粪便和垃圾。②可知,本来就不宽余的住房面积在炮火中急剧缩减,城市到处是残垣断壁。

战争使住房质量下降。《真理报》是这样报道莫斯科的住宅情况的。保留下来的住宅处于半破损状态:地板被弄坏了,天花板坍塌了,墙壁受潮了。不夸张地说,在莫斯科未必能找到一套没有破损痕迹、不需要大修的住宅。③尼基茨街心花园 15 号楼被机关枪和大炮摧毁了部分房檐,顶层所有的玻璃和一些窗框都被打掉了,整个屋顶都有弹孔。④ 1921 年春,彼得格勒对 600 所住房的调查显示,133 所也就是 22% 的住房是威胁住户生命的危房。由于上下水管道损坏,地下室灌满了水和粪便,每天约有 1200 万至 1400 多万维德罗的水流淌到地上。在水的浸泡下,彼得格勒已经发生几起房屋倒塌事件,财产及住户无一幸免。⑤ 可知,战火对住房的房顶、墙壁、地板、玻璃甚至承重能力都造成了不同程度的损伤。

战争蹂躏公用设施。战争毁坏了住房公用事业,导致 1.7% 的自来水厂、15.4% 的污水处理厂和 20.2% 的发电站停业。⑥在被敌人占领的城市里,上下水道设备完全被毁坏,电站停止发电。这些情况致使原本就欠发达的公用设施又有许多无法使用。仅内战时期,住房设施的损失就约合 27.04 亿卢布。⑦

拆除木质房屋导致住房数量进一步减少。战时燃料短缺,为了解决这一危机,城市居民被迫拆毁木结构建筑。在莫斯科,仅 1919—1920 年一个严冬就有 2500 所房屋被拆掉,1918 年至 1920 年底共拆除了 5000 所房屋。⑧ 喀

---

① А. А. Рогач. Городская повседневность Самаро-Саратовского Поволжья в 1918-1920 гг. диссертация...кандидата исторических наук. Самара, 2009. С. 61-62.

② Под ред. Павла Романова и Елены Ярской-Смирновой. Советская социальная политика 1920-1930-х годов:идеология и повседневность. М., ООО《Вариант》, ЦСПГИ, 2007. С. 147.

③ А. А. Ильюхов. Жизнь в эпоху перемен:Материальное положение городских жителей в годы революции и Гражданской войны (1917-1921 гг.). М., РОССПЭН, 2007. С. 155.

④ ЦАГМ. Ф. 1564. Оп. 1. Д. 27. Л. 119. См.: редкол. А. С. Сенявский и др. XX век в российской истории:проблемы, поиски, решения. С. 76.

⑤ А. А. Ильюхов. Жизнь в эпоху перемен:Материальное положение городских жителей в годы революции и Гражданской войны (1917-1921 гг.). С. 155.

⑥ РГАЭ. Ф. 1562. Оп. 14. Д. 19. Л. 5. См.: Н. А. Араловец. Городская семья в России 1897-1926 гг. С. 170.

⑦ 苏联科学院经济研究所编:《苏联社会主义经济史》第二卷,第 578 页。

⑧ Т. В. Кузнецова. К вопросу о путях решения жилищной проблемы в СССР (революционный жилищный передел в Москве. 1918-1921 гг.) // История СССР. 1963. №5. С. 142.

山市的许多房屋也被拆卸做木材。对此,一位市民担忧地写道,如果这种情况持续下去,那么"过 3—4 年,喀山将成为一堆建筑垃圾"。①

也有住房遭大火吞噬。燃料匮乏致使集体采暖中断,室内搭建的炉子经常引燃木质住宅。仅 1919—1920 年冬天,莫斯科就有 850 所房屋被烧毁。②此外,为救死扶伤,战时还有许多住房被改作医院。

从以上文献和数据可以看出,长期的战乱使本待拯救的住房事业雪上加霜。作为人民生存的物质基础之一,住房成为亟待解决的现实问题。关于社会主义国家如何处理住房危机,马克思主义理论给予了明确说明,这些设想直接影响着布尔什维克的治房理念。

三 马克思主义理论的决定性影响

马克思主义关于无产阶级在夺取政权后如何巩固政权、建设无阶级的社会,尤其是关于住房问题的论述,对苏维埃政权制定住房政策具有根本性影响。

马克思、恩格斯在《共产党宣言》中论证了建立无阶级的共产主义社会的几个步骤,这些论述是无产阶级政权如何解决住宅问题的理论前提。其主要内容包括:无产阶级首先夺取政权,而后强制性夺取资产阶级的全部资本,消灭私有制,对生产关系进行社会主义改造,大力发展生产力。③恩格斯在

---

① Под ред. Павла Романова и Елены Ярской-Смирновой. Советская социальная политика 1920-1930-х годов: идеология и повседневность. С. 147.
② ГАОР МО. Ф. 4557. Оп. 8. Д. 3. Л. 4. См.: Т. В. Кузнецова. К вопросу о путях решения жилищной проблемы в СССР. С. 142.
③ 政治上,工人革命的第一步就是使无产阶级上升为统治阶级,争得民主。经济上,消灭私有制,发展社会生产力。无产阶级将利用自己的政治统治,一步一步地夺取资产阶级的全部资本,把一切生产工具集中在国家即组织成为统治阶级的无产阶级手里,并且尽可能快地增加生产力的总量。在最先进的国家可以采取下面的措施对所有权和资产阶级生产关系实行强制性的干涉:1. 剥夺地产,把地租用于国家支出。2. 征收高额累进税。3. 废除继承权。4. 没收一切流亡分子和叛乱分子的财产。5. 通过拥有国家资本和独享垄断权的国家银行,把信贷集中在国家手中。6. 把全部运输业集中在国家手里。7. 按照总的计划增加国家工厂和生产工具,开垦荒地和改良土壤。8. 实行普遍劳动义务制,成立产业军,特别是在农业方面。9. 把农业和工业结合起来,促使城乡对立逐步消灭。10. 对所有儿童实行公共的和免费的教育,取消现在这种形式的儿童的工厂劳动。把教育同物质生产结合起来,等等。通过上述对生产关系革命性的改造,全部生产资料集中在联合起来的个人手里,阶级和阶级对立全部消灭,形成这样一个联合体——每个人的自由发展是一切人的自由发展的条件。引自《马克思恩格斯选集》第一卷,北京:人民出版社,1995 年,第 293—294 页。

《共产主义原理》中指出,无产阶级在夺取政权后应该消灭私有制、实现共产主义,涉及住宅问题的表述有:"在国有土地上建筑大厦,作为公民公社的合住房。拆毁一切不合卫生条件的、建筑得很坏的住宅和市区……只要向私有制一发起猛烈的进攻,无产阶级就要被迫继续向前迈进……最后,当全部资本、全部生产和全部交换都集中在国家手里的时候,私有制将自行灭亡,金钱将变成无用之物,生产将大大增加,人将大大改变,以致连旧社会最后的交往形式也能够消失。"①

如果说以上论述奠定了共产主义国家解决住房问题的基调,恩格斯在《论住宅问题》中,则明确阐述了掌权后的无产阶级解决住房短缺的办法:"住房短缺只有在产生这种现象的整个社会制度都已经发生根本变革的时候,才能消除。现在各大城市中有足够的住房,只要合理使用,就可以立即解决现实的'住房短缺'问题……要实现这一点,就必须剥夺现在的房主,让没有房子住或现在住得很挤的工人搬进这些房主的房子中去住。只要无产阶级取得了政权,这种具有公共福利形式的措施就会像现代国家剥夺其他东西和征用民宅供军队宿营那样容易实现了。"在这篇著述中,恩格斯在另一处再次强调,"把属于有财产者阶级的豪华住宅的一部分加以剥夺,并把其余一部分征用来住人,就会立即弥补住房短缺"。②

在马恩的论述里,无产阶级政权解决住宅问题包含以下原则:

第一,政治前提是夺取政权。

第二,共产主义社会里首先要消灭私有制,消灭住宅私有是其中的一个组成部分。

第三,解决工人阶级的住房问题有几个途径:在国有土地上建筑大厦;拆毁一切不合卫生条件的、建造得很差的住宅和市区;剥夺和征用富人的住房,让工人搬迁进去。

第四,在无产阶级政权下,住宅具有公共福利性质,无须通过商品货币关系即可获得。

上述原则构成了俄共(布)领导人关于共产主义社会住宅问题认识的思想基础。1917年3—4月,列宁在《远方来信》中指出,无产阶级流血是要使沙皇和贵族遗留下来的宫殿和富丽堂皇的住宅不致闲置而用来开设济贫院。③ 8—9月,列宁在《国家与革命》一文中提出,"无产阶级的国家……也会

---

① 《马克思恩格斯选集》第一卷,第239—241页。
② 《马克思恩格斯选集》第三卷,第156—157、167、175页。
③ 《远方来信》,《列宁全集》第29卷,北京:人民出版社,1985年,第43页。

'下令'占据住宅和剥夺房屋"。① 显然,列宁的这些思想是受到马克思主义的启发:夺权后无产阶级容易解决住房短缺危机,实现这一愿望的必要条件是剥夺和征用有产者的房产,使其掌握在国家手中。

四 军事共产主义政策的助推

布尔什维克在国内战争期间实行的军事共产主义政策,敦促住房事业加快向公有化方向演进。

十月革命胜利后,苏维埃政权立即向私有制发起了进攻,住房领域概莫能外。但从1918年春天开始,帝国主义国家和俄国国内的地主、资本家、将军和军官联合起来攻打苏维埃俄国,尚未从一战中恢复元气的布尔什维克又被迫卷入内战。在经济困难相当严重的情况下,执政党实施了"军事共产主义政策",取消商品生产和货币关系,由国家完全掌握和统一调度一切经济资源。这种国家集中管理经济的思路,也推动住房事业加速向集中管理方向转变。执政党试图迅速掌管稀缺的住房资源,分配给劳苦大众。

综上所述,布尔什维克接手的是沙俄政府留下来的住房事业烂摊子,而多年的战争又推波助澜。作为一个基本无社会主义建设经验可资借鉴的新生政权,指引其迅速解决住房危机的方法只有马克思主义理论。军事共产主义政策的出台,则推进住房事业快马加鞭向共产主义的住房规则转型。

---

① 《国家与革命》,《列宁选集》第三卷,北京:人民出版社,1965年,第212—213页。

第二章 住房政策的出台

十月革命后的苏维埃俄国,百业待举。由于很快又被迫进行反对外国武装干涉和国内反革命叛乱的战争,捍卫新生政权成为压倒一切的大事,因此,军事共产主义时期的住房政策是在怱偬中仓促出台的。在马克思主义理论的引导下,布尔什维克试图通过将住房公有化并统一分配,一举解决住房危机。

一 住房公有化政策

社会主义制度下,将住房收归公有是消灭私有制的途径之一。于是,在住房所有制方面,促使住房公有化的政策纷纷出台。

在沙皇俄国时期,土地和住房都是私有财产。因此,取缔土地私有制是解除建造于其上的住房私有制的基本前提。1917年10月26日,全俄工兵农代表苏维埃第二次代表大会通过了《关于土地》法令,宣布立刻废除地主土地私有制,不付任何赎金。① 该法令取消土地私有制度,为解决住房所有权问题奠定了法律基础。

在解决土地公有问题后,政府开始出台将私有住房收归城市苏维埃所有的政策。新政权的建立适逢冬季,居住在郊区破旧住房的许多劳动人民在挨冻。而由于移民、暑休后继续留在农村和外出办事等原因,1917—1918年冬

---

① 《苏联共产党和苏联政府经济问题决议汇编》第一卷,北京:中国人民大学出版社,1984年,第6页。在苏维埃政府以后的法令中多次强调废除土地私有制。1918年1月12日,全俄苏维埃第三次代表大会通过了《被剥削劳动人民权利宣言》,指出:"为了实行土地社会化,废除土地私有制,宣布所有土地为全民财产,并根据土地平均使用制原则转交给劳动者,而不付任何赎金。"引自《苏联共产党和苏联政府经济问题决议汇编》第一卷,第23页。1918年1月27日,全俄工兵农代表苏维埃中央执行委员会颁布了《关于土地社会化》法令,宣布"永远废除俄罗斯联邦苏维埃共和国境内一切土地……的任何所有权;从现在起,土地转归全体劳动人民使用,不付任何赎金(公开的或隐蔽的)。"引自《苏联共产党和苏联政府经济问题决议汇编》第一卷,第28页。

季,大城市出现许多空房。为了应急,刚刚夺权的执政党宣布首先将空置房产收归己有。1917年10月30日,内务人民委员部颁布《关于授权城市自治机关管理住房问题》的决议,规定三个月没有业主或原房客居住的住宅就是空住宅,①城市自治机关有权查封所有适合居住的空置房产。② 这样,以地方政府没收空置房产为开端,将私有住房收归市有的序幕拉开。

接下来,国家下令禁止私房买卖。1917年12月14日,俄罗斯联邦人民委员会颁布了《关于禁止不动产交易》法令。规定从12月18日起,禁止以任何形式对城市的一切不动产和土地进行买卖、抵押等交易;继续从事交易者由地方法院处以罚金,直至没收财产。③该法令限制房产流通,为将私房大规模收归市有扫除了障碍。

1918年秋,取缔私房工作正式开始。1918年8月20日,全俄工兵农及哥萨克代表苏维埃中央执行委员会颁布了《关于废止城市不动产的私有财产权》法令:在人口超过1万人的城市里,所有的建筑物包括建筑物下面的土地在内,如果其价值或收益高于地方政府规定的限度,就要取消其私人所有权,交给地方政府支配。经中央政府批准,地方当局有权颁布决议,将本法令的适用范围扩大到1万人以下的城市。在实施本法令时,地方工农代表苏维埃必须颁布补充法令,规定本法令生效的时间、适用范围、执行机构、雇主和租户及房东的义务等。④ 由上述内容可知,私房市有化工作即将突破空房的范围,面向全部私有住宅。凡价值或收益超过地方标准的私人房产,就要被收归市有。分析国家为何没有制定将全部私有房屋都归公的政策,主要有以下两点原因:第一,按照马克思主义理论,房屋市有化的主要对象是有财产者阶级的豪华住宅。因此,无产阶级的房产不应该收归市有。第二,如果全部房屋都实现市有化,意味着地方苏维埃要承担所有房屋的维护责任。从当时的历史条件来看,新生的政权实际上是没有资金和能力做到这一点的。以该

---

① Н. Лебина. Советская повседневность: нормы и аномалии. от военного коммунизма к большому стилю. М., новое литературное обозрение, 2015. С. 91.
② Постановление по Народному Комиссариату по Внутренним Делам. О правах городских самоуправлений в деле регулирования жилищного вопроса. http://istmat.info/node/27761. 2020年6月5日下载。
③ Декрет о запрещении сделок с недвижимостью. См.: Декреты Советской власти. Том Ⅰ. М., 1957. С. 240.
④ 该法令于1917年11月25日刊登在工农临时政府的报纸上,1918年8月20日最终获得批准。Декрет Всероссийского Центрального Исполнительного Комитета Советов Рабочих, Солдатских, Крестьянских и Казачьих Депутатов. Об отмене права частной собственности на недвижимости в городах. http://istmat.info/node/30987. 2020年6月5日下载。

法令为依据,全国各大城市开始按地方苏维埃出台的细则将私有不动产收归市有。

二 重新分配住房政策

在房屋市有化政策出台的同时,苏维埃政权也着手制订对收归市有的住房进行重新分配的政策。它包括迁入和迁出两方面内容,即组织革命前受压迫的劳动者搬迁到资产阶级和知识分子的住房里,合住一套住宅。同时,将部分资产阶级和知识分子迁出住宅,彻底腾出住房。

在马克思主义理论的启发下,十月革命前,列宁就对重新分配住房有一个大概的设想,其核心内容就是"紧凑使用住宅"。在《布尔什维克能保持国家政权吗?》一文中,列宁这样阐述重新分配住房的政策:

> 假设无产阶级国家需要用强迫的方式把一个极其贫苦的家庭搬进富人住宅去。假设我们的工人民警……来到富人住宅进行检查,发现二男二女住着五个房间,于是说:"公民们,请你们挤在两个房间里过一冬吧,腾出两间房让住在地下室的两家搬进去。在我们还没有在工程师(你大概是工程师吧?)的帮助之下为所有的人盖好舒适的住宅以前,你们必须挤一挤……"①

从这个例子可以清楚地看到,原来由四口人居住的一套住宅,经过重新分配后,四口人仅占据两个房间,从外面搬进的两家住到这套住宅的其他房间里,这就是"紧凑使用住宅"。该办法事半功倍。它使贫苦人从原来的陋室搬进富人的住宅,不仅迅即改善了居住条件,还一举消灭了沙俄时期存在的住房条件两极分化问题。普遍以紧凑方式居住,将大大扩展每套住宅的容量,惠及更多的贫苦人民,从而解决住房危机。而劳动者没有通过商品货币关系就获得了良好的住所,这又充分彰显出劳动群众的主人翁地位及社会主义制度的优越性。由于在当时,布尔什维克尚未夺取政权,重新分配住房仅停留在设想阶段。因此,列宁对究竟按照什么样的标准紧凑使用住宅,没有作出具体说明。

十月革命胜利后,面对寒冬以及异常严峻的住房形势,重新分配住房的工作立刻被提上日程。根据《关于授权城市自治机关管理住房问题》决议,城市自治机关在查封空房产后,有权根据其批准的规则和条例,将需要

---

① 《布尔什维克能保持国家政权吗?》,《列宁选集》第三卷,第313—314页。

住房的公民,居住在人口过密或者有损健康的房屋中的公民,迁居到现有住宅里。① 可知,居住条件最差的劳动群众将率先入住空住宅。

1918年8月房屋市有化运动全面展开后,国家开始研究紧凑使用住宅的标准。此前,各地方苏维埃在分配住房面积时往往根据本市的实际情况,制定自己的分配标准。1919年7月17日,卫生人民委员部发布了全国住房面积卫生标准,规定人均8.25平方米。② 从此,迁入工作有了统一的尺度。如果一套住宅中人均面积超过8.25平方米,就意味着出现了"多余面积",就必须允许他人紧凑使用。该决议的出台,也使得每套住宅的居住者,包括原来的房主及后来的入住者,都拥有平等的居住面积。

与人民群众不同,高层领导干部享有单独的居住标准。1917年11月18日,列宁在《人民委员会关于高级职员和官员的薪金额的决定草案》中规定:人民委员家庭成员的住房每人不得超过一间。③ 可知,在新政权建立之初,人民委员的住房待遇就优于普通居民,对他们只有房间数量的限制,无人均面积的约束。

就这样,在城市居民包括高层领导干部中如何分配住房的原则,确立了下来。

三 集中管理住房政策

在将私有住房收归市有并重新分配后,如何管理这些住房的问题摆在了苏维埃政权面前,这就涉及住房管理政策。按照1918年8月20日颁布的法令规定,废除私有财产权的房产要交给地方政权机关支配。可知,地方政府将统一管理市有住房。

作为住房管理的常规内容,国家对房租和公用事业费也出台了政策。1917年10月28日,俄罗斯联邦内务人民委员部颁布了《关于延期支付住房费用》法令,禁止房主以任何形式对住户提高房租;在战争期间和战争结束后3个月内,完全免除服兵役者家属的房租,包括目前租用的住宅、房间和房

---

① Постановление по Народному Комиссариату по Внутренним Делам. О правах городских самоуправлений в деле регулирования жилищного вопроса.
② М. Г. Меерович. Наказание жилищем: жилищная политика в СССР как средство управления людьми(1917-1937 годы). М., РОССПЭН, 2008. С.18.
③ 《列宁全集》第33卷,第101页。

间的一部分。月收入低于400卢布者也取消房租。①可知,新政权在刚刚诞生之际就竭力遏制房租上涨,维护广大租户的利益,还为特殊群体免去房租。1921年1月27日,俄罗斯联邦人民委员会又颁布了《关于免除房租等费用》的法令。宣布从1921年1月1日起,取消国有和市有住房②中工人、职员及其被赡养人的房租;对国家机关、国有企业及在其中工作的工人、职员及其被赡养人,解除水、电、煤气费和污水处理费、公共浴室使用费;战争致残者和劳动致残者,红军和海军的妻子、遗孀、孩子和父母,由社会保障人民委员部和卫生人民委员部照管的人员,也免除上述两方面费用。③ 至此,不仅无偿使用住房的人群大大扩展,国有单位员工及家属、特殊群体甚至还免费享用公用事业服务。

四 改造和新建住房政策

重新分配存量住房虽可以解燃眉之急,但不能从根本上增加群众福祉,解决住房短缺的关键在于建设住房。列宁在阐述重新分配住房的政策时,也表达过类似看法:"在我们还没有在工程师(你大概是工程师吧?)的帮助之下为所有的人盖好舒适的住宅以前,你们必须挤一挤……"④可知,紧凑使用住宅只是执政党的临时举措,为人民群众建造舒适的住宅才是其奋斗目标。1918年8月20日《关于废止城市不动产的私有财产权》法令规定,在人口达到1万以上的城市,只有地方政府才拥有建筑权;在人口较少的城市,建筑权可由地方当局转给个人。⑤ 可知,在苏维埃国家的绝大多数城市里,地方政府是唯一的建房主体。1919年,俄共(布)在党纲中提出了住房建设的基本

---

① Народный Комиссариат по Внутренним Делам РСФСР. Постановление от 28 октября 1917 года О Жилищном моратории. http://www.libussr.ru/doc_ussr/ussr_12.htm. 2020年6月5日下载。
② 在将私房收归公有的实践中,没收的私房分为国有住房和市有住房两种类型,其中被国家机关和部门占用的建筑属于国有住房,其余建筑属于市有住房。1922年7月7日,内务人民委员部颁布第225号通告《关于国有和市有建筑的区别》,明确区分了国有住房和市有住房。См.: Циркуляр НКВД №225 от 7 июля 1922 года О различении национализированных и муниципализированных строений.
③ Декреты Советской власти. Том XII. М., издательство политической литературы,1986. С. 227-229.
④ 《布尔什维克能保持国家政权吗?》,《列宁选集》第三卷,第313—314页。
⑤ Декрет Всероссийского Центрального Исполнительного Комитета Советов Рабочих, Солдатских, Крестьянских и Казачьих Депутатов. Об отмене права частной собственности на недвижимости в городах.

方向:"俄国共产党的任务是:尽一切力量来改善劳动群众的居住条件;消灭旧街区的人口稠密和不卫生现象,取消不适用的住宅,改善旧住宅,修建适合于工人群众新生活条件的新住宅,使劳动者合理地分居各处。"①

可知,地方政府将通过"取消或改善旧住宅"及"修建新住宅"两条途径,提高劳动群众的居住水平。

综上所述,苏维埃政权初建时期颁布的住房政策,涵盖了住房所有制、住房分配、住房管理和住房建设四方面内容,表现出三个特点:

首先,住房政策带有偏颇性。从住房政策的各项内容可以看出,政策制订的侧重点在所有制和分配领域。国家试图通过改变十月革命前的住房所有制形式和分配方式,一举解决住房短缺危机。基于此,住房政策对如何将私有住宅收归市有、怎样统一分配住宅都做出了具体规定。而对于怎么有效管理市有住宅、统一开展住房建设,只出台了方向性的、笼统的政策。

分析住房政策偏重所有制和分配领域的原因,应结合当时的主客观形势。客观方面,囿于战乱、经济崩溃的严酷环境,执政党无暇也无力大规模维修旧住宅及建造新住宅,更没有精力审慎、全面地考虑住房事业的问题,它只寄希望于通过一条捷径渡过眼前的难关。主观来看,根据马克思主义理论,通过"劫富济贫"的办法可以轻松解决住房危机。而布尔什维克出台"将私有住宅收归市有并重新分配"政策的根本原因就在于,它深信这就是最便捷的途径,可以立见成效。因此,从当时的历史条件来看,失之偏颇的住房政策又具有合理性。

其次,住房政策具有阶级性。住房所有制政策和分配政策是明显有利于无产阶级的。因为通过这些政策的实施,资产阶级和知识分子将失去自己住房的所有权甚至居住权,劳动人民则搬迁到他们的住宅里,改善居住条件。此举表明,在无产阶级政权下,劳动者是国家的主人,地位至高无上,他们有权拥有与昔日的权贵平等甚至优越的居住条件。

最后,住房政策体现出集权制特点。从各项政策的内容可知,通过实施私有住宅市有化政策,代表国家利益的地方苏维埃将掌握大量现房的所有权,并负责将房屋统一分配给城市居民使用。由于房产已归地方苏维埃所有,自然,经营管理住房的责任也要由它来承担。此外,地方苏维埃还将建造新房,提升人民的幸福感。这表明,在社会主义国家里,住房事业的各项工作均由国家包揽,不需要社会力量的参与。由此,地方苏维埃变成了住房事业

---

① 《苏联共产党和苏联政府经济问题决议汇编》第一卷,第148—149页。

的大管家。

  总之,苏维埃政权建立初期颁布的住房政策,大体上照搬马恩的原则,也有不完善之处。

第三章 集中化的住房管理

住房政策出台后,相关机构付诸实施,集中化的住房管理体制运转起来。

一 将私有住房收归市有

按照1918年8月20日《关于废止城市不动产的私有财产权》法令规定,国家把没收私有住房的权力赋予地方苏维埃,由它们规定收归市有的标准,被没收的房产也要交给它们管理。地方苏维埃下属的地方经济处是收归私房工作的具体执行部门,它负责统计辖区内住房数量、住房总面积;按照地方苏维埃制定的标准没收私有房产;对收归市有和未收归市有的住房进行登记。而为了管理归公的土地和不动产,地方苏维埃又专门成立了住宅地政处,负责统计住宅和无人居住的房舍;在居民和各机构之间分配房舍;制订修理和新建住房的方案等。在基层,负责住房市有化的组织是住宅管理委员会。它是在一战中诞生的居民自治组织。1914年夏,俄国各城市普遍成立了住宅管理委员会,通常由房主或者房屋管理人员来领导,主要负责战时粮食的分配、颁发粮食等物品的配给证。十月革命后,这一组织依然存在,由全体住户选举产生,具有法人地位。因此,负责将住房收归市有的权力机构是按照"地方苏维埃—地方经济处和住宅地政处—住宅管理委员会"的格局组建的。实践中,因各城市的住房紧张形势有别、地方苏维埃的主动性不一,房屋市有化运动展示出激进和保守两幅图景。

激进行动的表现之一是多地住房市有化的时间早于中央规定。1917年11月30日、12月12日和1918年1月26日,莫斯科市工兵代表苏维埃颁布《关于城市不动产》决议,规定对价值不低于2万卢布或房租年纯收入超过

750卢布的房产,取缔私有财产权。① 于是,莫斯科市、区、县级地方经济处,开始按照这一标准没收私有住房,并由莫斯科市苏维埃住宅地政处统一登记。1917年11—12月间,莫斯科征用了216套房产,1918年征用了4000套房产,占城市房屋总量的1/7。② 可知,先于中央法令半年有余,莫斯科就已启动私房市有化工作。1918年1月29日,彼得格勒市苏维埃颁布决议,规定资产阶级家庭成员每人占有一个房间,其余面积连同财产都要被征用。③ 可知,该市的征用工作是从1918年1月开始的,也早于国家政策半年多。当时的彼得格勒,因居民外流出现许多空房产,住房形势不是非常紧张,所以是按照房间占有量标准操作的。1917年11月24日,在特维尔的莫罗佐夫手工工场,工场委员会研究了保障工人住宅的办法,认为现在可以采取部分措施,如征用主人和行政机构的住房,征用工棚,将战俘营提供给工人。④ 可知,特维尔的住房情势极不乐观。当地工场根据自身情况,在1917年11月就已自发开展了行动,比莫斯科还要早,且连工棚和战俘营都要征用。

表现之二是一些地方苏维埃试图实现全盘市有化。从1918年5月起,彼得格勒市苏维埃就超越法令规定,开始没收整条街道的房屋,到8月20日法令颁布前已达到3000多所。⑤ 1918年11月1日,内务人民委员部地方经济处在莫斯科主持研讨会,讨论不动产市有化问题,会上提出"尽可能全盘市有化"的口号。自此,莫斯科各区执行机构也抛开了没收标准,按顺序将整条街道的私房收归市有,甚至连小房产、低收益或者完全亏本的房产也纳入囊中。⑥ 从以上史料可知,在房屋市有化工作中,莫斯科和彼得格勒均存在跃进行为,不顾及房租收入和房产价值,试图将私有住房全部收公。

表现之三是不顾社会成员的阶级属性随意市有化。63岁的钳工 А. И.

---

① Алексей Федров. Опыт решения жилищного вопроса в Советской России: справедливое распределение или всеобщая вакханалия (на материалах губернских городов центрального промышленного района). https://actualhistory.ru/quarters_in_sov_russia. 2020年6月6日下载。
② А. А. Ильюхов. Жизнь в эпоху перемен: Материальное положение городских жителей в годы революции и Гражданской войны(1917-1921 гг.). С. 150.
③ Там же. С. 151.
④ Там же. С. 150.
⑤ Академия Наук СССР институт истории СССР. Рабочий класс в октябрьской революции и на защите ее завоеваний 1917-1920 гг. Том 1. М., Наука, 1984. С. 362.
⑥ ГАРФ. Ф. Р-130. Оп. 2. Д. 69. ЛЛ. 88-89. ГАРФ. Ф. Р-130. Оп. 4. Д. 247. Л. 53. См.: Т. М. Смирнова. "жилищныйворпос -такой важный и такой больной …": жилищная политика и практика в послереволюционной России(1917-начало 1920-х гг.). The Soviet and Post-Soviet Review, 33, Nos. 2-3(2006). С. 188.

列奥诺夫,贫苦工人家庭出身。他从 14 岁起在机械厂的钳工房工作,通过分期付款购得一套住房。用他的话说,他没有从父母那里得到任何财产,这套房是用毕生的血汗换来的。1918 年 11 月初,在根本不知道缘由的情况下,他的房产被收归市有了。① 莫斯科省沃斯克列先斯克市女住户 O. И. 阿克莉基娜仅有的一处房产也被没收了。她讲道:"我们的物质状况是这样的,工资是唯一的生活来源……这所房子是用艰辛的劳动和巨大的痛苦换来的……真不敢相信,人民政府夺走了工人最后一处栖身之地。"② 69 岁的老太太蕾西娜,是 4 名红军战士的母亲。1919 年,在毫无道理地被没收房产连同全部财产后,老太太流浪街头。③ 尽管俄共(布)八大在 1919 年 3 月 22 日通过的党纲里,明确表示剥夺工作"绝不触犯非资本家房产的利益",④但以上史料表明,房屋市有化工作已背离了初衷,出现不辨阶级属性的情况,不仅工人,甚至红军家属都难逃一劫。更荒诞的是,当事人没有知情权,莫名其妙地就丢失了自己的房产。

与莫斯科、彼得格勒等大城市苏维埃掀起的激进市有化浪潮相左,许多城市做法保守。1918 年秋,科斯特罗马共有 2609 所房产,住户约 8 万人,住房拥有率为每千人 32.6 套,短缺问题非常突出。但科斯特罗马市苏维埃在 1918 年 9 月的报告中宣布,为了不使城市公用事业陷入瘫痪,执行中央 8 月 20 日法令时必须绝对谨慎。1918 年 10—11 月,该市仅将 163 所能够带来高收益的房产转入市苏维埃手中,占全部房产的 6%。亏本、无收益或中等收益的房产都保留在私人手中。⑤ 可知,该市的住房拥有量虽严重不足,但出于担心没有能力管理过多的住房,市政府在贯彻中央精神时非常慎重,只把最优质的房产归公,数量很少。中央统计局发布的关于俄国欧洲部分省城房屋市有化数量的统计资料,也显示出类似情形。截至 1920 年 11 月,沃罗涅日全部 7629 所房产中有 385 所被市有化,占总量的 5%;辛比尔斯克的相应

---

① Т. М. Смирнова. "жилищный ворпос-такой важный и такой больной…": жилищная политика и практика в послереволюционной России(1917-начало 1920-х гг.). С. 190.
② ЦГАМО. Ф. 66. Оп. 12. Д. 1295. Л. 11-12. См.: Т. М. Смирнова. Демуниципализация домов в годы нэпа: восстановление жилого фонда или обогащение коммунальных служб?(По материалам Москвы и Московской губернии). НЭП: экономические, политические и социокультурные аспекты. М.,РОССПЭН,2006. С. 472.
③ Т. М. Смирнова. "жилищный ворпос-такой важный и такой больной…": жилищная политика и практика в послереволюционной России(1917-начало 1920-х гг.). С. 190.
④ 《苏联共产党和苏联政府经济问题决议汇编》第一卷,第 148 页。
⑤ Алексей Федров. Опыт решения жилищного вопроса в Советской России: справедливое распределение или всеобщая вакханалия(на материалах губернских городов центрального промышленного района).

数字为5873所、549所和9%;斯塔夫罗波尔为6442所、135所和2%;沃洛格达为2419所、208所和9%;卡卢加为4834所、294所和6%;梁赞为2997所、168所和6%;马尔科施塔德为1743所、37所和2%;大乌斯秋格为1293所、98所和8%。① 在西伯利亚地区,新西伯利亚市有化住房的数量占全市房产的4.4%。② 从以上数据可知,与莫斯科、彼得格勒将私有住房广泛市有化的做法相比,许多城市的市有化率最高也只有9%。由此初步得出结论,全盘市有化并非普遍现象,房屋市有化程度主要取决于地方苏维埃的态度和魄力。

在私房市有化运动中,地方当局还存在玩忽职守的问题。1922年7—8月,检查委员会在对莫斯科县苏维埃公用事业处的审计检查显示,该处实际上没有进行任何统计:没有记载收归市有的房屋数量,没有记载空置房屋数量,也没有记载全县住房总面积。委员会得出结论:该处在胡乱执行住房政策,既没有计划,也没有任何统计。后来的检查表明,情况并未改变。1923年12月,工农检查院对莫斯科省的一个下级机构进行检查,发现大部分县同原来一样,对无论是否收归市有的建筑都没有统计;在工作中也不考虑具体房产市有化的收益问题。在德米特洛夫县,一些房产被收归市有和发还数次,收归市有的理由往往只是住房面积超标,但这个数据是目测而非实地测量的结果。③ 可知,在没收房产这个涉及居民切身利益的敏感问题上,有些执行机构是极其不负责任的,犯了盲目行事和主观臆断的错误。这样一笔糊涂账为滥用政策和随意支配房产提供了空间。

1921年8月8日,俄罗斯联邦人民委员会颁布了《关于修订收归市有的房产名单》,宣布将一些收归市有的住房转交个人或集体,这个有着反转意味的政策标志着私房市有化工作落幕。但实际上,这一进程并未停止,直到1929年才彻底结束。来自莫斯科的一组数据有助于了解这一情况。

---

① Алексей Федров. Опыт решения жилищного вопроса в Советской России: справедливое распределение или всеобщая вакханалия (на материалах губернских городов центрального промышленного района).
② Е. И. Косякова. Городская повседневность Новониколаевска-Новосибирска в конце 1919-первой половине 1941 г. диссертация ... кандидата исторических наук . Омск, 2006. С. 80.
③ ЦГАМО. Ф. 66. Оп. 12. Д. 1056. Л. 282-283. ЦГАМО. Ф. 66. Оп. 11. Д. 1224. Л. 91. См.: Т. М. Смирнова. Демуниципализация домов в годы нэпа: восстановление жилого фонда или обогащение коммунальных служб? С. 467-468.

表 3-1 莫斯科将私有住房收归市有的房间数量及面积①

时　　间	没收的房间数量(间)	没收的房间面积(平方米)
截至 1923 年 10 月 1 日	21886	347206
1923—1924 年	9874	138156
1924—1925 年	6057	86186
1925—1926 年	3600	46515
1926—1927 年(目标)	2910	36134
总　　和	44327	654197

从上表可知,从 1923—1926 年,被没收的房间从 9874 间减少到 3600 间,下降了近 64%。而 1926—1927 年的计划数量又比 1925—1926 年缩减了 690 间。这表明,在 1921 年 8 月 8 日决议颁布后,私有住房市有化工作仍在持续,但被没收的房间数量呈递减态势。

综合私有住房市有化运动的全过程,可以得出结论,这项工作进行得比较混乱,地方苏维埃在执行中或激进或保守,也有不作为、乱作为的现象。从结果来看,市有化的房产面积约占俄国城市住房总面积的一半,房产价值占城市住房总价值的 74.6%。② 可知,从全国范围来看,还是有许多私房保留在个人手中。虽然归公的房产也是良莠不齐的,但毫无疑问,优品均被市有化。

二　国家统一分配市有住房

随着房屋市有化运动的开展,重新分配这些住房的工作提上了日程。它的负责机构是地方苏维埃设立的各种特别委员会和工会组织,机构庞杂。例如,为了落实紧凑使用住宅和搬迁,1918 年初,各城市的区苏维埃专门组织成立了特别住宅委员会,其中 3 人来自苏维埃,还有 3 人分别出自地区工厂中心、红军近卫军指挥部和地区工会理事会。特别住宅委员会要准确统计本区的所有红军和失业者,统计腾出来的住宅并进行分配。③ 重新分配住房的

---

① А. А. Левский. На путях решения жилищного вопроса в СССР // История СССР. 1962. No4. С. 5.
② 苏联科学院经济研究所编:《苏联社会主义经济史》第二卷,第 577 页。
③ Известия. 1918. No38(302). 2 марта (17 февр.). С. 3. См.: М. Г. Меерович. Наказание жилищем: жилищная политика в СССР как средство управления людьми (1917-1937 годы). С. 16.

基本程序是先由住宅分配处、数目繁多的非常机构以及地方执行委员会下设的部门委员会颁发搬迁证，而后，基层组织住宅管理委员会和搬迁委员会具体分配住宅和房间，还要登记住宅里的财产以分给入住者。按照私房市有化政策的实施顺序，从1918年春开始，地方政府首先将工人迁入没收的空住宅里。1918年8月正式启动私房市有化工作后，住宅管理委员会和搬迁委员会开始分配这些有人居住的住宅，动员房主腾出部分住房面积。而在1919年7月法令颁布后，这些市有住宅完全按照人均8.25平方米的标准紧凑使用。重新分配住房的实践充满浓郁的政治色彩，表现在三个方面。

第一，贯彻鲜明的阶级原则。非劳动者尤其是资产阶级、知识分子等，或者与搬来的新住户共同使用自己的住宅，或者被迁出住宅、迁出城市，这一切都取决于地方苏维埃的裁夺。同时，劳动人民尤其是居住条件最差的工人，搬进了他们的住房里。

在莫斯科，因住房公有化的工作启动较早，重新分配住房也先行展开。根据1918年10月10日和29日莫斯科市苏维埃决议，全市居民被分成四类：工人、初级中级职员、高级职员、非劳动者，紧凑使用住宅主要针对后两种人。① 1919年7月26日，莫斯科市苏维埃执行委员会宣布，鉴于苏维埃俄国的战时形势，住房、交通和燃料都出现危机，无法立刻改善全体工人的住房条件，只能将栖身在不适于居住条件下的工人搬迁。按区确定搬迁人数，全市预计搬迁5250人。② 1920年5月12日，莫斯科市苏维埃主席团决定，在1920年夏季将栖居在根本不适于居住的住所里的工人家庭、上班远的工人家庭搬迁，并按区确定了搬迁人数，预计为1万工人提供设施完善的住房。③ 可知，"富人"住宅是要迁入无产阶级的，而居住条件最差的劳动者享有优先搬迁权。伴随着迁入工作，迁出工作也同步进行。1918年6月27日，俄罗斯联邦人民委员会颁布法令，宣布在莫斯科及其周边地区专门成立中央住宅委员会，由莫斯科工人代表苏维埃住宅地政处的1名代表、中央工会委员会的1名代表和全俄肃反委员会的1名代表组成。它的任务之一就是组织从城市里迁出寄生虫。④ 7月13日，人民委员会会议研究了坚决从莫斯科驱逐"有

---

① А. А. Ильюхов. Жизнь в эпоху перемен: Материальное положение городских жителей в годы революции и Гражданской войны(1917-1921 гг.). С. 150.
② Т. В. Кузнецова. К вопросу о путях решения жилищной проблемы в СССР. С. 144.
③ Там же. С. 145.
④ Под общей редакцией члена-корреспондента АН СССР Г. Л. Смирнова. Первые декреты Советской власти. М., 1987. С. 297.

害分子和寄生虫"的方案。① 迁出者在失去住宅的同时还被剥夺了家具、家庭用具、衣服,甚至是食品和钱财,其中的一部分发给了入住的工人,包括家具、家庭用具、床上用品,有时有衣服。② 1918年秋,3197个"资产阶级家庭"约1.5万人被逐出莫斯科,2万多名工人搬进了他们的住宅。③ 1920年10月底至11月间,高尔基给列宁写信,"这是已经发生的几起将医生从他们居住的住宅里迁出的事件:著名心脏病专家普列特尼约夫被迁出了,正在将结核病专家阿列克辛迁出,而且拿走了他的全部家具。还有十来起类似的事件。""我特别请您关照阿列克辛医生,这是一位极为优秀的医学家——玛丽娅·伊里依尼什娜认识他——是我的老朋友。请吩咐,我求您,别让人拿走他的家具!"④可知,对于非劳动者不光是紧凑使用住宅,他们中的部分人口直接被赶出住宅。

在彼得格勒,重新分配住房是从1918年春天开始的。为红军生产必需品的军工厂工人最先改善了居住条件。据不完全资料,1918年11月至1919年9月共有3万名工人搬迁到设施齐备的住宅里。⑤ 普梯洛夫工厂在1920年9月得到了3栋住房,工人排队等房的局面消失了。⑥ 迁出工作也在开展。原俄国第一保险公司职员 В. Б. 齐哈诺维奇-列夫科维奇一家四口,需要在1918年12月从红色曙光街26/28号楼的一套住宅里搬出。房主虽竭力反抗,但最终还是在军事司令部代表的介入下,于12月19日被强行迁出。⑦可知,彼得格勒的高级职员也遭到了驱逐。

重新分配住宅的工作也在其他城市展开。雅罗斯拉夫尔省执行委员会在1919年夏天决定,将工厂主瓦赫拉梅耶娃全家搬到本厂工人的住房里,把工人迁至她的住所。该委员会的一份会议记录写道,关于让资产阶级搬进工

---

① А. А. Ильюхов. Жизнь в эпоху перемен: Материальное положение городских жителей в годы революции и Гражданской войны(1917-1921 гг.). С. 151.

② А. Черных. Становление России советской: 20-е годы в зеркале социологии. С. 196.

③ Алексей Федоров. Опыт решения жилищного вопроса в Советской России: справедливое распределение или всеобщая вакханалия (на материалах губернских городов центрального промышленного района).

④ 玛丽娅·伊里依尼什娜是列宁的小妹妹。引自黄立茀等:《新经济政策时期的苏联社会》,第441页。

⑤ С. П. Постников, М. А. Фельдман. Социокультурный облик промышленных рабочих России. в 1900-1941 гг. С. 127.

⑥ ЦГА СПб. Ф. 1788. Оп. 33. Д. 71. Л. 69. См.: А. В. Гоголевский. Революция и психология: политические настроения рабочих Петрограда в условиях большевистской монополии на власть 1918-1920. Изд-во С. -Петерб. ун-та, 2005. С. 83.

⑦ Н. Б. Лебина, А. Н. Чистиков. Обыватель и реформы: картины повседневной жизни горожан в годы НЭПа и Хрущевского десятилетия. СПб., Дмитрий Буланин, 2003 (ГИПП Искусство России). С. 24.

人的住处,女公民瓦赫拉梅耶娃表示,她不能住在那里。委员会拒绝了她的请求。① 1920年8月17日,弗拉基米尔省的亚历山德罗夫斯克区工会委员会召开全体会议,在听取了工人住房短缺问题的汇报后,通过了如下决议:重申委员会主席团在7月20日作出的关于紧凑使用住宅的决议,并建议住房部门将居住在该市、但不从事对社会有益工作的资产阶级,迁徙到其他人口较少的地方。② 可知,在两个首都之外的其他城市,重新分配工作也是遵照阶级原则行事的。对资产阶级而言,与工人阶级一起"紧凑使用住宅"是最温和的安置方式,一些人要被流放到不毛之地。而劳苦大众则扬眉吐气,入住富人住宅。

第二,重新分配住房运动表达了人人平等的政治诉求。工人的搬迁使得并非有血缘关系的住户共用一套住宅,这种合住房不是苏维埃首创,早在18世纪初的俄国就已出现。当时,住房分配市场化,经济实力的大小决定居住条件的好坏。为了解决住房困难、减轻经济压力,收入较低的市民经过协商几家合住一套住宅,共用公共设施。因此,这些住户是自愿组合且基本属于同一阶层,经济实力相当。重新分配住房工作中产生的合住房,与前者存在着根本区别。首先,合住房均是公有住房,由国家机关按照一定的人均住宅标准分配居民居住。其次,这里的住户是通过行政命令的方式分配到一起的,往往素不相识,社会地位和收入相差悬殊。资本家、教授、官员、演员,无论是否愿意,都必须和食堂服务员、钳工、清洁工等共居一房,共用室内设施,去除房主房客之别。政府如此分配住房的目的就是要打破社会等级壁垒,宣告社会主义国家人人平等。

第三,在重新分配住房的过程中,除创立了无阶级差异的合住房外,还力图直接构建共产主义的居住形式——公社房。相信人的可塑性、完美性,是改造人性的哲学基础,组建公社房的思想就是建立在此基础之上的。作为建设社会主义的传统思想之一,公社房自诞生之日起就是社会主义社会的基本住房类型。从1919年开始,地方苏维埃有意识地将同一企业的工人或同一机关的职员迁入一栋住房里。这样,一个单位的同事既在一起工作又共同生活,这种居住类型就是公社房。公社房通常内设一间间狭小房间,并辅之或多或少的公共设施,如厨房、食堂、幼儿园、洗衣房、浴室、理发馆、图书馆和商店等。这意味着除睡觉等纯个人行为需要在那间小房间进行外,其余一切活动,如饮食、教育子女、洗衣、洗澡和学习等都需要在公共场所完成。与普通

---

① Е. Г. Гимпельсон. Советский рабочий класс 1918-1920 гг. социально-политические изменения. М.,Наука,1974. С. 274.

② Там же. С. 274.

住房相比,公社房具有两个突出特点。首先,从功能来讲,公社房绝不是仅作居住用途的房舍,而是带有鲜明政治性的组织。这个人为构建的日常生活集体化的熔炉,将逐渐培养住户的集体主义人格,实现妇女解放和敦促家庭消亡。其次,从性质来讲,普通住房是个人私密的空间,是不受外界干扰的场所,而公社房则是一个开放的空间。组建公社房的目的就是要"去私",将私人领域置于社会公众的监督之下,从生活方式到思想意识对人进行彻底改造,将其变为毫无私利和表里如一的社会主义新人。1919年以后,号召工人组建公社房成为重新分配住房工作的重点。

  笼罩着政治气息的重新分配住房工作并不是一帆风顺的,因其牵涉原业主与搬迁户两方的利益,双方都产生了抵触情绪。一方面,劳动群众并不积极搬迁。对搬迁者而言,能够住进资产阶级豪华、讲究的大宅院,曾是工人阶级的理想。但当这一梦想成真时,许多贫苦工人并非乐于响应。著名统计学家 С. Г. 斯特鲁米林在1919年5月写道:"工人已经不再表现出特别愿意搬迁的样子……他们住得没有那么局促了,而在目前木材价格昂贵的情况下,过于宽敞的住宅代表的已不是方便,简直就是灾难……老爷的住宅位于市中心,而工厂位于郊区,搬到市中心后,工人不得不浪费时间和金钱去上班……雇马车夫搬家一趟需要300卢布,这笔钱足够工人支付一整年的房费。因此,即使是免费使用老爷的住宅对工人来说也不是礼物,因代价过大,工人根本负担不起。"①一位布尔什维克积极分子回忆道:在郊区的房子里居住是很拥挤的,但是,许多工人不想搬迁到市中心原来资产阶级的住宅里。在豪宅里他们感觉并不舒适,原来的主人斜眼看着他们,大住宅很难暖和,需要许多木材。②由此可知,为了搬迁、工作和生活,工人需要支付搬迁费、交通费和取暖费等,开销巨大。此外,外来户与原主人也难以和谐共处,这也给搬迁者造成沉重的心理压力。针对上述问题,苏维埃政府也出台了一些优惠措施。如彼得格勒市苏维埃规定,搬迁工人可免费乘坐城市交通工具,还能得到150—200卢布的搬迁补贴。③ 但显然,这点物质补偿是杯水车薪的,难以抵补琐碎生活中的诸多困难和不便,工人仍不支持。无奈之下,1920年5月25日,人民委员会颁布《关于在劳动人民中正确分配住房的措施》法令,宣布为了实现紧凑使用住宅,国家机关有权将住户从一套住宅迁

---

① Н. Б. Лебина, А. Н. Чистиков. Обыватель и реформы: картины повседневной жизни горожан в годы НЭПа и Хрущевского десятилетия. С. 26-27.
② Там же. С. 26.
③ А. А. Ильюхов. Жизнь в эпоху перемен: Материальное положение городских жителей в годы революции и Гражданской войны(1917-1921 гг.). С. 151.

移到另一套住宅。① 这样,搬迁已成为不取决于工人意愿的强制性行为。而国家之所以强迫工人搬迁,主要还是受到马克思主义理论的影响。新政权力求引导更多的工人组建公社房,直接实现共产主义的居住形态。

另一方面,重新分配住房自然引起原房主的不满和反抗。1918年春天,彼得格勒的工人家庭在迁入资产阶级住宅时,遭遇住宅管理委员会的暗中抵制。住宅管理委员会多半由资产阶级和小资产阶级组成,他们封锁存在多余面积的消息,给搬迁者提供假信息,还试图恐吓搬迁者。在彼得格勒的一栋住房里,著名摄影师М.Н.纳普佩利巴乌姆在1918年9月时担任住宅管理委员会的领导人,他拒绝将无产阶级迁入房主的住宅。② 为顺利实现搬迁,1918年秋,国家下令改组住宅管理委员会,其被贫农住宅管理委员会取代,成分变为工人、仆役和初级职员等劳动者。在它的帮助下,重新分配住房工作得以推进。

这场历时三年有余的运动是在1921年8月收官的。新经济政策实施后,1921年8月8日,俄罗斯联邦人民委员会颁布了《关于住房管理》决议,严格限制紧凑使用住宅和将住户迁出住宅。③ 至此,全国范围内大规模重新分配住房的工作宣告结束。

重新分配住房的效果是立竿见影的。各城市均有数量不等的劳动者得以搬迁。在莫斯科昔日的富人区,也就是花园环路内居住的工人数量,从1917年的5%增加到1920年的40%—50%。④ 莫斯科已打破了革命前的居住等级结构,有35%—45%的工人入住了富人住宅。到1924年,莫斯科共有50多万工人及其家属迁入公有化的住宅里,⑤ 列宁格勒则有55万—60万人。⑥ 在喀山,大约10%的贫苦工人搬迁到最好的住宅里。到1920年5月,雅罗斯拉夫尔有8600名贫苦工人搬进了资产阶级住宅。⑦ 劳动群众居住场所的改善,彰显了社会主义制度的优越性。

---

① Декрет Совета Народных Комиссаров. О мерах правильного распределения жилищ среди трудящегося населения. http://istmat.info/node/41798. 2020年6月5日下载。
② Н. Лебина. Советская повседневность: нормы и аномалии. от военного коммунизма к большому стилю. С. 92.
③ Декрет Совета Народных Комиссаров. Об управлении домами (Положение). http://istmat.info/node/46525. 2020年6月5日下载。
④ Составление и редакция: Уильям Брумфилд и Блэр Рубл. Жилище в России: век XX. Архитектура и социальная история. М.,《Три квадрата》, 2001. С. 94.
⑤ И. Б. Орлов. Жилищная политика советской власти в первое послереволюционное двадцатилетие. http://orlov-i-b.narod.ru/otechist/Kvartira.doc. 2007年5月15日下载。
⑥ 苏联科学院经济研究所编:《苏联社会主义经济史》第二卷,第577页。
⑦ Е. Г. Гимпельсон. Советский рабочий класс 1918-1920 гг. социально-политические изменения. С. 278.

但是，整体来看，这一运动并未涉及全体存在住房困难的群众，只有一小部分工人实现了搬迁。1919—1921 年，在彼得格勒中央区居住的工人由大约 10% 上升到 20% 以上，①但直到 1923 年，青年工人中仍有 60% 居住在设施简陋的住房里，那里长年潮湿阴冷，光照明显不足。② 特维尔在实施紧凑使用住宅的政策后，仍然在 1918 年夏天爆发了住房危机。地方政府收到近 3000 份住房申请，但在 1918 年上半年仅解决了 1000 份，也就是还有近 2/3 的请求无法满足。因实在无房可分，政府下令关闭城门，不允许外来人口进入。③ 可知，即使紧凑使用住房后，特维尔亟待改善住房条件的人口依然很多。

并非所有贫苦群众都能得到搬迁的原因，除前面提到的工人阶级并不积极配合以外，最主要的原因在于住房供不应求。一方面，住宅的需求量巨大。十月革命前的俄国，人民群众的住所普遍简陋、拥挤，且卫生条件差。因此，需要改善居住条件者众多。另一方面，住宅的供给量有限。与庞大的需求量相比，可供紧凑使用的住宅数量显然是不足的。1921—1922 年，彼尔姆共有 675 个房间被国有化，但只有 24 套独户住宅，④可供分配的资源极少。在沃罗涅日，1918—1919 年紧凑使用住宅的结果是，工人住房的平均容积从 14.76 立方米增加到 15.12 立方米，⑤仅提高了 0.36 立方米。况且，国家也并没有将所有可供紧凑使用的住房都分配给劳动群众。由于战争的破坏，许多城市的办公楼都无法使用。为了安置党和政府的各级机构，各城市苏维埃往往将最好的住房划拨给了它们。1918—1921 年，莫斯科国民教育处分得 1443 所住房；莫斯科卫生处得到 397 所。⑥ 这些住房基本都是资产阶级的独户住宅或私邸。据官方资料统计，全国有 1/3 收归国有的建筑，包括住宅和商业用房，被各种机关占用了。⑦ 此外，归公房产中的优品，还被国家公职人员及其亲属抢先占领了。据俄共（布）八大代表证实，在一些省和主要中心，住房改革虽剥夺了资产阶级的房产，但并没有发给工人，而是分给了苏维埃

---

① М. Г. Меерович. Квадратные метры, формирующие сознание-жилище, как средство управления людьми: жилищная политика в СССР. 1917-1932 гг. http://www.circle.ru/personalia/. 2007 年 6 月 12 日下载。
② Там же.
③ А. А. Ильюхов. Жизнь в эпоху перемен: Материальное положение городских жителей в годы революции и Гражданской войны (1917-1921 гг.). С. 150.
④ С. П. Постников, М. А. Фельдман. Социокультурный облик промышленных рабочих России. в 1900-1941 гг. С. 126.
⑤ Там же. С. 127.
⑥ ГАОР МО. Ф. 4557. Оп. 2. Д. 144. ЛЛ. 6-8. См.: Т. В. Кузнецова. К вопросу о путях решения жилищной проблемы в СССР. С. 141.
⑦ Составление и редакция: Уильям Брумфилд и Блэр Рубл. Жилище в России: век XX. Архитектура и социальная история. С. 116.

的官员们……以及他们的亲属。① 这些人占有的住宅都是原来大资产阶级的住宅,人均居住面积超过卫生人民委员部规定的标准。如在喀山,那类住房里虽安置了部分走运的工人家庭,但主要居住者是一些职员。② 1921年生于喀山的女住户 Б. Б. 古梅洛娃回忆:"我家五口居住在喀山市巴黎公社街一套非常大的住宅里。因为父亲担任社会保障人民委员部的负责人,所以分到了那样的住宅。这栋两层楼有一个公共的长走廊,很可能原来是宾馆。我家住在二层,住宅里有高高的、椭圆形的窗户,三个大房间,其中一间放着钢琴,这是免费发给我们的。我们家通向带图案格栅的小阳台,这是全楼唯一一套这样的住宅。"女邻居 A. 萨菲乌尔莉娜认为,这是周边最好的一套住宅。"这栋楼的其他住户是工人、商人、手工业者,每家五口或更多人口。他们的房间狭小,我无法准确说出是多少米,但凭童年的印象来看住房是很窄的,有时甚至没有窗户,极易让人想到室外的茅厕。朋友阿西娅出身于贫穷的工人家庭,她就住在那里。"③可知,在对稀缺的住房资源进行重新分配的时候,老百姓并非第一受益人,优质房源往往首先被党和苏维埃机关占据,或用作办公楼或作为自己及亲属的住所。

综观重新分配住房政策的实施情况,可以得出以下认识。新生苏维埃政权通过行政手段对收归公有的住房实行平均主义的分配,在当时的历史条件下,这是迅速解决住房危机的唯一举措,具有合理性。如果说十月革命前俄国住房条件呈现明显的两极分化,那么,经过这轮按照阶级属性的重新分配,住房分层发生了剧变:部分工人的住房条件迅速改善;资产阶级和知识分子包括医生、教师、工程师、学者等,住房状况急剧恶化,他们被迫紧凑使用住宅或搬迁;党和政府机关的领导人及工作人员占尽先机,取代昔日的资产阶级置身住房分层的顶层。尽管重新分配住房的结果并不理想,也没有根本解决住房危机,但在这一实践中表达出来的社会主义国家消灭剥削压迫、人人平等的政治诉求,执政党为劳苦大众谋福利的政治理念,以及直接过渡到共产主义住房类型的愿望,体现了当时的人们对共产主义的一种朦胧认识和美好追求。

三 国家单一渠道建设住房

1919年党纲宣布,布尔什维克将"尽一切力量来改善劳动群众的居住条

---

① А. Черных. Становление России советской: 20-е годы в зеркале социологии. С. 197.
② И. А. Гатауллина. Среднее Поволжье в годы НЭП: социально-экономические процессы и повседневность. Казань, 2009. С. 461.
③ Там же. С. 462.

件"。因此,在国内战争时期,国家就开始规划蓝图,出资建房。从掌握的材料来看,囿于战时条件,这一时期的建房政策倾斜于矿工和电站的工人,以便吸引劳动力。

1919—1920年,国家出资在莫斯科修建卡希拉发电站和沙图拉发电站,在彼得格勒修建"红色十月"发电站,在阿尔汉格尔斯克兴建一些工厂等。随着工厂的组建,在这些地方诞生了苏维埃政权的第一批新住房。①

1919年9月12日,国防人民委员部决定采取紧急措施为莫斯科近郊矿区的工人建造住房。1919—1921年计划建造905所住房、俱乐部、医院等,安置1.4万名工人。但由于人力和资金不足,被迫改建工棚。1919年为2290名工人和1710名家属建造了工棚。1920年,在莫斯科近郊矿区建造的永久性房屋和工棚总面积达11029平方米,是十月革命前的2倍。② 1919年12月,斯摩棱斯克省国民经济委员会公布了在亚尔采沃村兴建工人城的计划,总估价为4398.409万卢布。预计建造28栋住房,每栋4套三居室住宅。还计划建设2幢单身宿舍,每幢32个房间。这是一项需要很长工期的大工程,而当时,亚尔采沃工人的住房问题十分尖锐。为解决燃眉之急,国民经济委员会决定拨款50万卢布,维修现有的住宅和两套别墅,以便工人迁入。最终,这一庞大的方案只实现了一部分。③

1920年2月2日,在第七届全俄中央执行委员会第一次会议上,列宁首次提出,要根据技术条件和科学理论,制定一个以电气化为基础的经济建设长远计划,会议通过了关于俄国电气化的决议。2月21日,俄罗斯国家电气化委员会宣告成立,预计设计和建设30座水电站。为安置劳动力,在毗连电站的地方要修建工人村。为了执行这个计划,1921年春,国家开始在沃尔霍夫斯特罗伊建造300栋住房和服务配套建筑。为沃尔霍夫斯特罗伊的工人、沙图拉国有泥炭开采的工人等建造的住宅区,成为当时综合性住房建筑的第一批表率。④

从以上史料可知,苏维埃政权在财力极为匮乏的情况下,仍在国家相关机构的领导下有选择性地在重要工业部门和地区建造了一批新住房,甚至出

---

① Академия строительства и архитектуры СССР. Строительство в СССР. 1917-1957. М., Госстройиздат,1958. С. 311.
② Е. Г. Гимпельсон. Советский рабочий класс 1918-1920 гг. социально-политические изменения. М.,Наука, 1974. С.281.
③ А. А. Ильюхов. Жизнь в эпоху перемен: Материальное положение городских жителей в годы революции и Гражданской войны(1917-1921 гг.). С.155.
④ Академия строительства и архитектуры СССР. Строительство в СССР. 1917-1957. С. 311.

现了综合性住房建筑。但囿于战时的特殊环境,有些设想未能如愿,统一规划、大规模建房的工作更是没有提上日程。

四 疏于管理和近乎无偿使用住房

按照1918年8月将私有住房收归市有的法令规定,市有住房要交给地方苏维埃统一管理。具体负责这一业务的机构是地方苏维埃下属的地方经济处,职责包括修缮和保持住房的完好;监督住房的卫生状况和使用情况;对损坏住宅、违反住宅使用规定的行为给予处罚;征收房租等。

实践中,地方经济处并未很好地履行管理职能。一方面,从"将私有住房收归市有"一节中可知,内战时期地方经济处的工作重心是没收和登记房产,尚无暇顾及管理房产。另一方面,在战时的严酷环境下,囿于劳动力不足、建筑材料短缺,地方经济处实际上也无法开展维修和保养住宅的工作。1920年,在彼得格勒市苏维埃维修厂一共只有900名工人,而当时仅仅是抢修就需要1万—1.2万人,①缺口高达90%以上。1919年,为了实现莫斯科市苏维埃制定的"修缮8000所带有集体采暖的建筑"计划需要2万名建筑工人,而实际只能提供2500人,缺欠达88%;需要5000名水管工,现实只有几百人。在实施1919年和1920年的建设修理计划时,能够提供的建筑材料只占需求量的15%和30%。②尽管在1920年,莫斯科建筑工人的数量有所增加,一些生产建筑材料的停产企业也复工了,但仍无法应对庞大的维修任务。在1920年的建筑季节,莫斯科共修理3653所建筑,是苏维埃俄国所有城市维修住房总量的1.5倍。但这种进度是微不足道的。因为仅仅是需要紧急维修的建筑就有3.5万所,而几乎所有建筑都需要小修。③ 总之,国家在管理公有房产方面少有作为。

事实上,在军事共产主义时期,市有住房的实际管理者是住宅管理委员会。这个在一战中成立的群众自治组织,在十月革命后继续存在。1917年11月20日,列宁在《关于没收出租房屋的法令提纲》中指出,房屋的供暖和维修是住宅管理委员会和其他机关(工会、苏维埃、城市杜马燃料部门等)的职责。1917年12月12日,莫斯科市苏维埃在将私有住房收归市有的决议

---

① Е. Г. Гимпельсон. Советский рабочий класс 1918-1920 гг. социально-политические изменения. С. 280.
② Там же.
③ Там же. С. 281.

中,规定房租年纯收入超过 750 卢布的房产交给住宅管理委员会管理。于是,住宅管理委员会开始为住户提供木材,监督自来水和下水道的运转情况,组织垃圾清运。可知,在夺权初期,当布尔什维克暂时来不及建立公用事业机构解决上述具体问题时,住宅管理委员会弥补了政府工作的短板。伴随着 1918 年 8 月房屋市有化运动在全国的开展,各大城市纷纷效仿莫斯科,将收归市有的房产交给住宅管理委员会管理。

1918 年秋,因在重新分配住房工作中的一些抵制行为,住宅管理委员会被改组,贫农住宅管理委员会取代其成为市有住房的直接管理者,地方经济处起总领作用。其实,从 1917 年 12 月决议的内容就可以看出来,管理住房的政策是非常笼统的,对于地方经济处和贫农住宅管理委员会之间的责任义务关系、贫农住宅管理委员会的具体职责都没有明确规定,而职责不明势必影响住房管理工作的落实。在"国家统一分配市有住房"一节中已经说到,在这一时期,各类住房机构的工作重心都在没收和分配住房方面,贫农住宅管理委员会的主要活动,就是在地方苏维埃的领导下为搬迁户分配房间和家具,很少顾及管理工作。

总之,在苏维埃政权建立初期,市有住房主要是由贫农住宅管理委员会代行管理的。受工作重心和各方面条件所限,这一时期的管理法规不完善、管理者与辖区之间责任义务关系不明确,管理工作基本流于空泛。这种情况也使得房屋因缺乏修缮和保护而遭到进一步破坏。

作为住房管理的一项常规内容,十月革命后颁布的房租政策大大减轻了劳动群众的经济压力,房租已成为一个象征性的数字。如果说在 1913 年,房租占劳动人民收支计划的 20%—35%,①那么,到 1920 年春天,房租费用不超过购买食品、服装等总支出的 1%,比买一盒火柴还便宜。1908 年,彼得格勒工人的住房费用月平均是 3 卢布 15 戈比,占工资的 20%;1918 年 5 月,房费一共只有 19 戈比;1919 年为 5.5 戈比;1920 年为 3 戈比。② 1918 年 12 月,在特维尔省的科尔切夫市,对于一个没有取暖和照明设备的房间,房租是每月 10 卢布;同等条件下的两个房间是 20 卢布;带 1 扇窗户和取暖、照明设备的一个房间是 30 卢布;带 2 扇窗户和取暖、照明设备的一个房间是 60 卢布;一间斗室或者一个屋角是 10 卢布。这样的房租标准占工资的 2%—8%。③

---

① В. А. Аверченко, И. Г. Царев. Жилищное строительство—старая песня о главном. С. 46.
② Е. Г. Гимпельсон. Советский рабочий класс 1918-1920 гг. социально-политические изменения. С. 283.
③ А. А. Ильюхов. Жизнь в эпоху перемен: Материальное положение городских жителей в годы революции и Гражданской войны(1917-1921 гг.). С. 154.

因此,工人阶级在住房方面的负担很轻。此外,按照1917年10月法令规定,月收入低于400卢布者、服兵役者的家属还可以免费使用住房。而到了1921年1月,随着《关于免除房租》法令的颁布,国有和市有住房中工人、职员及其被赡养人的房租都被取消了,国有单位员工及其家属还可以免费使用水、电、煤气等。以上优惠条件将劳动群众从十月革命前沉重的住房费用中彻底解放出来,展示了社会主义国家的先进性。但从另一角度来看,低廉的房租远远不能抵补住房的维修和管理费用,更毋论免费居住,这不啻于让国家背负了一个大包袱。

综上所述,军事共产主义时期施行的集中化住房管理基本运转起来;资产阶级、知识分子的私有住房被收归地方苏维埃所有;各级行政机构组织贫苦群众搬迁到市有住宅里,主要以合住房或公社房的形式居住,近乎无偿使用。同时,部分非劳动者被迁出住宅甚至迁出城市;国家单一出资建造了第一批新住房;管理工作较少作为,暂由贫农住宅管理委员会代替地方政府行使职责。

综观这种管理方式的运行情况,与政策的初衷存在些许背离之处。譬如,在没收私房时触及了劳动人民的房产;重新分配房产中第一受益人是党政机关的工作人员,劳动群众处于其次地位,且使用人数有限;地方苏维埃没有切实有效地承担起管理市有住房的职责。实践证明,新药方并未彻底解决住房事业的沉疴。但从另一角度来看,该方法使新政权在政治上获得了重大胜利。那些昔日的权贵阶级,不但丧失了住宅所有权,而且被迫与贫苦民众共居一室,甚至被迁出住宅。两大阶级的住房条件鸿沟被迅速抹平。此外,公社房的组建,标志着改造人性、培育新人的工作也进入了轨道。

第四章 城市居民的住房困难

集中化住房管理侧重于通过住房所有制和分配领域的变革,一举解决住房痼疾。可是,经过重新分配住房,搬迁到市中心的无产阶级主要以合住房或公社房的形式居住,未搬迁者仍居住在自己的住房、集体宿舍和工棚里。较之革命前,城市居民的住房状况并未得到实质性改善,有的甚至更坏了。

一 官民共同组建公社房

自空想社会主义思想诞生伊始,公社房就是塑造社会主义新人的学校。十月革命后,布尔什维克积极动员社会各界组建公社房,这是当时最理想的住房类型。依其使用者成分可以分成四类。

(一)党政领导干部及其工作人员的公社房

囿于战时艰苦的物质条件及对集体主义新生活的憧憬,布尔什维克和苏维埃的领导干部及工作人员在十月革命胜利后迅速组建了公社房。这些公社房主要分成苏维埃楼和苏维埃旅馆两个级别。收归地方苏维埃所有的最著名、设施齐备的宾馆,被命名为苏维埃楼,这是一级公社房,由行政机构免费负责住户的营养、日常生活服务和休闲。一份文件强调指出:苏维埃楼是带有单独房间、公共食堂和公共厨房的宿舍结构楼宇,仅供苏维埃职员永久居住。[①] 莫斯科最好的苏维埃楼是民族宾馆、大都会宾馆和大陆宾馆,彼得格勒最好的苏维埃楼是阿斯托利亚宾馆和欧洲宾馆,只有全俄中央执行委员会委员和俄共(布)中央委员会委员,以及地方党政部门首脑

---

① ЦГА СПб. Ф. 1001. Оп. 1. Д. 302. Л. 307. См.: Н. Б. Лебина. Энциклопедия Банальностей: Советская повседневность: Контуры, символы, знаки. СПб., Дмитрий Буланин, 2008. С. 136.

和契卡①的领导人才能入住。② 苏维埃旅馆是二级公社房,也是带有单独房间和公共厨房的宿舍建筑。一些党龄不长、职级不高的党政积极分子以及一些知识分子居住在这里。

莫斯科的民族宾馆是 1 号苏维埃楼。从 1918 年 3 月 12 日开始,В. И. 列宁、Н. К. 克鲁普斯卡娅、М. И. 乌里扬诺娃和 Я. М. 斯维尔德洛夫等政府官员在此居住。据证实,列宁、克鲁普斯卡娅和乌里扬诺娃三人居住在一套两居室的套房里。③

彼得格勒的党政干部及其职员居住在斯莫尔尼贵族女子中学、苏维埃楼和苏维埃旅馆。从 1917 年 10 月开始,杰出的布尔什维克工作并居住在斯莫尔尼贵族女子中学。这里除了提供行政服务外,还设立了图书阅览室、音乐学校、幼儿园、浴池和餐厅。到 1920 年,在斯莫尔尼贵族女子中学已有的 725 套住宅和房间中 594 套是有人居住的,大约为 600 人。1000 多名工人和职员包括医生、厨师、锅炉工、钳工和警卫等,为他们提供日常生活服务。④ 其中红军和水兵负责保卫住户的安全。1918 年 3 月,他们被 500 名拉脱维亚射击手取代,直到 1919 年 10 月底,警卫才缩减至 150 人。⑤

由阿斯托利亚宾馆改建而成的 1 号苏维埃楼,日常生活安排得最好,许多著名的党政工作人员都在这里占据非常大的豪华套房,如 Ф. 捷尔任斯基、Н. 布哈林、Ю. 别尔津、А. 叶努基泽、А. 布勃诺夫、Г. Е. 季诺维也夫等。⑥ 1920 年 9 月搬到阿斯托利亚的 Г. Е. 季诺维也夫,立刻在二层占有了 5 个房间。季诺维也夫的助手 А. Е. 瓦西里耶夫占有 3 个房间。季诺维也夫的前妻 З. И. 莉莉娜和 10 岁的儿子占有 2 个房间。Л. Д. 托洛茨基的女儿季娜伊达和妮娜·布龙施泰因占有 3 个房间。彼得格勒市苏维埃书记 Н. П. 科马罗夫占有 1 个房间。⑦ 可知,这些党政高官包括家属的居住标准不同于普通百

---

① 1917 年 12 月 20 日,苏维埃俄国的第一个安全机构全俄肃清反革命及怠工(行为)非常委员会诞生,契卡(ЧК)是其俄文的缩写音译。
② Н. Б. Лебина. Энциклопедия банальностей: Советская повседневность: Контуры, символы, знаки. С. 136.
③ Московская недвижимость во времена СССР. http://www.nedmos.info/moscow.html. 2007 年 4 月 5 日下载。
④ Н. Б. Лебина, А. Н. Чистиков. Обыватель и реформы: картины повседневной жизни горожан в годы НЭПа и Хрущевского десятилетия. С. 27.
⑤ Н. Лебина. Советская повседневность: нормы и аномалии. от военного коммунизма к большому стилю. С. 70.
⑥ Московская недвижимость во времена СССР.
⑦ ЦГА СПб. Ф. 7965. Оп. 1. Д. 392. Л. 316-317, 318-319, 12-13. См.: Н. Б. Лебина, А. Н. Чистиков. Обыватель и реформы: картины повседневной жизни горожан в годы НЭПа и Хрущевского десятилетия. С. 29.

姓，他们不是按照人均面积标准分配的，而是以房间为单位分配，尽管如此，还是有人超过列宁规定的每个家庭成员不得超过一间的标准。此外，这些高官及其家属是按照官位等级分配房间数量的，官职高者拥有的房间多，官职低者房间少。由于希望居住在1号苏维埃楼的人很多，1918年6月，彼得格勒市政府下令，将身份不符合苏维埃楼居住规定的住户迁出。此后，该楼定期清理住户，每次都发布必须保留的住户名单。有一份请求允许一位医生居住在阿斯托利亚的记录："我请求将医生А.吉宾同志安排在1号苏维埃楼。吉宾同志是一名很宝贵的工作人员……应该把他从家务琐事中解放出来，保存体力可以让他有更多精力从事苏维埃和党的工作。"① 可知，尽管1号苏维埃楼是一个等级森严的住所，但拥有杰出才能，能更好地为苏维埃和党的工作服务的人也有"破格"居住到苏维埃楼的机会。

欧洲宾馆是2号苏维埃楼。根据特别批准的条例，只有以下几类人有权居住在那里：(1)全俄中央执行委员会委员；(2)俄共(布)中央委员会各部门负责人；(3)俄共(布)省委委员；(4)俄共(布)中央委员会区域局成员；(5)省执行委员会委员；(6)省执行委员会各部门负责人及其副手；(7)省执行委员会各部门的委员会委员。可知，2号苏维埃楼住户的官阶略逊于1号，但也是中央和各省高官。根据条例，该苏维埃楼有42个房间是留给契卡和彼得格勒军区的工作人员的，还分别为俄共(布)区委、区苏维埃和高级别出差人员各提供5间房。条例有一个很有趣的附注：当出现空房间时，允许不晚于1918年入党的负责人员入住。② 这表明，党龄和官职达到要求的人，也有入住2号苏维埃楼的机会。

苏维埃旅馆是由彼得格勒的许多二级宾馆改建而成的。1号苏维埃旅馆位于托洛茨基街4号和弗拉基米尔胡同，共有3栋楼，它可以为300名社会工作人员和党的工作人员提供长期服务，还能够临时接待3000人，包括出差人员、会议代表、运动员和游客等。③ 据作家Л.В.尼库林和艺术家Ю.П.安年科夫回忆，旅馆里的生活是按照特殊的时间表进行的：白天，整栋楼十室九空，几乎所有住户都只是来过夜。一层是性格平和的列米佐夫。三层住着一位文静的、爱沉思的小姑娘，她是刑事侦查员。执着的诗人瓦西里住在五

---

① ЦГА СПБ. Ф. 1001. Оп. 1. Д. 304. Л. 52. См.: Н. Б. Лебина, А. Н. Чистиков. Обыватель и реформы: картины повседневной жизни горожан в годы НЭПа и Хрущевского десятилетия. С. 28.
② ЦГА СПБ. Ф. 1001. Оп. 1. Д. 338. Л. 8. См.: Там же. С. 28.
③ ЦГАС-Пб. Ф. 1001. Оп. 1. Ед. хр. 304. Л. 18,23,24,25,46,52,82,84,88,140. См.: М. Г. Меерович. Наказание жилищем: жилищная политика в СССР как средство управления людьми(1917-1937 годы). С. 28.

层。夜猫子在楼里四处游荡,寻找孢子果、蔓越莓茶,最好能找到一点土豆。① 可知,与苏维埃楼相比,苏维埃旅馆的住户都是普通的党政机关工作人员,生活简朴。

关于这些公社房的房间陈设情况,目前所知甚少。英国学者披露了这样的材料:"艾莱娜·邦纳的父母是列宁格勒的党干部,她家住在阿斯托利亚宾馆,房间装饰简陋,一切摆设都是为了工作方便。大多数党员都生活在类似的简朴环境中,即使高级官员,其生活也很朴素。"② 由此初步判定,在军事共产主义时期,布尔什维克是满怀着建立共产主义生活方式的革命激情的,他们自觉摒弃物质享乐,家具只以实用为主。

总之,党政领导干部和工作人员的公社房是由一二级宾馆改建的,不同官位等级占据不同等第的房舍,界限森严,只有少量圈外人能够介入。总体来看,他们的生活还是比较朴素的。

(二)工人公社房

苏维埃是彰显工人阶级主人翁地位的政权组织形式,自然地,工人阶级应该成为组建公社房的主力军。

从1919年开始,莫斯科市苏维埃在组织工人向公有化住宅搬迁的过程中,有意识地将同一企业的工人安排在一起,组建工人公社房,它被看作城市工人的"共产主义宿舍"。③ 公社房中首先要建立幼儿园、俱乐部和托儿所,家具和燃料由苏维埃政府提供。莫斯科第一座工人公社房位于大花园街10号楼,"将日常生活最大程度社会化、把女主人完全从家务中解放出来"是其创建者的座右铭。④ 由此可知,这个公社房的组建者希望通过日常生活社会化实现妇女解放。以10号楼为开端,莫斯科的公社房逐渐发展起来,在1919年共有102所工人公社房。⑤ 1920年,莫斯科搬迁工作的重点就是组建公社房。各企业成立了住房委员会,在此基础上选举产生了区住房委员会和中央住房委员会,负责为公社房免费提供家具、燃料和炉子。中央住房委员会还负责统计公社房,有计划地组织搬迁。到1921年末,莫斯科有9.4万工人及

---

① Н. Б. Лебина, А. Н. Чистиков. Обыватель и реформы: картины повседневной жизни горожан в годы НЭПа и Хрущевского десятилетия. С. 28.
② 〔英〕奥兰多·费吉斯:《耳语者》,桂林:广西师范大学出版社,2014年,第26页。
③ Т. В. Кузнецова. К вопросу о путях решения жилищной проблемы в СССР (революционный жилищный передел в Москве. 1918-1921гг.) // История СССР. 1963. №5. С. 145.
④ И. П. Кулакова. История Московского жилья. М., О. Г. И, 2006. С. 175.
⑤ ГАОР МО. Ф. 4557. Оп. 1. Д. 144. ЛЛ. 6-8. См.: Т. В. Кузнецова. К вопросу о путях решения жилищной проблемы в СССР. С. 145.

其家属改善了自己的居住条件,其中 2/3 住在公社房。后者共有 471 所,来自被征用的富人私邸。①

彼得格勒的公社房是在 1918—1919 年出现的。在克尔斯坚工厂,青年工人组建了公社房。据 И. 库列绍夫回忆,这套住宅住了 10 个人。冬天的室内温度不高于零下 7 度,早晨起床时往往所有的东西都结了冰,水龙头冻住了,敲敲茶壶壁,里面也全都是冰。没有电,摸到灶台,锅里有点儿黑麦粥剩饭,大家摸黑儿吃饭。晚上的时候,大家互相踢着脚,再把粥化开,吃点东西增加力气。② 可知,这所公社房的条件是非常艰苦的,没有通电,取暖也极差,住所宛如冰窖。

综合以上材料可知,工人公社房多是由被公有化的私宅改造而成的,其中免费提供些许必需的生活设施,建立一些基本的公共服务机构。这些物资有助于工人们克服战时的物质危机,工人们也将在共用这些设施的时候频繁接触和相互影响,向社会主义新人转变。

(三)知识分子公社房

知识分子也组建了公社房。莫斯科特维尔林荫道 25 号是赫尔岑的住所。1920 年,在该府邸的厢房成立了家庭写作宿舍,由一间间宽敞的单独房间组成。住房里有临时厨房和其他仓促建成的便利设施。C. 谢尔盖耶夫-青斯基、B. C. 伊万诺夫、A. 普拉托诺夫和 O. 曼德尔施塔姆等作家在此居住。③ 在彼得格勒,单身作家和艺术家搬进了位于游泳池街的作家之家和著名的艺术之家,后者位于涅夫斯基大街拐角处,是银行家 C. П. 叶利谢耶夫的府第。诗人 B. C. 罗日杰斯特文斯基写道,所有没有家室的作家都搬到了这里。他们无悔地离开了自己没有取暖设备的住所,彼得格勒公社为叶利谢耶夫楼提供一切生活必需品。④

从以上材料可知,知识分子的公社房也是由革命前的私人府第改建的。公社房不仅提供了安身之处,还供暖、供应生活资料,成为知识分子的避难所。同理,当局也希望知识分子在共用生活设施的环境里,培养集体主义情感。

---

① С. П. Постников, М. А. Фельдман. Социокультурный облик промышленных рабочих России. в 1900-1941 гг. С. 127.
② Е. Г. Гимпельсон. Советский рабочий класс 1918-1920 гг. социально-политические изменения. М., Наука, 1974. С. 282.
③ И. П. Кулакова. История Московского жилья. С. 177.
④ Н. Лебина. Советская повседневность: нормы и аномалии. от военного коммунизма к большому стилю. С. 72-73.

(四)儿童公社房

儿童也被组织到公社房里。持续七年的战争,使成千上万的儿童失去家庭,成为流浪儿。1917—1920 年,彼得格勒儿童之家照管的儿童人数增加了 11 倍。① 但是,在新政权眼中,儿童之家不是抚养流浪儿的场所,而是一个儿童公社,是培养所有人集体主义精神的最佳形式。孩子们一起工作、学习、用餐,一起从事体育运动、听音乐、读书、做手工艺品、参加演出等,度过闲暇时光。用社会保障人民委员部负责人 З. И. 莉莉娜的话来说,苏维埃政府的目的是希望通过建立儿童之家、寄宿学校和儿童营等各种儿童宿舍形式,使孩子们"脱离小市民和小资产阶级家庭的影响",成为新人。② 阿利西娅心悦诚服于共产主义理想,支持创造新人。自 1917 年 10 月起,她担任沙图拉的联合劳工学校校长。她将之办成一个公社,既有学术课程,又有农场的劳作,让孩子从一开始就明白何为共产主义生活。③ 可知,苏维埃政府是从娃娃抓起,通过各种形式的公社房,将儿童锻造成社会主义新人。

社会各界组建公社房的史料表明,在人类历史上第一个社会主义国家建立之初,通过公社房培育社会主义新人的思想,不仅植根于布尔什维克领导人的意识中,也得到了工人、知识分子自觉或不自觉的认同,儿童也被裹挟其中。导致这种情况的原因,当然与布尔什维克的引导,以及创建者怀着"在一栋楼里建设社会主义"的美好理想和政治激情密不可分,同时也与这种集体居住、共用生活设施的住房形式有利于摆脱物质危机直接相关。显然,集中居住、集体供暖、公共食堂和公共浴室等,可以大大节约资源,使有限的房屋、燃料、粮食和水电资源发挥更大的效用。同时,相对来说,集体生活总会比孤身一人生活容易一些。

尽管占据着物质和精神双重优势,公社房并非广受欢迎,它遭到许多成家工人的排斥。十月革命前,俄国一些工人被迫栖息在集体宿舍里,这是一种类似于公社房的住房类型,供个人支配的财产很少,生活没有隐私。对于成家的工人来讲,他们渴望全家居住在独户住宅里,拥有独处的空间,不愿意再过集体生活。事实上,只有对革命前居住在地下室、阁楼和客栈的工人来说,公社房才是福利,他们是拥护组建公社房的骨干。

---

① Е. Н. Андрианова. Быт жителей Петрограда в период военного коммунизма по материалам коллекции фотографий ГЦМСИР // Вестник Московского университета. 2011. №2. С. 63.
② Там же. С. 63-64.
③ [英]奥兰多·费吉斯:《耳语者》,第 34 页。

此外,从对党政领导干部及其职员、工人、知识分子等公社房生活的阐述中,还可以得出这样的认识:在战时艰苦的环境里,高层领导干部和普通公职人员在内的人民群众虽同住公社房,但居住条件还是有些区别。前者居住在高级宾馆中,配套设施齐备,还有工作人员提供服务;后者的公社房由原来的二级宾馆、更多是由私宅改建的,仅提供必需的生活设施,毋论服务人员。可知,在政权建立之初,党政高层领导干部已经表现出住房条件的特殊化。但基于物资匮乏以及自身拒绝享乐主义的生活方式,他们与人民群众的生活差距还不是很明显。

二 部分居住场所的改良

集中化的住房管理方式取得了历史性功绩。因将住房收归市有并重新分配,分散到被征用住宅里的工人瞬间改善了居住条件。

地下室住户大大缩减了。十月革命前,莫斯科有10%以上的人口居住在地下室,圣彼得堡为16.7%,巴库为23%,下诺夫哥罗德为22%,其他工业城市为10%—20%不等。1923年的住房调查显示,栖身在地下室的人数不超过工人家庭总数的0.8%,半地下室的人数为0.2%。①这表明经过重新分配住房,地下室住户已大幅度减少。

陋室的住户急剧减少了。十月革命前的俄国,居住在床位小间公寓和租住屋角的住户占工人家庭总数的50%以上,到1923年这一比例下降到7.7%。②从郊区搬迁到市中心的孩子们惊奇地望着高高的天花板和宽大的窗户,激动地低声问父亲:"谁住过这里,是沙皇吗?"③可知,一些工人家庭已告别陋室,开始了新生活。

住所的人口密度有所降低。同一战前相比,有单独住处,包括一个房间甚至一套住宅的工人比例增加了1—1.5倍。1908—1922年,彼得格勒单身工人中居住在单独一个房间的比例从29%增加到67%,居住在一室以上或者一套住宅的比例从1%增加到10%。在成家的工人中,占据一室以上或者一套住宅的比例从28%增加到64%,占有一个房间的比例从17%增加到33%。1908年,52%的工人家庭是合住的,而到1922年时,居住条件少于一

---

① В. А. Аверченко, И. Г. Царев. Жилищное строительство—старая песня о главном. С. 48.
② Там же. С. 48-49.
③ М. Аркадьев. О жилищном строительстве в СССР. С. 11.

个房间的工人家庭已经没有了。① 可知,经过对住房的重新分配,每个房间或每套住宅的人口密度都比十月革命前有不同程度的下降。莫斯科住宅分配情况的统计资料也显示出类似趋势。

表4-1 莫斯科各类住宅中住房面积和居民的分配②

住宅类型	平均住宅面积(平方米)	住宅总面积(平方米)	居住人口的数量(千人)		人均居住面积(平方米)	
			1912年	1923年	1912年	1923年
一居室	21.5	303291	81.1	53.2	3.7	5.7
带厨房的一居室	26.0	448784	116.7	80.7	3.8	5.6
6—9居室	118.0	1756662	128.2	203.2	13.7	8.6
10居室及以上	180.0	816545	42.7	101.6	19.1	8.0

从上表可知,与1912年相比,1923年在一居室和带厨房的一居室住宅类型中,居民数量分别减少了34%和31%,人均居住面积提高了2平方米和1.8平方米。而在6—9居室和10居室及以上的住宅类型中,居住人数分别增加了37%和58%,人均居住面积降低了5.1平方米和11.1平方米。尽管无从得知居住者的身份信息,但还是要承认,重新分配住房确实使各类住宅的面积分配变得均匀了,人口密度得到了调整,住房条件差距较十月革命前缩小了。

三 居住条件更加艰苦

尽管部分劳动群众的居住场所改善了,但整体来看,城市居民的居住条件比革命前更加艰苦。

房舍破败不堪。十月革命后的五年里,城市的集体采暖都不能运转。住户用自造的小铁炉子取暖,烟囱接到通风小窗上。炉火燃烧的时候,住宅里全是烟;炉火熄灭,立刻就变冷了。因木材紧缺,栅栏、家具等一切能烧的东西都被烧掉了。在革命前坚固的高层楼房里,由于住户需要把装有木材或冻土豆的雪橇拖到较高的楼层,因此,台阶上铺着的地毯都磨损了,翘了起来。即使安装了电梯,电梯也不能运转。Г. А. 克尼亚泽夫在1921年2月27日的

---

① А. Черных. Становление России советской: 20-е годы в зеркале социологии. С. 201-202.
② В. А. Аверченко, И. Г. Царев. Жилищное строительство—старая песня о главном. С. 49.

日记中这样写道:"人们现在生活得多么糟糕。许多人的住宅里堆满了垃圾。自来水和厕所都无法使用,一些空房间被指定为厕所。由于缺少木材,最后的一些家具被烧掉了,门掉了下来,天花板也被破坏了……到处都很脏,荒废不堪。"①因寒冷和潮湿房子塌陷,墙壁开裂,窗户框歪斜,玻璃破碎。在莫斯科出现了所谓的"破烂房屋",生活完全或部分停止了,只留下了裂缝、剥落的灰泥和用木板堵住的窗洞。② 可知,多年的战争带来满目疮痍、生灵涂炭,为解决饱和暖的问题人们就已经拼尽全力了,根本无法顾及住房卫生,更毋论维护住房了。所以,房舍普遍破破烂烂。

居住场所得到改善的劳动群众,在生活上也很不称心。首先,他们不适应新的居住环境。城市住宅的构造和配套设施与郊区小房子是有区别的。郊区的小房子有地窖、地下室,院里有井。搬进新家的无产阶级失去了这些惯常的生活设施,又要面对一些以前没有用过的物件,这让他们很不习惯。喀山市胜利工厂的工人,在1919年秋冬时节从地下室搬到了复活街的奥西波夫楼和索科洛夫街的图库列夫楼。但根据房屋检查员的报告,工人们都放弃了这些舒适的住房,因为"他们还不习惯有暖气,也不惯于使用公共厨房"。③ 为了便利自己的生活,新住户们往往把老爷们的大厨房和浴室都变成了住所,把天花板和墙上的造型装饰挪了位,仿古实木地板也遭到无情摧毁。④ 其次,使用公共空间包括浴室、卫生间、厨房等导致住户身心俱疲。厨房的问题最为突出。住户的收入不等,还有不少失业者。即使同样的薪水,因家庭情况不同生活水平也有差异。大家的工作条件也不同,做饭时间难以统一。这些差别引发邻里摩擦,很多人只好从公共厨房转移到自己的房间,在临时搭建的小铁炉子上烹饪。在那里,他们可以没有痛苦、没有嫉妒地清洗自己的蔬菜,烹调档次不同的餐食,选择与自己的财力和工作条件相匹配的做饭时间和次数。对此,М.佐先科曾说:"国内战争之后人们总是神经衰弱。"⑤最后,搬迁户无法应对生活难题。彼得格勒最先分配的住宅房间巨大,有许多过道,天花板很高,需要花费大笔开支取暖。但因为住户无力承担,导致大部分住宅中的许多房间都无人居住,进而影响了整套住宅的卫生

---

① Н. Б. Лебина, А. Н. Чистиков. Обыватель и реформы: картины повседневной жизни горожан в годы НЭПа и Хрущевского десятилетия. С. 27.

② Г. В. Андреевский. Повседневная жизнь Москвы в Сталинскую эпоху (20-30-е годы). М., Молодая гвардия, 2003. С. 430.

③ Под ред. Павла Романова и Елены Ярской-Смирновой. Советская социальная политика 1920-1930-х годов: идеология и повседневность. С. 137.

④ Н. Б. Лебина, А. Н. Чистиков. Обыватель и реформы: картины повседневной жизни горожан в годы НЭПа и Хрущевского десятилетия. С. 26.

⑤ А. Черных. Становление России советской: 20-е годы в зеркале социологии. С. 198.

状况。① 1920年2月,彼得格勒国家标识采办厂的行政机构和工厂委员会给市公用事业理事会写信,其中一条是请求在企业附近分配房子,因为大部分印刷工人都住在偏远地区。② 可知,面对取暖难、上班难的困扰,搬迁者无法安心定居。总之,搬迁者的居住场所瞬时升级了,但他们的职业、薪水、文化水平、生活品位和道德水准等并未立即更新,交通、取暖等公用服务也没有跟进,致使新住户难以适应和维持新居生活。大住宅对他们没有吸引力,反倒是最简陋的,甚至潮湿、黑暗的住房更好一些,最终,许多搬迁者放弃了新房。于是,在列宁格勒,大部分没收的住宅逐渐落入到财力雄厚的人手中,莫斯科初步打破的住房等级结构也逐渐恢复了。

综上所述,重新分配住房激进改善了部分劳动群众的居住场所,降低了人口密度。市有住房中的劳动群众房费低廉,1921年时工人、职员及其家属还彻底免除了房租,过去沉重的经济负担解除了。这些努力虽然所及面十分有限,但显示了苏维埃政权和社会主义制度为工人阶级谋利益的无产阶级性质。但总体来看,这一时期城市居民的居住条件比十月革命前更差,房舍更加破败,许多群众留在原地未迁,搬迁者也并不认可政府赠与的礼物。实践证明,布尔什维克将马克思主义的住房理论机械照搬到苏维埃俄国的尝试并不成功,将穷人迁入富人住房的简单做法不能解决住房危机,还伴随着太多的后续问题。造成这种结果的原因,当然首先是沙俄时期住房问题尖锐,苏维埃政权不可能在短短四年时间里解决俄国工业化几十年留下的问题。其次,这与战争的长期破坏和战时紧迫的形势有关。特殊时期,国家无暇也无力大举维护旧房和建造新房,而迁入新居的老百姓,改善居住条件的成本亦大大超过了收益。最后,也应该看到集中化住房管理方式存在的缺陷加重了住房困难。由于这一问题是导致新经济政策时期住房政策调整的原因之一,笔者将其放在第五章阐述。

---

① А. Черных. Становление России советской: 20-е годы в зеркале социологии. С. 198.
② А. В. Гоголевский. Революция и психология: политические настроения рабочих Петрограда в условиях большевистской монополии на власть 1918-1920. С. 82.

第二编
新经济政策时期分散化的住房管理与城市居民的住房状况(1921—1927)

军事共产主义时期集中管理住房，无法有效调动居民修缮和保护住房的积极性及主动性，不能根本扭转深陷危机的住房局势。新经济政策实施后，经济管理由集权走向分权，住房管理随之变化。国家对住房政策做了怎样的调整？相应地，住房管理发生了什么样的改变？城市居民的住房状况是否好转？本编就来解答这些问题。

第五章　新经济政策的出台与紧迫的住房局势

军事共产主义政策在和平时期的继续施行，引发民怨，民心思变。而近乎崩溃的住房事业也急需新政策力挽狂澜。

一　新经济政策的出台

1920年末，苏维埃国家反对外国武装干涉和国内反革命叛乱的战争胜利在即。此时，国民经济已是百孔千疮，亟待恢复。饱受战乱之苦的人民也迫切需要安定的生活。而此时的布尔什维克领导人被胜利冲昏了头脑，仍在国内继续推行军事共产主义政策，试图通过这些临时措施引导国家直接过渡到共产主义。征集的粮食数额有增无减，引起了农民阶级的强烈不满，1921年2月爆发的喀琅施塔得水兵叛乱是最严重的事件，表明苏维埃政权基本的依靠力量也起来反对政权。饥荒也在多地出现。全国性的经济政治危机迫使布尔什维克必须改变现行政策，巩固执政地位。以1921年3月俄共（布）十大为标志，苏维埃俄国进入了"新经济政策"时期。国家开始对经济进行分权管理，在一定程度上引入市场机制，刺激经济的恢复和发展。这种分权管理经济的思路也影响到住房管理，为住房政策的调整提供了良好的大环境。而住房事业自身面临的巨大困难，也使得调整住房政策势在必行。

二　住房事业濒临崩溃

苏维埃政权建立初期采取的集中化住房管理方式，在实践中引发了许多新问题。

市有化后的民宅遭到住户破坏是一个严重问题。将房屋收归市有后，这些房产不再属于任何个人，变成了没有主人的房屋，而且还供居民近乎无偿使用。这样一来，住户与住房之间没有责任义务关系，导致住户不爱惜住宅，住房被人为地污损。况且，由于实行住房公有制，国家可以随意调遣住户，迁入迁出频繁。居住者已随时可能搬迁，心理上也缺乏主人翁意识。此外，居民的文化素质低下、在原来较差的居住环境中养成的不良生活习惯、战时条件下的求生本能等，使住房变成了污秽之所。由于供暖中断，壁炉不能保证生活需要的温度，住户在房间里竖起小铁炉子。① 锅圈痕迹留在后古典主义风格和巴洛克风格的红木和卡累利阿桦木上；《人类史》等巨著被当作引火柴；孩子们从镶嵌着饰物的桌子上挖出溢彩流光的珍珠母贝，并把所有到手的东西都刻上自己的名字。② 对此，莫斯科市公用事业处③的工作人员也承认：在大规模地将个人不动产转归市有一年后，许多城市，首先是莫斯科和彼得格勒，住房形势近乎崩溃。

　　被国家机关占用的市有住房也遭到了人为损坏。1918年，在莫斯科的一些机关里，地板上特别是穿堂的地板上几乎覆盖了1俄寸④厚的脏灰；墙上贴满了各种通告、公告等；积攒了数月的灰尘纷纷从天花板落下；由于太脏，从窗玻璃向外什么也看不见；无论办公室还是前厅，都充斥着刺鼻的烟雾，地板上布满了烟头。⑤ 可知，党政机关虽占据了讲究的大宅院，却因为其是公有财产，与单位和个人无涉，员工不爱惜更不会维修这些宅子。

　　统一管理住房的力度很小，也使得住房因失修而继续受损。政权建立初期，战火纷飞，管理住房的工作尚未完全提上日程。地方政府缺乏资金，住房管理组织以及相应的管理法规也不完善。而由于实行近乎免费的房租政策，房屋的维修费用也无法从房租中补给。国家管理住房不力，使得住房因缺乏修缮和保护而遭到进一步摧残。

　　总之，集中化的管理方式不仅没能弥补沙俄时期住房事业的亏欠，还变本加厉，导致住房事业彻底衰败。

---

① Н. Б. Лебина, А. Н. Чистиков. Обыватель и реформы: картины повседневной жизни горожан в годы НЭПа и Хрущевского десятилетия. С. 26.
② Г. В. Андреевский. Повседневная жизнь Москвы в Сталинскую эпоху(20-30-е годы). С. 440.
③ 1920年1月，地方经济处被改组为城市公用事业处。
④ 1俄寸约为4.4厘米。
⑤ Г. В. Андреевский. Повседневная жизнь Москвы в Сталинскую эпоху(20-30-е годы). С. 431.

三 大饥荒推涛作浪

新经济政策实施初年席卷全国的大饥荒更加剧了住房困难。在三年多的帝国主义战争中,农村近1千万青壮年应征入伍,大批马匹被征为军用,成片的土地荒芜,粮食生产急剧下降。1917年就开始出现饥荒。内战时期推行的粮食摊派制严重挫败了农民的生产积极性,再加之战争的继续破坏,耕种面积大幅度减少。1920年全国主要谷物总产量为210亿普特,比1917年下降33%,比1913年下降55%。① 1921年,大饥荒笼罩全国。为了生存,成千上万的农民离开村庄,流浪到大城市。莫斯科在郊区搭满了工棚。1921年夏天,又有数千名饥民从伏尔加河流域抵达莫斯科。为此,政府在喀山火车站设立了一个营养站,在奥斯托仁卡的扎卡奇耶夫修道院安置了2000名儿童。②大批难民的涌入,使得大城市的住房危机更显突出。而由于采取集中化的住房管理方式,地方政府在本已焦头烂额的情况下还要安置难民,实在难堪重负。

上述新情况使原本存在的住房短缺、居住条件恶劣的形势愈加严重。许多报纸都称这一时期的住房事业陷入了"崩溃"和"灾难"之中。1921年夏天,В.И.列宁本人也愤怒地写道:"我们的住房简直是污秽不堪!"③至此,苏维埃政权决定转变集中化的住房管理思路,将自己从住房管理的全权地位上解放出来,发动社会各界共同恢复住房事业。分散化住房管理政策应运而生。

---

① 周尚文、叶书宗、王斯德:《苏联兴亡史》,上海:上海人民出版社,1993年,第52—53页。
② Г. В. Андреевский. Повседневная жизнь Москвы в Сталинскую эпоху(20-30-е годы). С. 429-430.
③ И. П. Кулакова. История Московского жилья. С. 162.

第六章 住房政策的调整

新经济政策的一个重要出发点就是恢复生产者的经营权利,使其成为自负盈亏的市场主体。住房事业的改革也遵循着这一思路。地方苏维埃担负自己能够承担的责任,其余交给市场和社会。

一 住房所有制政策的改变

住房所有制政策的调整表现在两个层面。其一是将部分市有住房发还原主,变为私有住房。在私房市有化运动中,地方政府均掌握了多少不等的房产,却少有能力维修保护。于是,从1920年开始,苏维埃政权将部分市有房产发还原主,以此减轻自己的负担,但当时只触及明显违背法律规定收归市有的房产,比例不大。这一工作正式开展是在新经济政策颁布后。1921年8月8日,俄罗斯联邦人民委员会颁布《关于公用事业处修订收归市有的房产名单》法令,责成公用事业处在两个月内列出规模小、不适合公用事业使用和不能满足国家需要的房屋名单,将其转交给集体和个人。① 12月28日,俄罗斯联邦人民委员会颁布《关于发还原主的条件》决议,规定在一年内全面翻修的条件下方可将房屋归还原业主。如果发还原主的建筑有8个或更多房间,那么10%的有效面积由地方住房部门支配。② 以上两个决议标志着发还原主工作启动。

发还原主的前提条件是房主只有一处房产,包括供居住用的建筑及辅助的庭院建筑。在这个前提下,可以将下列房屋发还原主:住宅的数量不超过5个,并且在莫斯科和彼得格勒两市居住面积不超过50平方俄丈(大约106.7

---

① Декрет Совета Народных Комиссаров. О пересмотре Коммунальными Отделами списков муниципализированных домов. http://istmat.info/node/46523. 2020年6月5日下载。

② Постановление СНК РСФСР от 28.12.1921 Об условиях демуниципализации домов. См.:Систематический сборник декретов и постановлений по жилищному вопросу. М., издание М. К. Х., 1923.

平方米），在俄罗斯联邦其他城市居住面积不超过 25 平方俄丈（大约 53.3 平方米）。1924 年，在莫斯科和列宁格勒所辖的县城和城镇，不超过 50 平方俄丈的房屋也可以发还原主。此外，居住时间满一年的别墅也准许发还原主。①

  下列房屋不能发还原主：住房合作社租赁的住房，国家和公用事业机关占用的房产，作为工人宿舍的房产，私邸或贵族庄园类型的房产。在 1917 年 10 月之前具有以下特征之一的房产即被视为贵族庄园：(1) 有单独的电力照明；(2) 供走马使用的车库或马厩；(3) 有暖花房和温室。具有以下全部特征的房产也被视为贵族庄园：(1) 占地面积不少于 120 平方俄丈（大约 256 平方米）；(2) 居住面积不少于 45 平方俄丈（大约 96 平方米）；(3) 有自来水和厕所；(4) 有封闭露台；(5) 有室内供暖。如果上述特征是在十月革命后出现的，那么，房产不属于贵族庄园，应当发还原主。在原房屋基础上增建的、供商业和工业用途的房产，不能发还原主。②

  从以上内容可知：第一，发还住房的必要条件是主人只有这唯一的一处房产，且要在一年内维修完毕。由此，修葺住房成为归还产权的前提，维修责任由地方苏维埃转移给了个人。第二，归还的住房面积小。超过规定面积的，即 106.7 或 53.3 平方米以上的住房都不能发还。第三，发还的住房使用价值小。凡是有益于公用事业和国家的房产都不归还。总之，通过上述决议，以前收归市有的房产被分成两类，优质资源继续留在公用事业处，无用的小房产经原主人修缮一新后还给本人。此外，从这些政策中还不难发现国家的矛盾心态，既要为地方公用事业部门减负，又不愿将市有房产全部发还。造成这种心态的根本原因还是受到马克思主义理论的影响，即无产阶级专政的国家应该逐步消灭私有制，所以必须控制私有房产的规模。

  住房所有制政策调整的另一个表现是对私有产权由否定变为肯定。军事共产主义政策时期将私房市有化意在废除私有财产权，新经济政策时期，为了增强私房房主保护住房的责任心，国家重新承认了这一权利。1922 年 5 月 22 日，全俄中央执行委员会颁布《关于被俄罗斯联邦承认并受其法律和法院保护的基本私有财产权》法令，宣布公民对本法令发布前在城市和农村地区未被地方苏维埃市有化的建筑，享有所有权。③ 国家对私有产权的认可和

---

① Т. М. Смирнова. Демуниципализация домов в годы нэпа: восстановление жилого фонда или обогащение коммунальных служб? С. 466.
② ЦГАМО. Ф. 66. Оп. 11. Д. 1588. Л. 1. См.: Там же. С. 466.
③ Всероссийский центральный исполнительный комитет. Декрет от 22 мая 1922 года Об основных частных имущественных правах, признаваемых РСФСР, охраняемых ее законами и защищаемых судами РСФСР. https://www.lawmix.ru/docs_cccp/8025. 2020 年 6 月 5 日下载。

保护,给担心住房被市有化的房主吃了一剂定心丸,进而调动起房主保护自己房产的积极性,也为住房交易奠定了法律基础。

二 松懈管理住房政策的变化

军事共产主义政策时期对住房的管理是一条瘸腿,新经济政策时期,国家高度重视汲取前车之鉴,将握在手中又疏于管理的房产由国家、集体和个人分散管理。

对于市有住房,除一部分发还原主归个人管理外,优质房产仍归地方苏维埃所有,但其又交给两个机构分管。

地方苏维埃自管一小部分房产。1921年6月10日,全俄中央执行委员会和人民委员会通过了《关于内务人民委员部》决议,宣布内务人民委员部划分为六个管理局,其中公用事业管理总局全面负责城市和农村的公用事业。公用事业管理总局下设五个处,其中之一就是住宅分配处,负责领导共和国的一切住房事务,监督房产市有化法令的执行,管理收归市有的房产,领导负责登记和分配住房的地方机关。①可知,保留在地方苏维埃的房产是由住宅分配处管理的。

地方苏维埃将归己所有的大部分房产都租赁给住房租赁合作社集体管理。1921年,全俄中央执行委员会和俄罗斯联邦人民委员会颁布了《关于把公用事业机关从直接经营市有住房中解放出来,将房屋转交给住户集体经营》法令,积极提倡发动集体的力量管理住房事业。② 党员Г.В.齐佩罗维奇在1920年代初期担任列宁格勒工会的领导人,他在《公用事业问题》杂志上写道,不应该因修缮住房和公寓而加重公用事业部门的工作压力。在他看来,这件事应该由住房合作社来做。③ 于是,国家机关开始颁布组建住房合作社的决议。1921年9月3日,莫斯科工农和红军代表苏维埃主席团公布了《关于住房合作社》条例,指出组建住房合作社的目的是管理和经营房屋,以

---

① Декреты Советской власти. Том ⅩⅥ. М.,РОССПЭН,2004. C. 41,49,50.
② Декрет ВЦИК и СНК РСФСР 1921 года. О разгрузке коммунальных органов от непосредственной эксплуатации муниципализированного фонда и о передачи домов коллективам жильцов . https://tsg.ru/webformat/dolgushina.htm. 2020年6月5日下载.
③ Н. Лебина. Советская повседневность:нормы и аномалии. от военного коммунизма к большому стилю. C. 97.

及保持住房处于完好和适于居住的状态。① 1921 年 12 月 3 日,莫斯科市苏维埃主席团通过了《住房合作社和建筑合作社条例》,规定组建合作社的条件是一套房产的住户不能少于 10 人,人口少的住户可以联合起来建立一个合作社。入社的唯一条件是交纳入社费,数额由全体会议决定,但不能超过 3 金卢布,可以分期付款。条例还宣布了合作社社员的权利和义务:社员有权优先获得房产中腾出来的住房。如果说以前的空置住房是由住房机构分配的,那么现在,合作社可以采用内部排队的方式在社员间分配住房。社员会因严重违反义务被开除,如两个月内不支付房租等必需费用、对住房持掠夺性态度、扰乱其他住户正常生活、坚决不遵守全体会议和理事会的决议,被开除的社员失去改善住房条件的权利。② 1922 年 5 月 23 日,《关于住房合作社》法令在全国颁布。这一时期的住房合作社,要受到地方公用事业部门的严格管理,工作积极性受阻。为了增强合作社活力,1924 年 8 月 19 日,苏联中央执行委员会和苏联人民委员会通过了《关于住房合作社》的新决议,决议将住房合作社分成三类,其中租赁住房的合作社被称为住房租赁合作社。所有长期居住在该房产内且享有选举权的公民,都有资格成为住房租赁合作社的社员,丧失选举权或停止居住者将失去社员资格。除各加盟共和国的法律另有规定外,合作社人数不得少于 10 人。住房租赁合作社的资金来自入社费和入股金、房租和无人居住房屋的租金收入,以及取暖费(有集中供暖的房屋)等。其中入社费不得高于 1 卢布,股金不得超过 20 卢布,可在一年内分期支付。住房租赁合作社的管理机构是社员全体会议以及由全体会议选举产生的理事会,监督机构是审计委员会。此外,所有类型的住房合作社都可以组成统一的市级和省级住房合作社联社,省级联社还可以组建各加盟共和国住房合作社联社。在大城市,除了城市联社之外,还可以建立地区住房合作社联社。③

按照 8 月 19 日制定的《住房租赁合作社、工人住宅建筑合作社和一般公民住宅建筑合作社章程》,住房租赁合作社同地方公用事业部门签订租赁合同,后者按照合同内容,对住房租赁合作社经营和保护住房的工作进行监督,但无权干涉其具体的经营活动。具体说来,合作社主要享有以下权力:(1)可以自由支配所租赁住房的资金并分配住房面积。(2)可以将分配后剩

---

① М. Г. Меерович. Наказание жилищем: жилищная политика в СССР как средство управления людьми(1917-1937 годы). С. 225.
② О. В. Долгушина. Самоуправление в жилищной сфере. Московский опыт. https://tsg.ru/webformat/dolgushina.htm. 2007 年 2 月 13 日下载。
③ Постановление ЦИК СССР, СНК СССР от 19.08.1924 О жилищной кооперации. htps://www.lawmix.ru/sssr/17087. 2020 年 6 月 5 日下载。

余的以及无人居住的住房,租赁给无权成为社员的人。(3)承租市有房产的期限不超过 12 年,到期后有权优先续签。这样,与 1924 年 8 月之前相比,住房租赁合作社无须服从地方公用事业部门的管理,独立自主性大大增强,经营房产的积极性提高。

这一时期对市有住房的管理,除了发还原主、交给住宅分配处和租赁给集体经营三项政策之外,市有住房的住户本人也有修缮、保护住宅的义务。1921 年 5 月 23 日,俄罗斯联邦人民委员会在《关于改善劳动人民住房条件的措施和打击破坏住房的措施》法令中规定:要吸引住户监督住房机构的管理工作,增强居民自身保护住房的责任感;居民要按维护和修理房屋的面积比例承担费用,必要时个人参与修理工作。① 8 月 8 日,俄罗斯联邦人民委员会在《关于住房管理》决议中强调,对于使用自己的资金修房的住户,包括恢复自来水、下水道、住宅主体部分的集体采暖,在始终保持住房完好的情况下,自修理之日起三年之内不能强迫迁出。② 5 月和 8 月决议的内容表明,将住宅修缮完好的个人,有权在一定期限内不被迁出。此项措施将大大提高住户修缮和爱护住宅的积极性。

这样,在新经济政策时期开创了地方苏维埃、住房租赁合作社和住户个人共管市有住宅的渠道,而且租赁方与承租方权利义务关系明晰,有助于改变军事共产主义时期疏于管理住房的局面。

1920 年代,国家对私有住房也加强了管理力度。政权建立初期地方政府保留了数量不等的私有制住房。据 1918 年统计,苏维埃俄国至少 30% 的工业工人居住在自己的住房里。③ 按照发还原主的政策规定,新经济政策时期又将有部分市有房产变为私有。为了保护这些私有房产,国家颁布了对私有住房的管理政策。按照 1921 年 8 月 8 日《关于住房管理》的决议,私有住房的房主必须承担保护和修理住房的责任。(1)私有房屋由业主管理,业主对住宅分配处负责。如果业主不履行管理义务导致房屋被毁,公用事业部门将视其为"无主房屋"收归市有。(2)只有在战时情况下,才可以将房主强制迁出他们占据的房舍。④ 从决议内容可知,国家对私有住房的管理实行房主负责制,并保证不会随意将房主迁出。这实际上给房主上了保险:只要按要

---

① Декрет Совета Народных Комиссаров. О мерах улучшения жилищных условий трудящегося населения и о мерах борьбы с разрушением жилищ. http://istmat.info/node/46227. 2020 年 6 月 5 日下载。
② Декрет Совета Народных Комиссаров. Об управлении домами (Положение).
③ С. П. Постников, М. А. Фельдман. Социокультурный облик промышленных рабочих России. в 1900-1941 гг. С. 121.
④ Декрет Совета Народных Комиссаров. Об управлении домами (Положение).

求保护住房,那么,自己就是房屋的长久房主,没有特殊情况将永远拥有这套住房。因此,该决议必将能够稳定民心,调动住户修缮、保护房产的积极性,进而保证私有房产的质量。

由无偿使用住房到恢复房租征收制,也是住房管理政策的一项转变。为减轻国家的经济负担,使房屋的使用逐步与经营维修接轨,从1922年4月至1928年5月,人民委员会相继颁布了系列房租法令。

1922年4月20日,俄罗斯联邦人民委员会颁布《关于缴纳住房费用》法令,宣布自1922年5月1日起无论市有住房还是非市有住房都要收取住宅使用费。住房费用由地方执行委员会根据单位面积的住房维护费用、住房的设施和位置来确定,国有及同等地位企业、机关的工人和职员及其被赡养人,以及国家教育机构的学生,如果每人的住房面积在16平方俄尺以内,每平方俄丈的房租不能超过160卢布,超标面积的房租按照执行委员会规定的数额增加。私营企业的工人和职员每月每平方俄丈的房租不能超过240卢布。战争致残者和劳动致残者免缴房租。红军家属与国有企业、机关的工人和职员享有同等待遇。上述类别以外的人员,根据与房屋管理所或房东签署的协议支付房租。① 可知,1922年4月法令是对1921年1月免除房租政策的调整,除战争致残者和劳动致残者仍继续免费使用住房外,其余享受免费待遇的人员均要支付房租了,且不同所有制企业的员工在房租上限上的差距很大。房租的回归是住房管理领域突破军事共产主义政策的一个显著标志。1923年6月13日,全俄中央执行委员会和俄罗斯联邦人民委员会颁布了《关于在城市类型居民点征收房租》法令,规定全体租户都要支付房租。对于工人和职员,房租取决于收入水平,但不能超过以下优惠标准:月收入在30卢布以下、30—50卢布、50—70卢布、70—100卢布和100卢布以上者,房租分别为10—20戈比、20—40戈比、40—60戈比、60—90戈比和90—1卢布20戈比;私营企业的工人和职员,如果工资是其主要收入来源,其也适用上述标准;自由职业者和不使用雇佣劳动的手工业者,房租是每月1—2卢布;非劳动收入者是每月3—10卢布;享有社会保障的人,包括红军家属、有资格领取国家津贴的失业者和免除学杂费的学生,房租费用等同于月收入30卢布以下的工人和职员标准,地方执行委员会也有权免除他们的房租。租户有权按照每人不得低于2平方俄丈的住房面积标准,为本人及其受赡养者支付

---

① Декрет Совета Народных Комиссаров от 20.04.1922 О плате за пользование жилыми помещениями. https://www.lawmix.ru/zakonodatelstvo/2575885. 2020年6月5日下载。

房租,多余面积按每类缴费者基本标准的双倍支付。① 可知,苏联从 1923 年 6 月起步入了一个全民缴纳房租的时代,尽管脱离市场原则,但无疑是历史的进步。因社会地位不同,房租的差别很大:工人和职员以及弱势群体房租非常低,远远不能抵补房屋的经营成本费用;自由职业者的房租较高,而非劳动收入者的房租最高。1925 年 6 月 1 日,全俄中央执行委员会和俄罗斯联邦人民委员会颁布了《关于在城市居民点征收房租》的法令,规定自由职业者和不使用雇佣劳动的手工业者,房租上限分别降至每月每平方米不超过 1 卢布 10 戈比和 60 戈比;非劳动者的房租由执行委员会制定;而国有及其同等地位的机关和企业的工人和职员,房租可以在现行费率基础上最多提高 50%;私营企业的工人和职员,如果工资是其主要收入来源,其也适用上述标准;社会保障人员、失业者、应征入伍前受其赡养且目前没有独立收入来源的红军家属、国家教育机构的学生,房租可以在现行费率基础上提高到与工人和职员同一水平。此外,国有和市有住房中超标面积的房租支付标准,由两倍涨到三倍。② 可知,国家调整了不同群体的房租征收标准,工人和职员及特殊群体的房租金额以及超标部分的支付标准均在上调,而其他社会成分的标准有所下降。1926 年 6 月 4 日,苏联中央执行委员会和苏联人民委员会颁布了《关于在城市居民点征收房租和调整住房使用的措施》,按照社会属性,将居民分成工人和职员、军人、自由职业者、手工业者四类,实行差别支付房租。工人和职员根据工资高低分成 20 卢布以下、20—125 卢布之间、125—275 卢布之间、275 卢布以上四档,支付的房租数额是 1 平方米 5.5 戈比到 1 卢布 32 戈比不等。军人则是按照地方苏维埃的规定或特殊的法律支付房租。自由职业者的房租数额是 1 平方米 35 戈比到 1 卢布 98 戈比不等。根据雇佣工人的数量,手工业者缴纳的房租数额为 1 平方米 22 戈比至 1 卢布 98 戈比不等。规定公用服务事业方面的收费应与居民的实际使用量挂钩,力求所有用户平均分担公用事业服务费和集中供暖费。③ 该措施规定了四类人每单位面积的基本房租标准,最低收费差距约为 4—6 倍,最高收费差距是 66 戈比,且要求公用事业缴费金额反映真实用量,促进了公用服务事业的良性发展。1928 年 1 月 4 日,苏联中央执行委员会和苏联人民委员会通过了

---

① Постановление ВЦИК, СНК РСФСР от 13.06.1923 Об оплате жилых помещений в поселениях городского типа. https://www.lawmix.ru/sssr/17506. 2020 年 6 月 5 日下载。
② ВЦИК, СНК РСФСР. Декрет от 1 июня 1925 года Об оплате жилых помещений в городских поселениях. http://www.homlib.com/read/dokumenty-1921-1928/1925-06-01-ob-oplate-jilyh-pomeshcheniy-v-gorodskih-poseleniyah/1. 2020 年 6 月 5 日下载。
③ Сборник жилищного законодательства. М., издательство《Юридическая литература》, 1963. C. 361-363.

《关于住宅政策》决议,对征收房租的原则有了新规定:(1)要不断提高房租,使房租接近房屋经营成本费。低于房屋成本的房租在1927—1928年度和1928—1929年度内每月每平方米至少增加10戈比,但失业者和月工资不超过20卢布者除外。(2)规定房租时要将住房质量和地点因素考虑在内。(3)房租的提高取决于实际工资的增加,要使实际工资的增长速度超过房租的增长速度,并能提高工人的生活水平。(4)统一房租征收制,即地方苏维埃和工交企业新建房屋(从1924年起)的房租,同旧房屋的房租相同。① 可知,1月决议完善了房租的征收规则,其要综合考虑收支相抵、工资、房屋自身因素等多个维度。统一新老房屋的房租,提高了城市居民新建住房的积极性。

以1926年和1928年1月法令为基础,1928年5月14日,全俄中央执行委员会和俄罗斯联邦人民委员会通过了《关于在城市和工人村支付房租》决议,②规定从6月1日起,在城市和工人村开始实施新的房租征收标准。自这时起直到苏联解体,房租标准都没有改变。决议的基本内容如下:

第一,房租的计算要考虑房屋地点和配套设施是否齐备等因素。对于没有电力照明、距离市中心较远、没有自来水或者下水道、没有自来水也没有下水道、有特殊便利设施这五类情况,分别降低或提高了房租。对于黑暗、半黑暗、潮湿的住房,地下室、半地下室、阁楼式住房,四层以上没有电梯、房高低于2.5米的住房等也要降低房租标准。

第二,修改了房租缴纳标准。工人和职员的工资由四档变为三档:30卢布以下、31—145卢布之间、145卢布以上,房租为每月每平方米5.5戈比至1卢布32戈比不等。自由职业者的最高房租为1卢布98戈比。手工业者的房租为22戈比至1卢布98戈比不等。商人等非劳动者的房租最低不少于77戈比,最高为4卢布40戈比。军人按照地方苏维埃规定或特殊的法律支付房租。多子女家庭减免5%—15%不等,领取退休金者减免50%。靠助学金生活的学生也享有减免权。辅助面积,如厨房、走廊、浴室等不纳房租。

第三,法令的适用范围更广。该房租法令适用于城市和工人村一切国有、市有和私有房产。③

---

① 《苏联共产党和苏联政府经济问题决议汇编》第一卷,第746页。
② Сборник жилищного законодательства. С. 364-370.
③ 该房租法令不适用于:(1)在享有建筑权的地段上建造的住房。(2)属于工人住宅建筑合作社和一般公民住宅建筑合作社所有的住房;以及在提供给这些合作社无限期使用的地段上建造的住房。(3)住宿者需要按照当地特别费率付费的宾馆。(4)从1924年开始由地方苏维埃建造的房屋,以及从1924年开始由国有企业建造的房屋,既包括在这些企业的地皮内,也包括在这些企业的地皮外、但享有建筑权的地段。

从上述政策内容可知,这个影响深远的房租征收政策,其收费标准仍主要取决于住户的社会身份和工资收入。工人和职员的房租最低,其次为自由职业者与手工业者,商人等非劳动者的房租最高。此外,还有一些住户享有房租优惠。总之,较政权建立初期相比,新经济政策时期的房租制度发生了很大变化:租金覆盖全体市民,且逐步提高,与经营成本持平,从而减轻了国家在经营管理房屋方面的经济压力。这是尊重住房事业运营规律的表现,是一种进步。但另一方面,阶级原则并未取消,国家始终依照社会地位和工资差异执行差别房租制,征收标准也是由国家硬性规定的,基本脱离市场关系。

三 国家统一建房政策的转变

军事共产主义时期地方苏维埃独享建筑权,特殊环境下无法大规模建房。和平时期到来后,百业待举,地方苏维埃仍没有财力独挑建房大梁。住房建设政策的调整就是由地方苏维埃单一渠道建房转向多元化建房。

国家拓宽建房渠道。1921年8月8日,俄罗斯联邦人民委员会通过了《关于提供给合作社团体和公民个人开发城市地段的权力》法令,宣布近期不能利用地方执行委员会的资金开发的地段,公用事业处有权允许合作社团体和公民个人开发,建房的优先权给予合作社。在建房者及其家庭的住房标准符合卫生人民委员部规定的条件下,使用自己的资金建房的合作社和个人,保证不被迁出、不受限制地使用住房。合同到期前,超过建房者及其家属人均面积标准的部分,不超过70%的住房面积由建房者在一定期限内租赁出去,其余部分由公用事业部门支配。① 可知,国家不再独揽建筑大权,而是将自己不能建房的地段分给集体和个人使用。这样既减轻了自身的压力,又增加了住房面积,有助于缓解住房危机。关于集体建房优先的规定则仍是受意识形态影响,出于限制私有房产发展的考虑。此外,虽然是个人和集体自己出资建房,但建筑面积也不能随心所欲,需要符合国家规定的人均面积标准,超标部分至少有30%的面积要交给国家。这样,国家在自身没有参与建房的地段,也将占有一定的住房面积,进而增加国有房产的总量。

放开建房市场后,国家进一步明确了建筑权。1922年11月11日,全俄中央执行委员会颁布《关于实施俄罗斯联邦民法典》的决议,宣布从1923年

---

① Декрет Совета Народных Комиссаров. О предоставлении кооперативным объединениям и отдельным гражданам права, застройки городских участков. http://istmat.info/node/46522. 2020年6月5日下载。

1月1日开始实施《俄罗斯联邦民法典》。法典中关于建筑权的内容是这样规定的：公用事业处同合作社团体或其他法人以及公民个人签署城市建筑用地合同，石质建筑的合同期最长是49年，其他建筑最长是20年。当建筑权转移以及合同期满建筑权终止时，所有建筑物应由建设者完好地移交给公用事业处，公用事业处在移交时向建设者支付建筑费用，并结清对公用事业部门的欠款。评估委员会对建筑费用进行评估，若对评估有异议，建设者有权向人民法院提起上诉。①1926年10月18日，全俄中央执行委员会和俄罗斯联邦人民委员会颁布变更民法典条款的决议，延长了建筑用地合同期，石质建筑的期限最长为60年，木质建筑和其他建筑最长为40年。②可知，国家虽然允许其他主体参与建房，但在土地国有的前提下，经营主体只是以租赁的方式获得一块土地，并享有在这块地段上建筑房屋的权力。他们仅在合同期内拥有该住房的所有权、居住权和管理权，尽管合同期在延长，但最终，土地连同其上的房屋都要归还国家。总之，该法令的制定仍是受到马克思主义理论的影响，国家试图通过最终收回经营主体的住房所有权，消灭非国有制房产，保证住房的绝对公有制。

在国家政策的引导下，十月革命前就已存在的住宅建筑合作社得以复兴。③1924年8月19日，苏联中央执行委员会和苏联人民委员会通过了《关于住房合作社》决议，宣布成立住宅建筑合作社。依阶级成分不同，住宅建筑合作社被细化为工人住宅建筑合作社和一般公民住宅建筑合作社两种形式。工人住宅建筑合作社是由国营企业和机关的工人和职员组成的，工会、

---

① Гражданский кодекс РСФСР 1922 г. http://музейреформ.рф/node/13715. 2020年6月5日下载。
② Декрет ВЦИК, СНК РСФСР от 18.10.1926 Об изменении статьи 71, примечания 1 к статье 73 и статьи 76 Гражданского Кодекса РСФСР. https://www.lawmix.ru/sssr/16232. 2020年6月5日下载。
③ 住宅建筑合作社的出现与资本主义经济的发展密切相关。从18世纪末开始，随着资本主义经济的发展，城市人口膨胀，导致房价攀升，住房危机凸显。在英国，随后在德国等西欧国家，部分城市居民以入股的形式自愿组建这种社会自助性质的建房组织，以改善居住条件，降低房屋建设与使用费用。合作社遂成为西欧国家解决住房问题的主要依靠力量。19世纪中期，在俄国欧洲部分的一些城市开始出现住宅建筑合作社。例如：1902年在圣彼得堡成立了"为贫困劳动者修建和改善住宅协会"（后来改称"反住房短缺协会"），协会依靠自己的力量建成了哈瓦那城，其由五层的居民楼组成。1906年，"为圣彼得堡外来工人修建和改善住宅协会"成立。此外，还有圣彼得堡的"房屋建筑协会"，基辅的"家园"等协会。см.: Н. А. Араловец. Городская семья в России 1897-1926 гг. С. 85. 与西欧国家不同的是，由于建房法律不完善、居民的工资较低和地价过高等问题，住宅建筑合作社在十月革命前没有得到发展。苏维埃政权建立之初，实行国家单一渠道恢复和建设住房的政策，住宅建筑合作社不复存在。其得以复兴是在新经济政策时期，肩负着解决住房危机的重任。

党和合作社机关和企业的工人和职员,享有与国家机关的工人和职员同等的权利。失业工人、战争致残者、国家机关和企业的工人和职员中的劳动致残者也可以加入。每个合作社的公民人数不得少于10人。工人住宅建筑合作社的社员可以将提供给他们的部分住房面积出租,但无权租赁给非社员。一般公民住宅建筑合作社是由年满18岁、没有被法院剥夺民事财产权的公民,以及赋予合法权利的法人组成的,主要包括知识分子、小商人、家庭手工业者、小资产阶级、自由职业者等,这些人在阶级成分上不属于社会主义劳动者,不能加入工人住宅建筑合作社,但有能力依靠自己的资金建设住房。一般公民住宅建筑合作社的成员人数也不得少于10人。

两类住宅建筑合作社的资金来自入社费和入股金,每月的住房维修费,出租无人居住房产的租金收入等。社员在入社时需要一次性缴纳不少于所需住房预算造价40%的入股金,其余部分向国家贷款,贷款额一般为预算造价的60%,10—15年内还清,年利率为0.5%。一般公民住宅建筑合作社社员每月缴纳的住房维修费,可以超过法律规定的相应类别公民的房租。两类合作社的管理机构是社员全体会议,以及由全体会议选举产生的理事会,监督机构是审计委员会。① 两类合作社都需要与地方公用事业机构签订建房合同,在国家规定的地段、由国家建筑单位根据合作社的订单承建,并按照国家统一的设计方案施工,尤其是要符合国家规定的人均面积标准。建成的住房归合作社集体所有,供社员无限期使用。房屋的保养和修缮费用完全由合作社自理。可知,合作社建房必须遵守国家制定的建筑规范,而国家则通过这些建筑规范在事实上参与了公民住宅的设计。

这样,新经济政策时期形成了国家、住宅建筑合作社集体和私人多渠道出资建房的景象,住房短缺局面开始缓解。

四 单一渠道分配住房政策的转向

住房所有制和建设政策的调整必然带动分配机制的变化,表现为打破国家单一渠道分配住房的制度,实现住房分配渠道多元化。

国家允许不动产交易。十月革命后不久,为配合私房市有化工作,国家曾在1917年12月14日发布《关于禁止不动产交易》的法令。新经济政策时期,随着商品货币关系的恢复,这一禁令也获得解冻。1921年秋,俄罗斯联

---

① Постановление ЦИК СССР, СНК СССР от 19.08.1924 О жилищной кооперации.

邦人民委员会通过决议,允许不动产交易。国家试图通过市场渠道对房产进行二次分配,加速其流通,从而在一定程度上缓解住房紧张的局面。而在1922年5月22日出台的《关于被俄罗斯联邦承认并受其法律和法院保护的基本私有财产权》法令中,国家宣布承认并保护私有住房产权,这一决议为大规模开展住房交易奠定了基础。此外,在各类合作社内部可以由理事会自主分配住房。除以上两条路径外,国有和市有住房还依然按照人均面积标准分配居住面积。于是,新经济政策时期开辟了国家、市场和合作社三条分配住房的渠道。

综合新经济政策时期在住房所有制、管理、建设和分配四方面制定的政策可知,住房政策确实进行了权力分散化的重大调整:允许国家、住宅建筑合作社等集体组织和个人三种住房所有制形式并存;鼓励国家、住房租赁合作社和住户三方共同管理市有住房。而且,通过颁布一系列法规,明确、具体地规定了住房管理机构、房主和房客的责任与义务;发动国家、住宅建筑合作社和个人三方力量建设住房;除国家分配住房的渠道外,还添加了市场和合作社两条分配路径。与政权初建时期国家化的住房政策相比,新住房政策具有明显的进步性:突破了国家单条腿管理住房的思路,转为多条腿走路;克服了向住房所有制和分配领域倾斜的政策制定偏颇,力图均衡发展住房事业;由排斥市场作用改为释放市场活力;由国家全权垄断,变为赋予集体组织、个人一定的独立自主性;由疏忽管理住房转向积极培养和落实责任意识。可以说,新住房政策是对马克思主义理论的重大突破,也是布尔什维克针对本国国情,对社会主义国家解决住房危机的一次理论创新。但从另一个角度来看,新政策也凸显出国家的矛盾心态:既要下放管理权限,引入市场机制,鼓励社会力量参与到住房事业中来,又害怕大权旁落,担心市场经济改变社会主义航向,于是竭力限制非国有房产的发展规模、硬性规定房租数额。总之,分权化住房政策代表着一场伟大的思想革新,但其又并非彻底市场化,具有一定的局限性。

第七章 转向分散化的住房管理

在上述新住房政策的引导下，苏维埃国家从集中化的住房管理走了出来，逐步形成了分散化的住房管理。

一 将部分市有住房发还原主

按照发还原主的法令规定，公用事业处是将住房发还原主的执行机构。首先，公用事业处根据发还原主的条件，列出应当发还原主的房屋名单。然后，这些名单被送交省发还原主委员会审核。这个省委员会是由工农检查院的人员和工会的代表组成的，公用事业处的一名工作人员担任该委员会主席。最后，省发还原主委员会将审核结果报送内务人民委员部公用事业管理总局批准。从1923年4月26日起程序简化了，省委员会的考核结果就是最终结果，公用事业管理总局只进行总体领导。① 可知，将住房发还原主的决定大权是掌握在公用事业处手中的，由它确定名单，审核委员会的主席也出自该部门。

同私房市有化工作的混乱如出一辙，将住房发还原主也乱象丛生。其一，地方当局盲目开展工作。1923年12月，工农检查院在对莫斯科省的一个下级机构的检查中发现，同将房产收归市有的情形一样，发还原主的工作同样是没有任何计划、无系统地进行的。在地方当局心目中，将住房发还原主就是一场例行的运动。② 可知，对于这件百姓心头的大事，执行机构却敷衍了事。其二，地方当局以各种理由拖延或拒绝发还房产。由于在一战和国内战争中许多文件丢失了，因此，不少地方政府以证明房产属于申请者的"证据不充分"为由，拒绝将房产发还原主。核实这件事情通常需要几年，每一

---

① Т. М. Смирнова. Демуниципализация домов в годы нэпа: восстановление жилого фонда или обогащение коммунальных служб？С. 467.
② Там же. С. 467, 468.

次又都会因为新的理由,如需要补充材料、房子好像是私邸、房子可能是被国家机关占用了、以前准备的材料有某个丢失了等而再次被搁置。到最后,已经痛苦不堪的申请者被告知,他已经错过了发还原主的时间,但可以租赁自己的房子。① 可知,地方执行机构会制造出各种理由推迟发还房产直至过期,原业主最终只能以租赁的方式占有自己的房屋。据证实,这笔租金收入是被列入地方预算的,且支出的管理很松。② 又如,一年之内完成大修的房产被坚决拒绝发还。原业主递交发还申请后,区不动产管理处或者公用事业处在同意申请的情况下,要根据务必在一年内大修房产的承诺书,将以前的房产转交给申请人。在拟定这个承诺书时,区不动产管理处通常要求对房产的地下室或者顶间(板棚、小储藏室等)也要进行修理,使它成为住宅。但按照政策规定,住宅的数量不超过5个才可以发还原主。如果把地下室或者顶间也改造成住宅,无疑增加了住宅数量。结果,申请人因住宅数量超标不能收回房产,而地方当局则理直气壮地继续占有这些房产。需要特别强调的是,此时,这些房产已经修缮一新,很快就会被转租。③ 可知,该政策导致一个悖论:越遵守规则、努力维修住房的人距离收回产权越遥远。地方当局却坐收渔翁之利,没有一丝花费就得到了焕然一新的房屋,并迅速出租获利。

总之,地方当局在将市有住房发还原主的工作中,严格执行了"必须大修住宅"的政策,成效也很显著。可是在落实将修理后的住房发还原主的政策上,执行机构却是大打折扣的,存在责任心差、损害百姓利益的问题。

将市有房产发还原主的工作基本是在1926年结束的,可以从两方面了解结果。一方面,这项工作忠实履行了政策规定,发还原主的房产均是小户型。1924年7月1日,莫斯科不动产管理局④对全市房产分配情况进行的调查显示:在总共27185所房产中,住房合作社占有的房产和发还原主的房产数量最多,分别是9358所和7536所,但居住人数却相距甚远,依次为90.874万人和9.6793万人。⑤ 这两类原本都属于市有房产,被合作社租赁的房产数量为发还原主房产数量的1.2倍,相差并不悬殊,但前者的居住人数却是

---

① Т. М. Смирнова. Демуниципализация домов в годы нэпа: восстановление жилого фонда или обогащение коммунальных служб? С. 468.
② ЦГАМО. Ф. 66. Оп. 12. Д. 1295. Л. 3, 11-12, 104, 152 и др. См.: Там же. С. 468.
③ Т. М. Смирнова. Демуниципализация домов в годы нэпа: восстановление жилого фонда или обогащение коммунальных служб? С. 468-469.
④ 该机构于1922年11月成立。
⑤ Жилищные Товарищества периода НЭП. http://www.tsg.ru/arxif/20/za/jilalm04/glava5.htm. 2007年4月2日下载。

后者的近 10 倍。这说明国家是将小面积房产发还了原主。①

另一方面,并非符合政策规定的所有房产都物归原主。成功获得住房所有权的有两种情况。第一种是比较顺利或者虽然历经波折,但是最终收回了住房所有权。莫斯科-下诺夫哥罗德铁路车工 А. П. 斯米尔诺夫,革命前买了一套夏房,为此花费了全家几十年的积蓄,还对其进行了必要的翻修。当这套房产被拒绝发还后,斯米尔诺夫向莫斯科市苏维埃主席团申诉,最终胜诉。需要说明的是,主席团之所以满足这一请求,根本原因在于"房子的面积不大,破坏非常严重"。可知,面积小的破烂房,归还的几率还是比较大的。此外,有一些人在得到住宅的同时,还恢复了对别墅的所有权。还有少部分人,获得了两处甚至三处房产的所有权。上述这些人通常采用明里遵守法律、暗中串通亲戚等人,或者假离婚的方式达到自己的目的。医生 В. П. 斯米尔诺夫是列宁格勒区保健所的工作人员,十月革命前他拥有一家自己的疗养院,在乌菲姆斯省有几套别墅,在莫斯科还有两套房产。为了收复莫斯科的房产,斯米尔诺夫将其中一套登记了妻子的名字。最终,夫妻二人成功地收回了两套房产,还将 11 个房间租赁出去,获得了不菲的收入。②可知,虽然政策规定发还的房产应是房主唯一的房产,但头脑灵活、会变通的人还是能想出种种对策,收获两套房产。第二种情况是将别人的房产占为己有,成为住宅的新主人。这与中央在将住房发还原主问题上的政策变动有很大关系。1926 年 4 月 12 日,全俄中央执行委员会在指示中强调:对于不适合直接经营的某些市有房产,如果房产的主人或继承人不能承担经营房产的义务,地方执行机构不必须将房产发还原业主。该指示赋予地方执行机构这样的权力:自行判断原业主是否有维修住房的能力,将房产发还给那些更有能力保证其维修的人,甚至出售或出租应当发还原主的房产。中央赋予执行机构"自行裁决原业主实力"的权力,为地方当局扩大了谋利的空间。从此,将住房发还原主的运动由"发还给原房主"变为"挑选最适合的房主"的特殊竞赛。为了取得房屋的归属权,需要的是关系、金钱,最好二者都具备。自然,地方当局特别是城市公用事业部门的工作人员,从中获得了最大利益。③

---

① 俄罗斯学者指出,发还原主的房产都是小面积的木屋和厢房。См.：Елена Кириллова.《Квартирный вопрос》в Петрограде-Ленинграде в годы нэпа // Российская история. 2016. №1. C. 68. 关于发还原主的房产类型,有待于更多的史料予以证实。

② ЦМАМ. Ф. 1474. Оп. 7. Д. 60. Л. 73. См.：Т. М. Смирнова. Демуниципализация домов в годы нэпа：восстановление жилого фонда или обогащение коммунальных служб？ С. 473-474.

③ Т. М. Смирнова. Демуниципализация домов в годы нэпа：восстановление жилого фонда или коммунальных служб？ С. 477.

没有获得住房所有权的有两种人。第一种是获得名义所有权者,也就是法律最终承认其是该房产的主人,但由于已经错过了发还原主的时间,因此,地方当局强迫房主租赁在法律上属于他的不动产,以此代替发还原主,否则将把房产转交给有关系或金钱的人。如在列宁格勒,发还给原主的并不是私人所有权,而是终身占有权。因苏联民法典中对这种所有制类型的住房没有明确规定,所以从1923年开始采用长期租赁的办法,通常是12年。① 对此,许多人诉诸法律,呈递冗长的、却几乎是毫无意义的申诉书,其中只有少数人在相关部门的干涉下收回了房产。著名工程师 В. Г. 舒霍夫,拥有25项以上的发明,是苏联科学院名誉院士和劳动英雄。为将他的房产发还原主,最高国民经济委员会主席团向莫斯科市苏维埃递交了特别申请。②在叶卡捷琳堡,为了将 А. П. 卡尔平斯基院士的姐姐 М. П. 列季科尔采娃的住宅收回,需要工农检查院人民委员部、司法人民委员部和人民委员会办公室副主任 В. А. 斯莫利亚尼诺夫亲自出面干涉。③但显然,不是所有的房主都能有如此高级别的行政机构及其官员为其讨还公道,许多人只能无奈地租赁原本属于自己的房产。与这种表面上获得了住房所有权的人相比,第二种是徒劳者,他们耗费了大量的人力、物力和财力修缮住房,不少人几乎倾家荡产,最后仍是枉费工夫。莫斯科模范艺术剧院的演员卢日斯基,在1922年春接到通知,其被收归市有的带有2套住宅的厢房将发还。在得到区不动产管理局下发的大修住房的承诺书后,卢日斯基在其他住户帮助下修理了厢房,但房产仍被拒绝发还。④ 著名的学者、律师和哲学家 В. Ю. 穆辛-普希金,为新政权做出了卓越贡献,但这些功绩都无法帮助其收回住房。⑤ 从以上史料可知,即使有一定社会地位或为国家作出杰出贡献者,如果没有强势的社会关系,也难以得到自己的住房。

总之,将市有住房发还原主的工作严重违反了政策规定,即使是小面积房产也没有全部完璧归赵。地方执行机构滥用职权和以权谋私,留下了许多冤假错案。

---

① Елена Кириллова.《Квартирный вопрос》в Петрограде-Ленинграде в годы нэпа. С. 68.
② ЦГАМО. Ф. 66. Оп. 12. Д. 1295. Л. 9-10. См.: Т. М. Смирнова. Демуниципализация домов в годы нэпа: восстановление жилого фонда или обогащение коммунальных служб? С. 478.
③ ГАРФ. Ф. Р-130. Оп. 6. Д. 1043. Л. 5-10. См.: Там же. С. 478.
④ ЦГАМО. Ф. 66. Оп. 12. Д. 1295. Л. 172. См.: Там же. С. 469-470.
⑤ ЦГАМО. Ф. 66. Оп. 12. Д. 1295. Л. 91-92. См.: Там же. С. 470.

二 市有住房管理形式分散化和恢复房租征收制

在新住房政策的引导下,新经济政策时期由国家、集体和个人三方共管市有住房。

(一)地方公用事业机构管理市有住房

新经济政策时期,地方苏维埃手中仍掌握着一些房产。按照1921年6月10日的决议,公用事业管理总局下属的住宅分配处全面负责市有住房的管理工作。莫斯科不动产管理局在1924年的调查显示,直接归该局管理的房产是78所,占该市总房产的0.3%。[①]可知,地方苏维埃直接管理的房产数量是很少的。

地方苏维埃房屋管理所是具体管理各城市市有住房的机构。在住房合作社、发还原主的建筑、租赁的住房、企业的公社房及住宅里普遍设立房屋管理所。它的主要职责是:(1)记录市有住房的房产情况,并向公用事业部门提交住房年度报告;(2)管理居民登记簿并向警察局提交住址表;(3)按有关决议向居民征收税费;(4)严格执行公用事业的相关决议。[②] 可知,地方苏维埃房屋管理所需定期向上级机构汇报工作,这也促使其必须要有责任心。

房屋管理员是住宅的直接管理者。1921年8月8日,俄罗斯联邦人民委员会颁布了《关于住房管理》决议,规定在市有住房中由住户召开全体会议选举产生房屋管理员,任期一年。选举房屋管理员的记录要立即报送住宅分配处,该处有权在两周之内撤换当选人,并指定新的选举。可知,这个岗位虽是民选产生的,但最终的任命权仍掌握在地方政府手中。由于每年都要重新选举,因此,若要连任就必须努力工作,凭借出色业绩赢得住户和上级领导的认可。房屋管理员的主要职责是采取措施保护建筑物和单独的房舍;监督楼房和独户住宅的卫生情况;采用经济核算的方式修理住房。房屋管理所修理住房所花费的资金,由公用事业部门按照平均维修费用水平予以补偿,未报销部分由全体住户分摊;及时向住宅分配处报告必须大修的住房;监督公用事业的维修工作;对住户进行登记,及时对公民和机构进行登记和注销,并管

---

① Жилищные Товарищества периода НЭП.
② Составил В. К. Хитев. Советское законодательство о жилище. Систематический сборник важнейших законов и постановлений. Государственное издательство 《Советское законодательство》,1937. С. 117-118.

理户口簿,监督公民履行登记义务的情况;按照住宅分配处规定的格式对房产使用情况进行登记;履行管理部门交办的任务等。① 可知,作为基层管理人员,房屋管理员全面负责住宅的卫生、维修和登记住户,还要监督公用事业机关修理住房的工作。

这样,较之政权初建时期市有住房管理少人问津的情形,新经济政策时期从中央到地方设立了住宅分配处和房屋管理员的管理体系,层层落实管理责任,互相制约,有力促进了现有住房的恢复和保护。

(二)住房租赁合作社集体管理市有住房

住房租赁合作社是新经济政策时期市有住房的主要管理者,通过与地方公用事业部门签订租赁合同,承租了大部分市有住房。这样,维修保护住房的任务就由地方苏维埃转给了住房租赁合作社。这个组织经历了一个演变过程。

自1921年9月起苏维埃俄国开始出现住房合作社。莫斯科在9月公布了《关于住房合作社》条例,率先组建住房合作社,彼得格勒等大城市随后跟进。于是,住房合作社取代了贫农住宅管理委员会,经营管理市有住房。1922年5月23日法令颁布后,住房合作社在全国广泛建立。在成立合作社之前,市有住房的住户是按照人均面积标准分配使用空间的,也有一些人的居住面积没有达标。按照合作社条例规定,积极入社并热衷修缮的社员,可以排队得到合作社中被分隔开的住房、闲置住房以及被改造的住房,住户可以使用现有面积进行交换或者添加面积。这给社员提供了一个改善居住条件的好机会。于是,住户纷纷入社,原业主和耐普曼②也都热心地修理自己的住房。1922年下半期,莫斯科和圣彼得堡都有大约4000个住房合作社,而到1923年3月1日,莫斯科共有6300—8350个合作社。③

住房合作社并非独立的经营者,它的发展受到很大制约。首先,合作社对内部重要事务没有自主权,要受到城市公用事业部门的管理。如在莫斯科,管理住房合作社的主要机构是莫斯科不动产管理局。住房合作社要受到如下管理:(1)需要在莫斯科不动产管理局或者县执行委员会登记,由不动产管理局或县执行委员会决定是否将房产租赁给住房合作社。住房合作社的义务是执行莫斯科市苏维埃、莫斯科不动产管理局的指示和县执行委员会

---

① Декрет Совета Народных Комиссаров. Об управлении домами (Положение).
② 耐普曼(НЭПман)是由俄文新经济政策的缩略语和俄文复合词后缀(狂热爱好者)构成的合成词,意为"新经济政策的人"。新经济政策实施后,一股新兴的经济力量即私营工商业者迅速崛起,他们被称为"耐普曼"。
③ М. Г. Меерович. Наказание жилищем: жилищная политика в СССР как средство управления людьми(1917-1937 годы). С. 226.

的一切决议,莫斯科不动产管理局和县执行委员会有权监督住房合作社的行动。(2)在理事会和审计委员会的代表选举后的三天之内,理事会务必将结果报送莫斯科不动产管理局审批。(3)由莫斯科不动产管理局决定合作社是否存在。合作社被撤销后,其剩余的资金、账目等都由清理委员会转交给莫斯科不动产管理局,剩余的资金作为恢复住房事业的资金。可知,住房合作社能否租赁到住宅以及其人事任免完全受制于地方行政机关,并要无条件地服从其管理和监督,没有独立自主性。它的存续由行政命令决定,尤其是一旦被撤销后,所积累的资金要全部转归莫斯科不动产管理局支配。这样一来,合作社就丧失了积累资金、长远发展的动力,只要维持运转即可。

其次,合作社不能单独制定房租标准。合作社租赁的住房属于市有住房,需要按照国家颁布的房租标准收取房租,不能自行定价。这一点限制了合作社的财务自主性。

最后,合作社要上交一定的住房面积。1924年,内务人民委员部颁布法令,规定住房合作社中住房面积在20平方俄丈(约42.6平方米)以上的住房(不包括厨房、走廊、卫生间以及其他辅助面积,并且必须是适合居住的住房)要划拨10%的面积给地方苏维埃支配。① 可知,住房合作社不能完全自主支配所辖住房面积,要将一部分贡献给国家。如在彼得格勒,合作社上交的面积被住宅分配处安排复员红军、党员和国家机关的工作人员入住,而这些人支付的房租低,不受合作社欢迎。所以,理事会并不愿意上交住房面积,认为最好是自己独立支配,于是,住宅分配处经常不得不要求合作社提供住房面积,②二者冲突不断。

总之,因缺乏资金和人力资源,地方苏维埃无法单独完成管理和维修市有住房的重任,于是号召组建合作社,由其来分担责任。但同时,国家又不情愿宝贵的资源完全由他人支配,故从人事任免、房租、住房面积的分配等多方面插手合作社内部事务,导致合作社活力不足,无法有效完成修缮报废、破损住房的任务,从而违背了国家出台合作社政策的初衷。

为了扭转这种局面,国家于1924年8月19日调整了住房合作社政策,虽然住房租赁合作社仍需要划拨10%的面积给地方苏维埃,但其无须服从地方公用事业部门管理,且比此前得到了许多优惠政策。如有权支配具体房产的资金并分配住房面积;不经法院批准不能迁出住户。1925年3月25日,为鼓励城市居民组建住房租赁合作社,内务人民委员部发布第171号指示,降低住房租赁合作社租赁住房的租金,尤其是在需要大规模翻修的情况下;如果房产带有

---

① Составил В. К. Хитев. Советское законодательство о жилище. С. 34.
② Елена Кириллова. 《Квартирный вопрос》в Петрограде-Ленинграде в годы нэпа. С. 70.

商业用房和仓库,将连同它们一起租赁给合作社。①这样,租赁合作社除了可以以低租金租赁市有住房外,还可以在租赁房产的同时,独自经营商业用房,为合作社创收,其经营住房的热情进一步提高了。7月17日,俄共(布)中央颁布了《关于住房合作社》决议,规定住房租赁合作社有权用租金抵偿房价的办法,购买它们所租用的市有住宅。②这样一来,住房租赁合作社还可以获得房产所有权,其经营住房的热忱更加高涨,极其有助于快速恢复破损住房。

此外,为了管理好租赁的房产,住房租赁合作社还自创了房东制度。在合作社中,经理事会授权,每套住宅选一位房东负责维护秩序,及时向住户收取房租。房东通常由原来的房主担任,可以自行决定将住宅的部分面积出租出去。虽然住房租赁合作社的章程中没有任命房东的规定,但这一职务的设立使每一套住宅都有一位直接的管理人,非常有助于保护住宅。

国家的宽松政策使住房租赁合作社迅速发展。1924年,莫斯科共有9358个租赁合作社,管理着全市30.8%的房产,居住人口占莫斯科总人口的75%。③1927年,租赁合作社增加到11200个,管理着莫斯科3/4的房产,城市住房总面积的1/5是借助合作社的资金恢复的。④在列宁格勒,1924年共有7635个住房合作社,管理着3/4的住房面积。⑤ 合作社经常在没有得到地方政府任何帮助的情况下,依靠内部资源修复住房。1926年,10月25日大街72号楼的住房租赁合作社,不仅恢复了采暖和下水道,还给所有的住宅安装了浴室。⑥ 1926年时,列宁格勒全市150万人口中有近120万人,也就是近80%的人口居住在住房租赁合作社管理的住房里。⑦ 1930年代初,列宁格勒住房租赁合作社的数量在俄罗斯联邦位居第一。⑧ 西伯利亚的住房租赁合作社也获得了迅猛发展。1925年10月1日,住房租赁合作社的数量是107个,社员人数为2285人,合作社共拨出2.02万卢布修理住房;到1928年7月1日,合作社的数量已达到183个,吸收社员10167人。在1927年和

---

① O. В. Долгушина. Самоуправление в жилищной сфере. Московский опыт.
② 《苏联共产党和苏联政府经济问题决议汇编》第一卷,第536页。
③ Т. М. Говоренкова. Жилищные реформы периода Новой Экономической Политики и возможность применения их опыта в современной России (Федеральное агентство по строительству и жилищно-коммунальному хозяйству). http://www.comhoz.ru/content/document_r_E44438A8-0BEF-4E85-8573-FEE9528279C1.html. 2007年4月16日下载。
④ Этапы развития жилищных отношений в России и городе Москве в XX веке. http://hghltd.yandex.net/yandbtm?url=http. 2007年4月6日下载。
⑤ Елена Кириллова.《Квартирный вопрос》в Петрограде-Ленинграде в годы нэпа. C. 70.
⑥ Н. Б. Лебина, А. Н. Чистиков. Обыватель и реформы: картины повседневной жизни горожан в годы НЭПа и Хрущевского десятилетия. C. 36.
⑦ Елена Кириллова.《Квартирный вопрос》в Петрограде-Ленинграде в годы нэпа. C. 76.
⑧ Там же. C. 77.

1928年两年中,合作社用于修理住房的拨款为53万卢布。① 可知,1925—1928年间,西伯利亚住房租赁合作社的数量和人数均在增加,维修经费更是翻了若干倍。从全国范围来看,到1930年代初,苏联50%的住房面积是由住房租赁合作社管理的。② 总之,地方当局下放经营管理权后,租赁合作社迸发出无限活力,其数量不断增加、管理的房产越来越多,在自力更生的条件下不仅修缮了住房,甚至添加了设施。实践证明,只要赋予住房租赁合作社一定的自主权,它们就能焕发出强大的生命力。

除了地方公用事业机构和住房租赁合作社管理市有住房以外,如上文所述,按照1921年5月23日和8月8日决议规定,居住在市有住房里的公民自己也要承担保护和维修住房的责任。

(三)恢复房租征收制

新经济政策时期,国家开始逐步完善房租征收制度,重塑住户对房产的责任意识。从1922—1928年颁布的一系列房租法令可以看出,房租政策体现出鲜明的阶级原则。一些人享受房租优惠,如对军人、多子女的家庭、领取退休金者和靠助学金生活的学生都要给予照顾,减免房租。此外,在1921—1923年,工程师、科研人员、教育工作者、医生和律师享有房租优待,他们属于"体力劳动者"。1927—1930年,上述人员的优惠待遇被取消,他们又被列入了"非劳动者"行列,而艺术家、雕塑家、作家和建筑师得到了房租优惠。③ 下表是1922—1929年国有部门工人支付的房租费用及占工资的比例情况。

表7-1　1922—1929年国有部门工人支付的房租费用及占工资的比例④

类　别	1922年		1923年		1928—1929年	
	房租费用	占工资的比例	房租费用	占工资的比例	房租费用	占工资的比例
单身工人	0.69	2.2%	1.29	3.5%	5.46	7.5%
成家工人	0.94	1.8%	1.74	2.8%	9.56	8.6%

注:房租费用的计算货币是切尔文。1922年10月,苏维埃俄国发行了切尔文银行券,其用于外汇贸易结算,1947年币制改革时被废除。

---

① ПАНО. Ф. 2. Оп. 1. Д. 1753. Л. 69об, 70об, 71об. См.: Академия наук СССР Сибирское отделение институт истории, филологии и философии. Культура и быт рабочих Сибири в период строительства социализма. Издательство 《Наука》, Сибирское отделение Новосибирск, 1980. С. 179.
② Елена Кириллова.《Квартирный вопрос》в Петрограде-Ленинграде в годы нэпа. С. 77.
③ Т. М. Говоренкова. Жилищные реформы периода Новой Экономической Политики и возможность применения их опыта в современной России.
④ А. И. Черных. Жилищный передел—политика 20-х годов в сфере жилья // Социологические исследования. 1995. №10. С. 75.

从上表可知,从 1922—1929 年,无论单身工人还是工人家庭,所支付的房租数额均在不断上涨。对单身工人而言,8 年间房租费用从 0.69 切尔文变为 5.46 切尔文,提高了近 7 倍,工人家庭则从 0.94 切尔文变为 9.56 切尔文,上涨了 9 倍。尽管如此,房租占工资的比例最高也没有超过 9%。这表明,实践中确实遵照法令规定,定期提高了房租以填补经营成本,但房租数额不会给工人造成经济压力。

1926 年萨马拉市对住宅租户的抽样调查资料有助于我们了解社会各阶层的房租情况。资料显示,力工每月工资是 18.75 卢布,住房面积是 10.5 平方米,房租是 0.29 卢布;技术员为 90 卢布、35 平方米和 9.1 卢布;看守员为 22 卢布、14.67 平方米和 1.81 卢布;办事员为 24.8 卢布、17 平方米和 3 卢布;农学家为 125 卢布、14.8 平方米和 15 卢布;药剂师为 183 卢布、40 平方米和 15.68 卢布;工程师为 275 卢布、50 平方米和 4 卢布。可知,工程师的工资最高,住宅面积最大,他为住宅支付 4 卢布,折合 1 平方米 8 戈比。力工的工资最低,住宅面积最小,他为住宅支付 0.29 卢布,约合 1 平方米 3 戈比。如果将这 7 人按照每平方米住房面积支付的房租数额排序,由低到高依次为:力工 3 戈比,工程师 8 戈比,看守员 12 戈比,办事员 18 戈比,技术员 26 戈比,药剂师 39 戈比,农学家 1 卢布。可以看出,房租是与社会属性直接挂钩的,工人和职员包括力工、看守员、办事员、技术员;药剂师是 7 人中唯一需要缴纳卫生费的人,他是经营私人诊所的,属于商人行列;农学家是自由职业者;而在 1926 年,工程师是被列入"体力劳动者"行列的,享有房租优惠。再按照收入水平由低到高排序,依次为:力工、看守员、办事员、技术员、农学家、药剂师和工程师,除工程师以外,其他人员的收入与每平方米房租支出基本吻合。总之,房租收缴的依据主要是住户的社会地位和工资收入,一些群体享有优待。

综上所述,多方共同管理市有住房的政策在实施中效果显著。国家、集体组织和个人各司其职,扭转了苏维埃政权初建时期疏于管理的局面。尤其是住房租赁合作社,是修复破危住房的顶梁柱,而房租的恢复也在一定程度上减轻了国家的财政压力。这些因素助力近乎崩溃的住房事业跳出低谷。

三 住房建设主体多元化

国内战争结束后,迅速改善劳动群众居住条件的任务提上了日程。经济恢复时期,国家不能将有限的财力过多地投入到住房事业中,于是出台了允许多方力量建设住宅的政策。根据建房主体的不同,可以分为国家和国营企业建房、住宅建筑合作社建房和私人自建三种形式。1918—1928 年,三方用于住房建设的总投资额为 28 亿卢布,①共建住房面积 5120 万平方米,年均增长 470 万平方米。其中,国营企业和住宅建筑合作社共建设 2370 万平方米,工人和职员依靠自己的力量和借助于国家贷款共建设 2750 万平方米,占建房总面积的 54%。②三方共同建房,拓宽了资金的来源渠道,增加了住房面积。

(一)国家和国营企业建房

国家和国营企业,主要包括地方苏维埃、共和国各部及部门、加盟共和国各部、联盟各部及其所领导的企业。国家和国营企业的建房基金,既来自中央预算拨款,也来自企业内部积累的资金,如企业的部分利润就被指定作为房屋建设基金。

新经济政策时期,国家对住房建设的财政投资如下:1924 年 5700 万卢布,1926 年 2.54 亿卢布,1927 年 3.59 亿卢布,1928 年 4.31 亿卢布,五年共投资 12.61 亿卢布。③拨款的数量虽然不多,却是逐年增加的。国家总是将有限的建房资金优先投入到主要的工业部门,力求住房建设与工业发展速度相协调。1926 年 7 月,联共(布)中央委员会和中央监察委员会召开联席会议,责成国家计划委员会在编制发展工业的五年计划时,必须制定工人住宅建设的远景规划,使"住宅建设同各大工业中心和工业地区的工业恢复计划相适应"。④ 下表是 1924—1927 年国家对主要工业部门住房建设的拨款情况。

表 7-2 1924—1927 年国家对主要工业部门住房建设支出(万卢布)⑤

工业部门	1924—1925 年	1925—1926 年	1926—1927 年
冶金工业	2060	2300	2821
煤炭工业	549.9	2017.3	3414
石油工业	1225.25	881.92	540
纺织工业	1585	1672	1030
总　　和	5420.15	6871.22	7805

---

① 参见金挥、陆南泉、张康琴主编《论苏联经济:管理体制与主要政策》,第 540—541 页。
② Д. Л. Бронер. Жилищное строительство и демографические процессы. С. 25,33.
③ А. А. Левский. На путях решения жилищного вопроса в СССР. С. 6.
④ 《苏联共产党代表大会、代表会议和中央全会决议汇编》第三分册,北京:人民出版社,1956 年,第 188 页。
⑤ А. А. Левский. На путях решения жилищного вопроса в СССР. С. 7.

在以上三个年度,国家对这些部门的住房建设拨款分别占工业部门住房建设总投资额的 86.9%、82% 和 74.9%。此外,3/4 以上的建房拨款流入到冶金、煤炭、石油和纺织四个部门,这是受到国家高度重视并大力发展的领域。其中,冶金和煤炭这两个重工业部门又属于重点投资领域,年拨款额有增无减,总体上大大高于石油和纺织工业。

(二)住宅建筑合作社建房

自 1921 年 8 月《关于提供给合作社团体和公民个人开发城市地段的权力》法令颁布后,国家不断出台鼓励政策,支持住宅建筑合作社的发展。1924 年 5 月 16 日,苏联中央执行委员和苏联人民委员会颁布了《关于推进合作建设工人住房》决议,规定地方苏维埃负责为国有企业和工人住宅建筑合作社划拨建房用地,以优惠条件拨付木料,为运输建筑材料制定优惠运费。并且从改善工人日常生活的基金中,拨出 75% 用于住房建设。① 该法令为合作建房提供了物力财力保证,激发了工人参与合作建房的热情。1925 年 1 月,按照苏联人民委员会的决议,中央公用事业和住宅建设银行成立,对合作社组织和个人建房提供贷款。② 7 月 17 日,俄共(布)中央颁布了《关于住房合作社》决议,强调"在中央公用事业和住宅建设银行发放住宅建设贷款时,要同经济机关和执行委员会一样,把注意力放在住宅建筑合作社上,首先是工人住宅建筑合作社上"。③ 这样,合作社不仅可以从对口银行获得资金支持,而且享有优先权。1927 年 6 月 15 日,苏联中央执行委员会和苏联人民委员会发布《关于促进工人住房建设的措施》决议,为支持工人住房建设设立了中央公用事业和住宅建设专项资金,资金来自国家和地方政府预算中的专项拨款、改善工人和职员日常生活基金中的扣除,以及用于住房建设的专项住宅税等。④ 专项资金的设立又为工人住宅建筑合作社注入了新的活力。1928 年,苏联中央执行委员会和苏联人民委员会颁布《关于住宅政策》决议,指出要"加强和发展合作制住宅建设","有必要随着合作社自有入股金的实际增长,增加合作社在住宅建设中的比重和合作社在国家住宅建设贷款中享有的份额"。"工人住宅建筑合作社所建的砖石结构房屋,贷款期限为 60 年,木结构为 45 年,在搬迁后的最初三年,可以只付息不还款;贷款年利率为0.25%

---

① М. А. Шипилов. Жилищный вопрос при капитализме и социализме. С. 80-81.
② 苏联科学院经济研究所编:《苏联社会主义经济史》第二卷,第 579 页。
③ 《苏联共产党和苏联政府经济问题决议汇编》第一卷,第 535 页。
④ Центральный исполнительный комитет СССР, Совет народных комиссаров СССР. Постановление от 15 июня 1927 года. Положение о мерах содействия строительству рабочих жилищ. http://www.libussr.ru/doc_ussr/ussr_3312.htm. 2020 年 6 月 5 日下载。

至1%不等。"①该决议延长了合作社建房的贷款期限,还款规定人性化,有助于调动社员入社及建房的积极性。总之,1920年代,国家推出了一系列促进合作社尤其是工人住宅建筑合作社发展的优惠政策,目的就是鞭策其多建住房。

在国家的扶持下,住宅建筑合作社纷纷成立。合作社一律是按照生产的原则组建的,也就是一个劳动集体组成一个合作社。其建造的房屋位于大型工厂附近,且主要在市郊,通常是二至三层,每套住宅有2—4个房间,带有上下水、通电。在列宁格勒,波罗的海工厂、海军部工厂和普梯洛夫工厂的住宅建筑合作社运转了起来。1925—1926年,入股者得到了第一批住宅。据基洛夫工厂的一名钳工、社会主义劳动英雄К.В.戈沃鲁申回忆,在这儿得到的住宅虽然面积小,但主要是独户住宅。②彼得格勒的统计资料显示,职员住宅建筑合作社里95%的住宅都是独户住宅。如果说入社前14.6%的工人和21%的职员拥有独户住宅,那么,搬家后的相应比例为40.9%和61.2%,虽然获得独户住宅的工人比职员少三分之一,但人均面积增加了1.5—2平方米。③可知,合作社建设的住房以低层小户型为主。尽管面积小,但是质量优,它主要是独户住宅,还带有便利设施,距离单位近,优点多多。西伯利亚到1925年10月1日共成立了38个住宅建筑合作社,拥有社员3358名,建设住宅总面积6495平方米。而到1928年7月1日,这些数字分别为101个、9004名和22064平方米。④在不到三年的时间里合作社的数量增加了近2倍,建房总面积扩大了2倍。从全国来看,1925年,苏联共有1065个住宅建筑合作社,⑤1927年时增加到1720个,社员超过16万人,其中12万是工人。⑥俄罗斯联邦的合作社数量最多,为1394个,社员13.5万。乌克兰苏维埃社会主义共和国有220个合作社,社员近2.5万人。外高加索联邦有107个合作社。⑦总之,作为一种社会自助性质的建房组织,住宅建筑合作社统

---

① 《苏联共产党和苏联政府经济问题决议汇编》第一卷,第744、747页。
② Н. Лебина. Советская повседневность: нормы и аномалии. от военного коммунизма к большому стилю. С. 97.
③ Катерина Герасимова. Жилье в советском городе: историко-социологическое исследование(Ленинград, 1918-1991).
④ ПАНО. Ф. 2. Оп. 1. Д. 1753. Л. 63об, 68, 68об. См.: Академия наук СССР Сибирское отделение институт истории, филологии и философии. Культура и быт рабочих Сибири в период строительства социализма. С. 178-179.
⑤ 苏联科学院经济研究所编:《苏联社会主义经济史》第二卷,第579页。
⑥ С. П. Постников, М. А. Фельдман. Социокультурный облик промышленных рабочих России. в 1900-1941 гг. С. 138.
⑦ А. А. Левский. На путях решения жилищного вопроса в СССР. С. 7-8.

合了分散的力量和资金,建造了一批优质住房,为解决住房危机做出了贡献。可以说,国家需要这种建房组织,它也理应得到蓬勃发展。

但事实上,住宅建筑合作社并未得到充分发展。从社员数量来看,虽然到 1927 年合作社吸收了 16 万多名股东,但占苏联城市总人口的比例不足 0.6%。① 这说明,加盟合作社的社员数量并不多。不能大量吸纳社员,意味着合作社能够整合的资金非常有限,这一点直接影响其建房规模。1918—1928 年,城市年均建房不足 500 万平方米,其中一半以上为个人所建。而在公建住房②中,国家组织的建房规模又远远大于住宅建筑合作社。如在 1927—1928 年的公建住房中,国家组织建设的住房占 77.8%,合作社仅占 22.2%。③ 以上数据表明,在国家组织、住宅建筑合作社和个人三条建房渠道中,个人建房的规模最大,其次是国家组织,合作社排在最末。

束缚合作社发展的原因主要有四点。

第一,合作社建房造价高,普通居民难以负担。在 1920 年代,苏联的住房建设主要建立在手工劳动基础上,使用铲土机、独轮车、斧子和肩舆。甚至最费力的劳动,包括运输砖头、准备泥浆和土方工程都是手工完成的。国内的机器制造业刚刚起步。1924—1925 年才出现第一批建筑机器,包括最简单的升降机、泥浆和混凝土搅拌机、起重机等。建筑材料的生产能力也极为有限。常备建筑队伍在 1920 年代末期才开始形成。④ 这些因素导致建房的造价很高。

而参加合作社的每位社员,要一次性缴纳不少于所需住房预算造价 40% 的入股金。而后,还要按月偿还贷款,绝大多数居民无力承担。首先是难以支付入股金。以两居室造价 3500 卢布、三居室造价 4500 卢布计算,工人能够立即支付的入股金只有 10%,与应该缴纳的 40% 相距甚远。⑤ 其次,无法应付月供。大部分工人在月工资 40—60 卢布的情况下,不能为两居室

---

① 1926 年全苏城市人口为 2630 万人。此后到 1930 年代上半期,城市人口持续增加。本文以 1926 年的城市人口数为基数,得出 1927 年时合作社社员占当年城市总人口的比例至多为 0.6%。引自李伟伟:《苏联建筑发展概论》,大连:大连理工大学出版社,1992 年,第 33 页。

② 国家组织和合作社建房的合称。

③ А. А. Левский. На путях решения жилищного вопроса в СССР. С. 8.

④ А. Е. Харитонова. Основные этапы жилищного строительства в СССР // Вопросы истории. 1965. №5. С. 53.

⑤ С. П. Постников, М. А. Фельдман. Социокультурный облик промышленных рабочих России. в 1900-1941 гг. С. 138.

住宅支付14—15卢布的月供,①即占工资25%—35%的支出。总之,由于合作社建房造价高,许多居民无力付出入股金和月供,造成合作社的入社人数和建房面积受限,大大削弱了其在解决住房危机中应该发挥的作用。这是束缚合作社发展的内因,也是主要原因。

第二,合作社在建筑资金和资源的配置中处于劣势。由上文可知,合作社自身能够整合的资金相当有限,5/6 都要由国家支持。如在1927—1928年,合作社自己的建房资金只有8%—10%,其余都来自国家。②而1920年代,苏维埃国家致力于国民经济的恢复,继而开始工业化建设,经济状况也是极为艰难的。1924—1928年,国家对住房建设的总投资为12.61亿卢布,其中绝大多数投入到主要工业部门,对住宅建筑合作社的投资仅为14%。③国家扶助合作社的资金有限,制约了合作社的发展。此外,合作社的建房工作是由建造国家住宅的同一建筑组织承担的,并在土地、劳工、机器和材料方面与国家住宅相竞争,建设组织往往将它们排在末位。于是,在建房资金和资源的配置上,合作社都处于弱势地位。这种情况造成合作社建房速度缓慢,并不比等待国家分配的时间短,加入合作社的激励作用被弱化。这是造成合作社没有大规模发展的外因之一。

第三,其他建房渠道对于普通居民更为划算。从个人建房来看,十月革命前,沙皇俄国实行住房私有制,居民具有掌握私产的传统。此外,因个人建房也是解决住房危机的一条途径,因此,在1920年代,国家也出台优惠政策鼓励个人建房。基于以上两点,个人建房成为新经济政策时期最受欢迎的建房形式。由于大部分居民加入个人自建房行列,势必影响参加住宅建筑合作社的人数。

再从国家组织建房来看,其所建住房均以租赁的形式供居民使用,房租低廉,这一点对城市居民极具吸引力。1923年,居住在国有住房里的单身工人和工人家庭支付的房租在工资中所占的比例分别为3.5%和2.8%。此后,房租虽然不断提高,但到1928—1929年,相应的数字也仅为7.5%和8.6%。④ 与之相比,加入合作社需要支付高昂的入股金,随后还有至少占工资25%—35%的月供。显然,租住国家组织建造的住房更为合算。

总之,由于其他建房形式对于普通居民更为有利,绝大部分居民分流到国

---

① С. П. Постников, М. А. Фельдман. Социокультурный облик промышленных рабочих России. в 1900-1941 гг. С. 138.
② А. А. Левский. На путях решения жилищного вопроса в СССР. С. 8.
③ Т. М. Говоренкова, А. И. Жуков, Д. А. Савин, А. В. Чуев. Жилищный вопрос и логика его решения. См.: Ш. Эпизод. Как стал бесхозным русский дом. https://patrio.livejournal.com/110936.html? mode = reply. 2020年6月5日下载。
④ А. И. Черных. Жилищный передел—политика 20-х годов в сфере жилья. С. 75.

家组织建房和个人建房行列中,这是造成合作社没有大规模发展的外因之二。

第四,建房政策的阶级差异打击公民参加建筑合作社的积极性。国家在1920年代推出了一系列支持合作社,尤其是工人住宅建筑合作社的优惠政策。但是,与工人阶级享受的建房优待相比,国家对待由小商人、手工业者、自由职业者等非社会主义劳动者组建的一般公民住宅建筑合作社,态度有异。在1924年5月的决议中,国家对非劳动者建房征收专项住宅税和所得税附加费。① 国家为工人住宅建筑合作社提供的物质帮助,如发放无息贷款,划拨伐木区、运输建筑材料时予以优惠等,其中一部分就是依靠提高一般公民住宅建筑合作社的税收实现的。② 1925年7月17日,俄共(布)中央在《关于住房合作社》决议中明确提出:"中央认为基本的任务是支援产业工人和运输工人的住宅合作社,但与此同时,还必须帮助职员的合作社和一般公民的合作社,只不过要适当地限制它们的贷款期,提高它们现有自有资金所占的比重。"③可知,国家在制定合作社的建房政策时遵循了阶级原则:对待工人阶级要全力减轻其经济负担,对待一般公民则要增加税收、限制贷款期、提高入股金比例,甚至用从后者身上获得的部分资金补贴前者。两相对比,一般公民在合作建房上承受的压力比工人阶级更大,而经济压力会直接影响建房规模,甚至泯灭建房心愿。这是造成合作社没有大规模发展的外因之三。

在上述因素的综合作用下,理应兴旺发达的住宅建筑合作社受到桎梏,无法充分发挥建房作用。住宅建筑合作社发展受限说明,这一群众性建房组织的发展规模和作用程度,与建房造价、居民收入水平、国家扶持政策的力度、和其他建房途径的支出对比等方面密切相关。尽管新经济政策时期住宅建筑合作社仅表现为住房建设的一种辅助形式,但是其在整合集体力量生产优质住房方面具有不可替代的优越性,仍然值得国家大力帮助,使其获得更大的发展。

(三)私人建房

1921年8月《关于提供给合作社团体和公民个人开发城市地段的权力》法令的颁布,标志私人建房合法化。与住宅建筑合作社建房的方式相同,私人也要与地方公用事业机构签订建房合同,在国家规定的地段建房。受共产主义意识形态所限,国家对待这种建房形式不如住宅建筑合作社那样热情,但毕竟它也是帮助国家解决住房危机的一条出路,所以,国家还是给予了一定的

---

① М. А. Шипилов. Жилищный вопрос при капитализме и социализме. С. 81.
② А. Черных. Становление России советской: 20-е годы в зеркале социологии. С. 204.
③ 《苏联共产党和苏联政府经济问题决议汇编》第一卷,第536页。

政策倾斜,如划拨便利的地段、提供贷款、在获得建筑材料上予以帮助。①

借助有限的优惠政策,私人掀起建房高潮。1918—1928 年十年间,个人自建房屋共计 2750 万平方米,占同期城市建房总面积的 54%。1928 年,在俄罗斯苏维埃联邦社会主义共和国里,私有住房的数量占城市住房总量的 85%。② 下表为 1927—1928 年西伯利亚的住房建设情况。

表 7-3 1927—1928 年西伯利亚住房建设③

建筑类型	建房数量(所)		住房面积(万平方米)	
	1927 年	1928 年	1927 年	1928 年
国家建房	225	610	3.55	6.26
合作社建房	101	117	1.97	2.17
个人自建房	4904	9136	13.09	23.22
总 和	5230	9863	18.61	31.65

从上表可知,1927 年,西伯利亚的私人建房占当年新建房屋总量的 93.8%,建房面积占新建房屋总面积的 70.3%;1928 年的相应数字为 92.6% 和 73.3%。这表明,个人自建是三种建筑类型中的绝对主力,大大超过国家这个建房主体,更是把合作社远远甩在后面。

个人自建房虽在数量上遥遥领先于其他建房主体,但在质量和配套设施方面却一落千丈。下表是 1926—1928 年按照墙体材料和室内设施划分的住房数量表格。④

表 7-4 1926—1928 年按照墙体材料和室内设施划分的住房数量
(按建房总数的百分比划分)

建筑类型	石质房屋比重(%)	带有以下设施的房屋比重(%)			
		自来水	下水道	集体采暖	电力照明
国家建房	55.6	76	73	50	75
合作社建房	53.1	60.1	50	50	75
个人自建房	7.5	2.3	2.3	—	18

---

① А. А. Левский. На путях решения жилищного вопроса в СССР. С. 8.
② Составление и редакция:Уильям Брумфилд и Блэр Рубл. Жилище в России: век ⅩⅩ. Архитектура и социальная история. С. 116.
③ Академия наук СССР Сибирское отделение институт истории, филологии и философии. Культура и быт рабочих Сибири в период строительства социализма. С. 180.
④ Д. Л. Бронер. Жилищное строительство и демографические процессы. С. 18.

从上表可知,在国家和住宅建筑合作社所建的房屋中,均有一半以上是石质房屋,而私人所建的房屋中,石质房屋仅占 7.5%。在自来水、下水道、电力照明的拥有量方面,个人自建房也大大低于前两种建筑形式,通电的私房很少,接通上下水道的私房更是寥若星辰。相比之下,国家所建的房屋在材质上、设施上都是最好的。这种对比说明,私人建造的房屋普遍简陋,有待于国家在资金、建筑材料和室内配套设施的供给上给予更多的政策扶持。

综合国家、住宅建筑合作社和个人三种建房主体的建房表现,可以肯定地说,国家出台多渠道出资建房的政策是非常明智的。增加的两种建房形式各有千秋,住宅建筑合作社建造的住宅质量优,而个人自建房数量多,二者对于助力国家恢复和发展住房事业都发挥了积极作用。在国民经济恢复后,如果国家能加大对二者的扶持力度,尤其是资金投入,弥补其缺陷,这两种建房形式会为繁荣住房事业做出更大贡献。

四 允许租赁买卖房屋和继续紧凑使用市有住房

新住房政策下,住房分配也一改往日只能被动等待国家分配的局面,焕发出勃勃生机。

(一)租赁和买卖房屋盛行

1917 年 12 月被禁止的不动产交易,到 1921 年秋才恢复。历经多年的战争,人民群众对住房市场积累了巨大需求。1923 年,彼得格勒有 48.4% 的住宅是独户住宅,到 1926 年时这一比例下降到 23.81%,近 76% 的家庭都居住在合住房里。① 合住房数量骤增的原因,是私有住房的所有者、住房租赁合作社的租户以及住宅建筑合作社的入股者保留自住的房间后,将其余的房间全部出租。没有单独房间或住宅可供租赁的住户,往往将自己的居住面积用柜子、窗帘、屏风、木板等隔成一些角落出租,这是新经济政策时期很普遍的现象。租赁住房的普及,反映出当时的住房形势十分紧张,存在着巨大的需求。居民甚至将部分自住面积用于出租,以增加收入,这也表明在国民经济恢复时期,城市居民的生活还是非常贫困的。统计资料显示,1920 年代中

---

① 新经济政策时期的合住房已突破了十月革命后的概念,回归其市场经济下的本来含义,详见第九章第三目"令人身心俱疲的合住房"。

期,苏联一半以上的城市居民参与买卖或出租、承租住宅和房间。①

出租房屋成为城市生活中的寻常景象。莫斯科克里沃阿尔巴特胡同35号房屋的3间储藏室都租赁了出去。其中一间以10卢布租给了一名裁缝,另外两间租给了手工业者。② 1922年,经营鲱鱼生意的塞缪尔·拉斯金全家来到莫斯科,最初住在马什昌斯卡娅第一街的地下室。随着生意日益兴旺,拉斯金在1923年租下斯列坚斯卡娅街上一栋大房子的二楼。该公寓非常舒适,有三个宽敞的房间、一个大浴室。其时的莫斯科,有独用的卫生间和厨房是罕见的奢侈。③老彼得堡人C. H.岑德罗夫斯卡娅一家在国内战争年代为躲避饥荒逃到了农村,1923年返回彼得格勒,全家栖身在一个房间里。1924年冬天,她的父母在克列斯托夫岛上租到了一套两居室独户住宅,这是一所私人旧木屋。④历史学家 И. M.季亚科诺夫的父母从国外回到彼得格勒,最终租到了一套住宅。⑤ H. Я.曼德尔施塔姆在1925年从莫斯科搬到彼得格勒,他非常容易地在赫尔岑街租到了一套舒适的独户住宅。⑥

在出租房产的时候,房主可以根据个人喜好挑选房客。承租者往往是房主的亲戚或熟人,如果是素不相识者,房主会努力挑选符合好人概念的房客,如根据衣服等来判别,一般比较喜欢将房间出租给单身、安静、可靠的知识分子。И. M.季亚科诺夫父母租赁的那套住宅,此前的房客是一位头发蓬乱的酒鬼,绝望的妻子照料他,住宅里还有无数跳蚤。与之相比,季亚科诺夫一家人都很体面,当然讨房东喜欢。⑦艺术家 B. И.库尔多夫曾回忆自己在1927年复员后,是如何通过广告在列宁格勒找到一个房间的。他写道:"我换上了艺术家 E. И.恰鲁申的服装,以免自己的士兵形象吓到任何人。按照地址,我来到了位于第八街上的一套豪华大住宅,出租的那个房间还带家具……一切都再顺当不过了,价钱公道,我不假思索地同意了。"⑧与这些顺利租赁到住房的市民相比,也有人被拒租。《住房事业》杂志登载过这样一

---

① Санкт-Петербургский государственный университет. Новейшая история России 1914-2005. М.,высшее образование,2007. C. 207.
② Г. В. Андреевский. Повседневная жизнь Москвы в Сталинскую эпоху(20-30-е годы). C. 439.
③ 〔英〕奥兰多·费吉斯:《耳语者》,第74、76页。
④ Н. Б. Лебина, А. Н. Чистиков. Обыватель и реформы: картины повседневной жизни горожан в годы НЭПа и Хрущевского десятилетия. C. 34.
⑤ Там же. C. 34.
⑥ Там же. C. 34.
⑦ Н. Лебина. Советская повседневность: нормы и аномалии. от военного коммунизма к большому стилю. C. 98.
⑧ Н. Б. Лебина, А. Н. Чистиков. Обыватель и реформы: картины повседневной жизни горожан в годы НЭПа и Хрущевского десятилетия. C. 35.

封信。房屋管理所的工作人员反映，一位"原来的人"①住在7个房间里，为了符合人均居住标准，她往住宅里登记了一些女地主的名字。房屋管理所建议她允许一名扫院子的人搬进去，她的回答是："我不能同一个粗人共同生活在自己的住宅里。"②总之，能否租赁到中意的住宅是一件碰运气的事，主要取决于房主的偏好。

房屋买卖也是惯常现象。住宅或房间的买主通常是"原来的人"或者是耐普曼。前者在新经济政策时期纷纷返回或者搬迁到城市，因为在城市比较容易找到工作，可以掩盖自己的出身，而后者难以通过其他途径得到住房。1920年代中期，Е. А. 斯克里亚宾娜夫妇从下诺夫哥罗德搬到列宁格勒。为了不同父母挤在一起，她开始找房子。她写道："完全出乎意料。当我得知，在富尔什塔特街'原来的'房主以200卢布出售两个大房间，我和丈夫就来到那里，同房东老太太见了面，答应她做这笔交易。"③诗人Д. 哈尔姆斯的亲属А. И. 鲁萨科夫在十月革命前去了法国，新经济政策初年他回到彼得格勒，在热利亚博夫街购买了一套住宅，并在那栋楼里开了一家洗衣店和幼儿园。④ С. М. 戈利岑一家1922年自外省回到莫斯科，从非常著名的知识分子、造型艺术博物馆馆长 В. Е. 吉阿钦托夫那里购买了一套住宅。因博物馆分配给馆长一套公房，吉阿钦托夫就卖掉了原来那套住宅。⑤

总之，住房市场的开放，一扫政权初建时期不能交易房产、只能在一条独木桥上排队的沉闷局面，使有限的住房资源充分流通。市场的活跃既增加了

---

① "原来的人"（Бывшие люди или бывшие），指十月革命后失去社会地位的人，包括贵族、沙皇军队的军官、官僚和神职人员等。除了失去社会地位，他们还经常被列入"被剥夺者"类别。"被剥夺者"（лишенец），是1918—1936年俄罗斯联邦和苏联对被褫夺选举权及其他公民权的公民的非正式称呼。按照1918年俄罗斯社会主义联邦苏维埃共和国宪法第65条规定，下列人不得参加选举或被选举：以谋取利润为目的而采用雇佣劳动者；依靠非劳动收入如资金生息、企业生息、财产收入等为生者；私商、贸易及商业中间人；僧侣及宗教祭司；旧警察机构、宪兵特别团和保安所的职员与代理人，以及旧俄皇族；依规定程序认为有精神病或心神丧失者，以及受监护者；因贪污及不端罪行被判处法律或司法判决所规定之徒刑者。此外，65条中还针对一些情况，规定了剥夺选举权以外的其他公民权。参见《1918年俄罗斯社会主义联邦苏维埃共和国宪法》，https://www.bilibili.com/read/cv3857262/. 2020年6月5日下载。1936年颁布的苏联宪法赋予所有公民包括被剥夺者选举权。但实际上，"被剥夺者"仍被剥夺了其他权利，如孩子无法进入大学，父母无法担任任何职务、无法加入工会等。
② Е. Ю. Герасимова. Советская коммунальная квартира как социальный институт: историко-социологический анализ（на материалах Петрограда-Ленинграда, 1917-1991）. диссертация...кандидата социологических наук. С. -Петербург, 2000. С. 45.
③ Н. Б. Лебина, А. Н. Чистиков. Обыватель и реформы: картины повседневной жизни горожан в годы НЭПа и Хрущевского десятилетия. С. 35.
④ Там же. С. 35.
⑤ Елена Кириллова.《Квартирный вопрос》в Петрограде-Ленинграде в годы нэпа. С. 75.

业主的收入,也满足了不同经济实力者的多种住房需求,为缓解住房危机作出了贡献。

(二)继续紧凑使用市有住房

新经济政策时期,与市场渠道按经济实力分配住房、合作社内部按入股金额分配住房面积不同,保留在地方苏维埃的市有住房,需要凭借各区苏维埃颁发的住房证,按照国家规定的人均面积标准进行分配,超标部分紧凑使用,也就是都以合住房的形式居住。

这些市有住房的居住环境是最不能令人满意的。其一是严格按照标准紧凑使用。1924 年,卫生人民委员部规定市有住房的居民无论年龄大小,一律按人均 8 平方米的标准居住。1924—1925 年在莫斯科出版的《住户》杂志刊登了这样一起事件。在一个 35 平方米的房间里居住着 3 位互不相识的妇女,房间出现了 11 平方米多余面积,房屋管理所建议住户自动紧凑使用住宅。3 位住户各自推出了候选人,无法达成一致。这样,房屋管理所需要从 3 位候选人中挑选一位入住。该杂志写道:"出现了一个问题,3 位住户必须选择本栋楼的住户迁入,还是可以接受莫斯科的任何一位居民入住。需要从更宽泛的角度回答这个问题……在本栋楼里可能没有合适的室友。"①可知,市有住房是严格按照人均面积标准分配居住面积的,当出现多余面积时,不管原来的住户是否愿意,任何一位市民都可能迁入同住。其二,合住房生活矛盾重重。1926 年 8 月 31 日的《消息报》报道,中央改善科学家生活委员会住房协会在工作中已经遇到了几起恶性事件,都是因住房纠葛引发居住者情绪激动、内心恐惧和痛苦,致使一些科研工作者过早死亡,如著名的文艺学家、教授格尔申宗。②可知,合住房里人员密集,邻里摩擦严重影响居住者的情绪。1927 年,彼得格勒市政住房托拉斯共管理着 301 所建筑,住户有 4.7 万人。这些住宅里永远脏兮兮,邻居间不断争吵,设备都损坏了,厕所味代替了馅饼味。③ 总之,在 1920 年代,市有住房里的住户普遍栖息在合住房里,虽然居住费用很低,但身心备受煎熬。

综合分散化住房管理方式的运行情况,其基本按照政策的初衷,实现了

---

① А. Черных. Становление России советской: 20-е годы в зеркале социологии. С. 199-200.
② Там же. С. 201.
③ Е. Ю. Герасимова. Советская коммунальная квартира как социальный институт: историко-социологический анализ (на материалах Петрограда-Ленинграда, 1917-1991). диссертация…кандидата социологических наук. С.-Петербург, 2000. С. 40.

由国家集中管理向国家、集体和个人分散管理的转型。除将市有住房发还原主工作不随人愿外,住房租赁合作社勇挑重担,为恢复破损住房立下汗马功劳;拥有了建筑权的住宅建筑合作社和个人也表现优异,为住房建设添砖加瓦;住房市场的放开,加速了各类房产的流动,满足了不同层次人群的需求。众人拾柴下住房事业开始复苏,到1927年,保护现有住房和恢复破损住房的任务基本完成了。但从另一方面来看,国家依然采用行政命令方式限制住房事业可能出现的"非社会主义因素",造成分散化住房管理方式的发展并不充分,能够产生的效果受限。具体表现为:在将市有住房发还原主的过程中,既要让个人承担维修住房的责任,又要限制私有房产的规模,因此,仅仅将小面积房产发还原主;既鼓励住宅建筑合作社和私人建设住房,又以法律的形式规定了土地所有者和经营者之间的关系,使得土地连同住房的所有权最终都要归还国家;对住房租赁合作社,既鼓励其发展壮大,又不甘心如此巨大的资源由他人管理,因此,用上交部分面积限制其发展规模;既要征收房租,与经营成本相抵,又要回避市场原则,房租数额主要取决于居民的社会身份和工资水平。总之,这种分散化的住房管理方式有效调动了居民修缮和保护住房的积极性和主动性,非常有利于住房事业的恢复。如果国家能突破传统社会主义观念的禁锢,减少对住房事业的行政干预,进一步加大市场经济的力度,住房事业会获得更佳的发展。

第八章 部分城市居民住房状况的初步改善

分散化的住房管理方式下,城市居民开始告别战争年代非正常的居住状态,向传统的日常生活回归,部分城市居民的住房状况出现好转。

一 城市住房事业成果斐然

伴随着住房管理方式的变革,住房事业开始回春。

城市住房总面积增加了。1913 年,俄国城市住房总面积为 1.8 亿平方米,1926 年时已达到 2.16 亿平方米,增加了 0.36 亿平方米。其中,国家和住宅建筑合作社所有的住宅为 1.03 亿平方米,私人所有的住宅为 1.13 亿平方米。[①] 囿于战争破坏和人为损坏严重、经济恢复期政府对住房事业的投资有限,以及当时生产技术水平落后,13 年里住房总面积能达到并超过 1913 年的水平实属不易。

重工业工人人均住房面积增加。经济恢复时期,国家将建房拨款主要投向重工业部门,因此,这些部门工人的人均住房面积普遍高于全国工人的平均水平。1926 年的全苏人口普查显示,工人人均居住面积是 4.9 平方米,而电机企业工人达到 6.3 平方米,冶金工业工人为 5.46 平方米,石油工业工人为 5.91 平方米。可知,这三个部门工人的人均住房面积比全国工人的平均水平分别高出 1.4、0.56 和 1.01 平方米。而到 1928 年,在全国工人人均居住面积下降的情况下,以上三个部门的人均居住面积继续增加,分别为 7.36 平方米、6.36 平方米和 6.36 平方米。[②]

住宅内部的配套设施得到了改善。1923 年,在俄罗斯联邦的城市里,12.3% 的房产接通了自来水,18.4% 安装了下水道;莫斯科的相应数字为

---

① Достижения Советской власти за 40 лет в цифрах (Статистический сборник). М., Государственное статистическое издательство, 1957. С. 355.
② А. А. Левский. На путях решения жилищного вопроса в СССР. С. 7.

34.4%和31.0%;列宁格勒为51.3%和48.4%;省城为12.2%和5.7%;其他城市为8.4%和22.6%。①1923—1928年,苏联工人家庭住房里有自来水的比重从28.1%上升到35.3%,通电的比重从52.6%上升到66.9%,到1929年达到71.9%。②可知,新经济政策时期城市住房的室内配套设施是有较大发展的。上下水道开始在大中小城市铺设,照明逐渐普及,为居民提供了便利、洁净和明亮的生活环境,有利于住户的身心健康。

二 设施齐备的低、高层新住宅

新经济政策时期,多个建房主体的参与使得大批新住宅拔地而起,建房规模远远大于苏维埃政权初建时期。

1920年代上半期建设的住宅,一般为2—3层,占地面积大,建筑材料节约,配套设施齐全。这些低层建筑广泛建造于市郊新兴的工人村。

1923年,由艺术家、人民委员会的工作人员、经济学家、农学家和少量工人组成的住宅建筑合作社,开始在莫斯科的克拉斯诺普雷斯涅地区建设索科尔村。社员可以选择设计方案、结构和建筑材料。基于每户的具体要求、人口及财力状况,住宅的面积不等、楼层不一,可分为平房、单层带阁楼、双层住宅楼和宿舍几种类型。在建设中首次使用了纤维板。索科尔村还建有完整的绿化带,树种都是经过精心挑选的。在最宽阔的波列诺夫街上,两排美国枫树与两排白杨树交相辉映,在微风吹拂下变换着颜色。在苏里科夫街上栽种着细叶和宽叶两种加拿大椴树。1928年时,索科尔村已经有500名居民,共有102栋住房,全部采用集体供暖,住宅通水电并建有浴室和卫生间。③

1924年,红色勇士橡胶托拉斯厂在博戈罗茨克村为本厂工人建设了工人村。村子全部是1—2层的建筑,每栋有2套、4套和8套不等的住宅,每套住宅有一个供暖的炉子,需要烧木材,还带有单独的厨房、不带浴室的卫生间。在松林之中设有木材棚和其他辅助建筑。④

---

① Н. А. Араловец. Городская семья в России 1897-1926 гг. С. 170-171.
② Академия Наук СССР институт истории СССР. Рабочий класс-ведущая сила в строительстве социалистического общества 1921-1937гг. Том 2. М., Наука, 1984. С. 248. С. П. Постников, М. А. Фельдман. Социокультурный облик промышленных рабочих России. в 1900-1941 гг. С. 129.
③ И. С. Чередина. Московское жилье конца XIX-середины XX века. М.,《Архитектура-С》, 2004. С. 52-56.
④ Там же. С. 59.

1925年，莫斯科杜克斯工厂的工人组建了住宅建筑合作社，在跑步街建设了工人村，一律是两层的矿渣混凝土楼房，抹了灰泥并涂上了亮漆。每栋楼有4套或6套住宅，每套住宅都是两居室，带有明亮的前厅、浴室，还有飘窗、露台或阳台。①

1925年，在列宁格勒的纳尔瓦哨所开始建造拖拉机街。十月革命前，这一地区房屋稠密，缺乏现代化设施，彻底重建后环境大为改观。郁郁葱葱的宽阔街道两旁矗立着一座座三层的居民楼。每套住宅大约30—40平方米，分为两居室和三居室，带宽大的窗户、阳台或露台。房屋通风良好，光照充足。②

1926—1928年，在列宁格勒的涅瓦哨所建设了巴列夫住房建筑群，共有19栋两层和三层的居民楼，还有3栋提供日常生活服务的楼房。这些建筑环绕着一个绿意盈盈的大中央庭院，里面有供儿童玩耍的场所，还铺设了小路，供人们散步和休闲。③

此外，在莫斯科的恩图济阿斯特公路上还建设了保温板房街区，机器制造股份公司建成了两层砌块住宅。在顿巴斯工人村、格罗兹尼油田、巴库油田等工业中心也普遍建造了低层住宅。④

1924年起，为了容纳与日俱增的城市人口、节约占地面积，苏联开始减少低层住宅的建设量，转为大规模建造高层定型单元式住宅和高层住宅建筑群。

1925年，莫斯科市苏维埃建造了第一批一梯四户的定型单元式住宅，每套住宅是两居室或三居室，由于需要按房间安排住户，因此，房间之间互相隔绝，但都通向狭窄的走廊。住宅的入口处是厨房，大约9平方米。厨房里配有一个没有暖气的小储藏室，利于保存食物。冬天的时候，这个小储藏室同大街上一样寒冷。住宅里没有浴室，只在厨房里有一个洗脸池。正门旁边是厕所，同厨房的门并排。为了保温，所有的房子都没有过堂风。整栋住宅几乎没有辅助设施，如果有的话，也只是在走廊里有一个墙柜。但是，每个家庭在地下室都有一个自己的储藏室，在顶层还有一间独立的洗衣室。⑤

因没有通风设备，第一批定型单元式住宅被勒令改造。1928年，莫斯科又开始出现一梯两户、每套三居室的定型单元式住宅。由于仍需要按房间安

---

① Академия строительства и архитектуры СССР. Строительство в СССР. 1917-1957. С. 312.
② Там же. С. 313.
③ Там же. С. 313.
④ Там же. С. 311.
⑤ И. С. Чередина. Московское жилье конца XIX-середины XX века. С. 77.

排住户,因此,房间之间依然是隔绝的。有所改善的是,住宅里都有了过堂风,并且都有浴室。①

列宁格勒和其他城市也建设了定型单元式住宅。在1924—1932年的列宁格勒,一梯两户、每套三居室的住宅是最普遍的住房类型。住宅的一侧是厨房和一个房间,另一侧有两个房间。直到现在,圣彼得堡还保存着281所这一时期的建筑,其总面积为68.36万平方米,占城市住房总面积的1.1%。②

在定型单元式住宅的基础上产生了第一批高层建筑群。1925年,莫斯科开始兴建乌萨乔夫卡建筑群,到1929年时该建筑群总面积已近20万平方米,大约有3000套住宅,专门建造了几家百货商店、浴池、市场、门诊部、药店、儿童公园、医院、五所学校、六所托儿所。住房采用集体供暖,有上下水等便利设施。③ 1926年,在乌萨乔夫卡的东北部还出现了四组庭院式住宅楼,院子的大小和比例完全相同。④ 1927—1931年,莫斯科建造的住宅楼中70%以上是占地面积至少20万平方米的大型建筑群。⑤ 1928年还出现了占地面积有时达到40—50万平方米的一系列建筑项目,预计可容纳1.5万—2万居民。列宁格勒沃洛达尔斯克区的特罗伊茨克田野建筑、国际大街上的建筑等就是这样布局的。⑥ 这些新街区的住宅密度非常小,一般不超过25%—30%。而十月革命前的俄国,住宅密度有时能达到80%—85%。⑦

从以上史料可知,新经济政策时期住宅建设基本在全国铺开。从建筑类型来看,十月革命前,俄国城市住房以平房为主,二层建筑极少。莫斯科91.2%的住房为平房,大部分城市99%都是平房。⑧ 新经济政策时期,从低层住宅到高层住宅,从平房到定型单元式住宅乃至建筑群,建筑形式在摸索中不断前进,不拘一格。从建筑材料来看,革命前俄国城市以木质建筑为主,新经济政策时期使用了纤维板等新建筑材料,既节约木材又降低了成本。从配套设施来看,革命前室内公用设施的发展是极为落后的,新经济政策时期居室内部普遍带有上下水道、浴室和集体采暖。住宅周围绿意盈盈,幼儿园、运动场、医院、学校和商店等文化和日常生活设施齐全。上述成就的取得是

---

① И. С. Чередина. Московское жилье конца XIX-середины XX века. C. 78.
② История развития жилищного фонта Санкт-петербурга. http://www.zemso-spb.ru/index.php? go = Pages&in = print&id = 48. 2008年3月5日下载。
③ Академия строительства и архитектуры СССР. Строительство в СССР. 1917-1957. C. 315.
④ Там же. C. 315.
⑤ Там же. C. 316.
⑥ Там же. C. 317.
⑦ Там же. C. 316.
⑧ В. А. Аверченко, И. Г. Царев. Жилищное строительство—старая песня о главном. C. 45.

建房渠道多元化结出的硕果。

三 高层领导干部入住独户住宅

在新经济政策开始实行的一年半到两年时间里,彼得格勒的许多领导干部仍居住在阿斯托利亚这幢公社房里,没有明显的变化。彼得格勒历史学家 М. Б. 拉比诺维奇从熟识的女大学生薇拉那里了解了一些情况。薇拉的哥哥是一名共产党员、大学老师,兄妹俩一起居住在阿斯托利亚。在这里,薇拉结识了一位彼得格勒军区的工作人员并嫁给了他,年轻夫妇立刻在新娘哥哥的住所旁边分到了房子。据拉比诺维奇回忆,当时的住户有老布尔什维克,更多的是年轻共产党员,他们官运亨通,有时迅速蹿升。拉比诺维奇称新经济政策初年的阿斯托利亚为载有"形形色色又有相似之处的居民"的方舟。①

1923 年 9 月 12 日,全俄中央执行委员会和俄罗斯联邦人民委员会颁布了《关于从莫斯科市 36 个宾馆迁出常住居民》法令,宣布鉴于为因公到莫斯科短期出差的人员提供专门住所,本决议决定自公布之日起两个月内,从莫斯科市 36 个宾馆里迁出常住居民。② 至此,宾馆开始回归其传统功能,莫斯科的党政官员们纷纷搬出公社房,按照官位等级享受独户住宅。其他城市随之效仿。

新经济政策时期,国家很少为高层领导干部专门建房。由于收归市有的住房中有一小部分优质房产仍保留在地方苏维埃手中,走出公社房的领导干部普遍被安排到这类住房里。与普通百姓以合住房的形式居住不同,他们住在独户住宅里。

莫斯科的高层领导干部居住在克里姆林宫。在 1920 年代,И. В. 斯大林、В. М. 莫洛托夫、Л. М. 卡冈诺维奇、К. Е. 伏罗希洛夫、А. А. 安德烈耶夫和 А. И. 米高扬等许多政治局委员及其家属都在此居住。每位家庭成员都持有一个特殊通行证,那是一个深樱桃色小本,上面有照片、姓名、盖章纸,还有克里姆林宫指挥官的签名。封面上印有"克里姆林宫"字样。③ 1919 年

---

① Н. Б. Лебина, А. Н. Чистиков. Обыватель и реформы: картины повседневной жизни горожан в годы НЭПа и Хрущевского десятилетия. С. 32.
② Об освобождении 36 гостиниц города Москвы от постоянных жильцов. http://www.homlib.com/read/dokumenty-1921-1928/1923-09-12-ob-osvobojdenii-36-gostinic-goroda-moskvy-ot-postoyannyh-jilcov/1. 2020 年 6 月 5 日下载。
③ М. В. Богословская. Жилищные условия и медицинское обслуживание советской государственной элиты в 1920-30-е гг. // Новый исторический вестникъ. 2006. №1 (14). http://ricolor.org/history/rsv/elita/1/. 2020 年 6 月 5 日下载。

时，列宁就在这里拥有一套超大住宅，共 6 个房间，其中 4 个房间为家庭成员使用，还有一间是厨房，另一间是女仆的房间。① 上文提到列宁一家人从 1918 年 3 月 12 日开始在 1 号苏维埃楼居住，推算下来，列宁在那里的居住时间应该在一年左右。据 B. 阿利卢耶夫回忆："我们的姥姥 O. E. 阿利卢耶娃居住在所谓的骑兵团里，旁边住着捷尔任斯基的妻子索菲娅·西吉兹蒙多夫娜。离她们不远的另一栋楼是 A. И. 米高扬的住宅。И. B. 斯大林和 K. E. 伏罗希洛夫的住宅位于克里姆林宫里。"② 需要指出的是，米高扬在两个儿子结婚后，协同全家连同他的外甥，一起搬进原住宅附近、格局一样但是面积更大的住宅里，共有 8 个房间。③ 米高扬在回忆录中写道："莫洛托夫住在我们这个单元的三层，我们家住在二层……楼梯旁是一部坚固又美观的电梯。古色古香的大理石楼梯铺着红色的地毯，两边都是黄色的花儿。这种克里姆林宫道路只能在政府大楼里看到。"④

克里姆林宫建筑是一个长走廊体系，左右两边都是房间，天花板很低。房间的墙壁用木头包上，使用暖气和贴上瓷砖的大壁炉取暖。住宅里一律都是套上白布套的橡木家具，这是国家提供的，都挂着铁牌子。一套住宅通常是由卧室（每个家庭成员一间）、餐厅、图书馆和家长的卧室兼书房组成的。斯大林的住宅就是如此，它分成两半。第一半是儿童区域，包括瓦西里和斯维特兰娜的两个卧室、公共餐厅和图书馆。第二半是斯大林本人的区域，包括斯大林的房间、副官的房间、餐厅、图书馆、卧室兼书房。⑤ 虽然克里姆林宫的居住面积很大，并且住宅、家具都是免费使用的，但是，高层领导人并不喜欢这个住所，他们都希望尽快搬离此地。H. A. 米高扬这样写道："克里姆林宫的生活好像与世隔绝。我们似乎生活在一个岛上，但不是充满异国情调的奢华岛屿，而是被红砖墙隔离开的、舒适寂静的监狱。克里姆林宫里荒无人烟……就像一个童话故事，一个邪恶的巫师诅咒了宫殿，所有住在里面的人都永远睡着了……神秘和持续紧张的感觉从未消退。"⑥ 高层领导人希望离开克里姆林宫的原因有三点。其一，居住在国家的政治心脏，政治气味浓郁、烟火气稀薄，需要处处谨小慎微，在家里也难以放松身心，这样的氛围着

---

① РГАСПИ. Ф. 2. Оп. 1. Д. 11186. Л. 2. См.: М. В. Богословская. Жилищные условия и медицинское обслуживание советской государственной элиты в 1920-30-е гг.
② М. В. Богословская. Жилищные условия и медицинское обслуживание советской государственной элиты в 1920-30-е гг.
③ Там же.
④ Там же.
⑤ Там же.
⑥ Там же.

实令人窒息。这是最主要的原因。其二,住所的一草一木都属于国家,且千篇一律,令人缺乏归属感,也很乏味。其三,在这种门对门的长走廊住宅楼里,邻里之间还是不免频繁相遇,私密空间仍显局促。这种居住形式与公社房相比进步不大,无法激起领导人的兴趣。

除了克里姆林宫这个聚居地外,党和政府的著名活动家,如 K. E. 伏罗希洛夫、M. B. 伏龙芝、A. C. 谢尔巴科夫、П. Г. 斯米多维奇、C. B. 科秀尔、C. M. 布琼尼、И. C. 科涅夫、Л. M. 卡冈诺维奇、A. A. 日丹诺夫、A. M. 华西列夫斯基、Г. K. 朱可夫等居住在几栋政府楼里。楼内每一套住宅都由 4—5 个或更多的房间组成。① 从这个名单可知,在 1920 年代确有一些官员搬出了克里姆林宫,但具体时间不得而知。罗曼诺夫胡同 3 号楼是十月革命前最华美的楼房之一,革命后被收归市有。楼房里有内部特供商店和汽车库。同 3 号楼并排的是苏联卫生部第四管理总局下属的"克里姆林宫餐厅",餐厅按照当日的菜单,将午餐票和晚餐票发给登记在册的人员,可以订餐送到家里或者用餐票换取一份干粮。那里还有一个专门的理发店、一个医疗中心。② 需要指出的是,3 号楼并非一个遗世独立的特权空间,也有普通百姓居住。据 A. 罗科索夫斯卡娅回忆:科涅夫元帅和罗科索夫斯基元帅住在一个单元里,B. 莫洛托夫一家占一个楼层,而在那个单元的五层是合住房,那里居住着普通人的后代,他们的父亲和爷爷既不是领袖也不是英雄。为这栋楼服务的工人,包括钳工、电工、电梯工和粉刷工居住在半地下室里。③ 可知,有些普通百姓在革命后重新分配住房的运动中,被幸运地迁入到了这栋高端住宅楼里。此外,楼里还配备各类服务人员,他们居住在半地下室里。自然,服务人员的薪水是由国家支付的。

彼得格勒的领导干部也在国民经济恢复后走出了公社房,搬进了独户住宅。史料显示,1920 年代,他们主要居住在红色曙光街 26/28 号楼和冠堡街 21、23 号楼,这是 1912—1914 年按照伯努瓦家族④建筑师的方案兴建的一片庞大的建筑群,由大约 250 套设施完善的住宅组成。住宅里有宽敞的浴室、集中供暖、电话,有前后两个门可以出入。每一个前门入口都有电梯,这是当

---

① M. B. Богословская. Жилищные условия и медицинское обслуживание советской государственной элиты в 1920-30-е гг. 以及 И. П. Кулакова. История Московского жилья. С. 184.

② И. П. Кулакова. История Московского жилья. С. 200.

③ Там же. С. 200-201.

④ Ю. Ю. 伯努瓦,1852—1929 年,俄国建筑师;Л. Н. 伯努瓦,1856—1928 年,俄国建筑师,俄罗斯联邦功勋艺术活动家;A. Н. 伯努瓦,1870—1960 年,俄国画家、艺术史学家与美术评论家。

时的新生事物,从入口处到一楼平台的楼梯铺着地毯。住宅分成主人的房屋和仆人的房屋,前者是4—5间宽敞的房间,后者是3—4间小房间。用大理石镶砌的壁炉起装饰作用。①

十月革命后,这些住房被收归市有。1918年11月,彼得格勒区苏维埃决定将这栋建筑移交给苏维埃各部门人员居住。② 1924年9月,列宁格勒省公用事业处住宅管理科市政住房联合管理委员会在讨论将管理的房屋转为独立核算时,基于红色曙光街26/28号楼特殊的政治性和社会性,决定将其保留在住宅管理科的预算中。③ 1926年2月,住宅管理科在特别条例中指出,这栋楼中住宅的分配是由省公用事业处处长决定的。④ 不仅如此,伯努瓦家族的这片建筑群还由市政住房托拉斯拨款进行了维修。楼里的技术人员也在增加:1925—1926年有114人在其中服务,包括11名清扫工、9名锅炉工、12名守卫和18名前门楼梯的守卫。在随后的5年中服务人员的编制增加到170人,其中清扫工增加到16人,前门楼梯的守卫达到42人。这些服务人员由托拉斯任命的房屋管理员管理。⑤ 毫无疑问,这些服务人员的开支都是由国家负责的。

1923年,彼得格勒市苏维埃代表居住在20套住宅里,其中红色曙光街26/28号楼有14套,冠堡街23号楼有6套。从1924年4月开始,Г. Е. 季诺维也夫居住在26/28号楼第九层楼的二层118号。俄共(布)彼得格勒省委书记、彼得格勒市苏维埃副主席 Г. Е. 叶夫多基莫夫,住在26/28号楼3单元23号。彼得格勒军区部队司令员 В. М. 吉季斯居住在26/28号楼三层119号。26/28号楼四层120号分给了叶夫多基莫夫的妻子 К. В. 叶夫多基莫娃,她是"人民之家"食堂经理。俄共(布)省委组织部部长 А. С. 库克林居住在26/28号楼五层121号。⑥ 26/28号楼20号居住着彼得格勒市苏维埃代表 Е. В. 洛斯。⑦

---

① Н. Б. Лебина, А. Н. Чистиков. Обыватель и реформы: картины повседневной жизни горожан в годы НЭПа и Хрущевского десятилетия. С. 38.

② ЦГАСПб. Ф. 4304. Оп. 1. Д. 1137. Л. 37. См.: Н. Лебина. Советская повседневность: нормы и аномалии. от военного коммунизма к большому стилю. С. 100.

③ ЦГАСПб. Ф. 3178. Оп. 1. Д. 289. Л. 26. См.: Там же. С. 100.

④ ЦГАСПб. Ф. 3201. Оп. 5. Д. 53. Л. 1. См.: Н. Б. Лебина, А. Н. Чистиков. Обыватель и реформы: картины повседневной жизни горожан в годы НЭПа и Хрущевского десятилетия. С. 38.

⑤ Н. Б. Лебина, А. Н. Чистиков. Обыватель и реформы: картины повседневной жизни горожан в годы НЭПа и Хрущевского десятилетия. С. 38.

⑥ Там же. С. 38.

⑦ В. С. Измозик, Н. Б. Лебина. Жилищный вопрос в быту Ленинградской партийно-советской номенклатуры 1920-1930-х годов // Вопросы истории. 2001. №4. С. 102.

一些高级官员也居住在这片建筑群里。列宁格勒地区检察官 Б. П. 波泽尔恩一家从 1 号苏维埃楼搬到了 70 号,后来又换成了 97 号,这是一套三居室。① З. И. 莉莉娜和儿子、Г. И. 萨法罗夫夫妻,只在第一乡村贫民街 4 号楼居住了很短的时间,就分别搬到了红色曙光街 26/28 号楼和冠堡街 23 号楼里。② 1924 年 1 月,列宁格勒市苏维埃执行委员会管理处处长 И. М. 莫斯克温也搬到了这里。③ 1924 年 4 月,И. Ф. 卡达茨基搬进了红色曙光街 26/28 号楼,他是布尔什维克维堡区委的工作人员。④

与莫斯科的罗曼诺夫胡同 3 号楼类似,红色曙光街 26/28 号楼里也有普通百姓混居其中。从 1926 年 4 月开始,联共(布)列宁格勒州委书记 С. М. 基洛夫居住在 26/28 号楼 2 单元 20 号,这是一套六居室,包括办公室、图书馆、餐厅、卧室、工作间和女仆的房间,还有浴室、厨房和两个宽敞的大厅。如此开阔的空间只有基洛夫夫妻二人居住。⑤ 从他家到斯莫尔尼宫沿线采取了严格的防范措施,为此大约有 300 人从附近的建筑迁出。⑥除基洛夫的这套住宅以外,2 单元其他住宅全部是典型的合住房,居住着普通的工人和职员。如 1934 年在 13 号住着 9 家共 21 口人。⑦ 同理,这些老百姓也是在重新分配住房时被迁入到这栋高档住宅里来的。

新经济政策时期,高级官员们虽然从公社房搬进了独户住宅,但仍沿袭军事共产主义时期的禁欲主义价值观,生活依旧较为朴素。1923—1930 年,尼古拉·谢马什科担任卫生人民委员,他家在莫斯科财政部公寓大楼只占一套简陋的小公寓。其邻居回忆道:"他们对资产阶级的舒适或装饰从来不感兴趣。"⑧ 瓦伦蒂娜·季哈诺娃的养父是布尔什维克领导人。据她回忆,1920 年代,她家居住的莫斯科小公寓"只有最普通的家具和铁床",唯一有价值的

---

① ЦГАСПБ. Ф. 4304. Д. 1133. Л. 3; Ф. 7965. Оп. 1. Д. 1028д. Л. 107 об. -108. См.: Там же. С. 102. 以及 Н. Лебина. Советская повседневность: нормы и аномалии. от военного коммунизма к большому стилю. С. 101.

② ЦГАСПБ. Ф. 7965. Оп. 1. Д. 393. Л. 63. См.: В. С. Измозик, Н. Б. Лебина. Жилищный вопрос в быту Ленинградской партийно-советской номенклатуры 1920-1930-х годов. С. 102.

③ В. С. Измозик, Н. Б. Лебина. Жилищный вопрос в быту Ленинградской партийно-советской номенклатуры1920-1930-х годов. С. 102.

④ Там же. 102.

⑤ Н. Лебина. Советская повседневность: нормы и аномалии. от военного коммунизма к большому стилю. С. 101.

⑥ В. С. Измозик, Н. Б. Лебина. Жилищный вопрос в быту Ленинградской партийно-советской номенклатуры 1920-1930-х годов. С. 106.

⑦ Н. Б. Лебина, А. Н. Чистиков. Обыватель и реформы: картины повседневной жизни горожан в годы НЭПа и Хрущевского десятилетия. С. 39 .

⑧ [英]奥兰多·费吉斯:《耳语者》,第 26 页。

只是一只孔雀石盒,为母亲所拥有。公寓里没有任何饰物或装饰,父母对此也毫无兴趣……这个家是由4个小房间组成的公寓,位于人民委员会第二居住区。那是莫斯科的一个公寓街区,住的全是党的高级干部。瓦伦蒂娜认为,她的房间宛如牢房,仅有的家具是折叠床、写字台和小书柜。这种简朴的环境都是自觉自愿的,体现了她家的知识分子原则和苏维埃意识形态。她反思道:"我们是苏维埃人,为我们社会的未来幸福而生活,不是为满足自身的欲望而活。我们的生活方式具有道德上的纯洁性。"[①]可知,1920年代,布尔什维克们虽然居住在高档公寓里,但仍满怀共产主义信念,保持简朴的生活方式。

综上所述,分散化住房管理方式下住房事业取得了显著进步:城市居民的住房总面积增加,室内公用设施有了一定程度的改善,一批设施齐备和居住环境良好的低、高层住宅,定型单元式住宅乃至建筑群拔地而起。重工业工人的人均居住面积增加,高层领导干部搬进了设施齐备的独户住宅里。尽管享受住房改革成果的人数还很有限,但毕竟掀开了苏联住房历史的新篇章。从中还不难发现,市有住房在1920年代上半期出现了分化。一类是普通群众的合住房。他们是十月革命后通过重新分配住房的渠道搬迁到这里来的,虽支付的房租低廉,但必须按照人均居住面积标准紧凑使用,居住环境很差。另一类是高层领导人的独户住宅。这些住宅虽也属于市有住房,但其是被公用事业部门列入特别核算中的。此外,领导人不必遵守人均面积标准,而是按照每个家庭成员占有一个甚至更多房间来居住,条件优越。

[①] 〔英〕奥兰多·费吉斯:《耳语者》,第28页。

第九章 依然严峻的住房形势

在充分肯定上述成绩的同时,也要清醒地认识到这些进步仅发生在个别部门,涉及小范围群体,总体来看住房形势依然不容乐观。

一 城市人均居住面积普遍逼仄

1921年后的五年中,城市人口翻了一番。尽管增添了住宅建筑合作社和个人自建两条建房渠道,住房总面积得以增加,但人均住房面积还是不尽人意。如果说1913年俄国城市人均住房面积是6.3平方米,那么,1926年是5.86平方米,①其中工人是4.9平方米,职员是6.9平方米,其他人员是6.1平方米。② 也就是说,经过13年的住房建设,到1926年城市人均住房面积仍未超过一战前的水平,更低于1924年国家规定的人均8平方米的最低住房面积标准。

由上组数据可知,工人的人均住房面积是最糟糕的。1926年12月的全国人口普查显示,苏联轻重工业工人在人均住房面积方面的分配情况如下:人均2平方米及以下占比10.5%,2—3平方米为19%,3—4平方米为18.9%,4—6平方米为27%,6—8平方米为12.6%,8—10平方米为5.9%,10—12平方米为2.7%,12平方米以上为2.8%。③ 可知,尽管部分重工业工人的人均居住面积在上升,但工业工人的总体情况并不令人满意。全国只有24%的工人人均住房面积超过6平方米,而高出国家规定的人均8平方米最低标准的工人更少,仅有11.4%。比较而言,人均4—6平方米的工人数量是最多的,为27%。工业工人占据一个房间的人口数据也反映出这一点。

---

① 苏联科学院经济研究所编:《苏联社会主义经济史》第三卷,第649页。
② А. Черных. Становление России советской: 20-е годы в зеркале социологии. С. 205.
③ С. П. Постников, М. А. Фельдман. Социокультурный облик промышленных рабочих России. в 1900-1941 гг. С. 132.

1926年12月的统计资料显示,工业工人中1人占据一个房间的比例为1.8%,1—2人占据一个房间的比例为17.8%,2—3人为21.7%,4—5人为32.9%,5人以上为24.9%。① 可知,能够独处也就是一个人居住在一个房间的工人屈指可数,其余近98%的工人至少2人共居一个房间,最多的情况是4—5人一室,这种环境造成工人的人均居住面积很低。

总之,至少到1926年,城市人口的居住空间仍很褊狭,工人阶级最为严重。

二 青年群众独自组建公社房

新经济政策时期,国家仍大力提倡组建公社房。不过,与政权初建时期有所不同,这一时期建设公社房的对象主要是青年人。究其原因有以下四点。

首先,从年龄特点来看,青年人容易接受公社房。青年们在第一次世界大战、内战的环境中长大,对革命的"英雄主义"抱有极为浪漫的憧憬。他们热烈欢迎布尔什维克的斯巴达文化……杜绝所有个人的财富和快乐,以免革命斗争受损……他们在道德品质上也是绝对主义者,奋力挣脱古老的习俗。② 总之,青年人年龄小、社会阅历浅、思想激进,易于接纳政府的宣传。

其次,从居住条件来看,青年人创建公社房的阻力小。1926年的全国人口普查显示,单身工人共计344298人,其中25.3%居住在集体宿舍,54%占据一个房间的一部分,只有15%占据一个及以上房间,4.5%居住在不适于居住的房舍。③ 可知,全苏超过4/5的单身工人都缺少独处空间,这样的环境为他们适应公社房的集体生活方式打下了基础。此外,国民经济恢复时期,大量农村青年涌入城市务工。他们多出身于几代人共居的大家庭,进城后栖身在集体宿舍和工棚,几十人挤在一个房间,睡在连排板铺上。有一个可以打开水的茶炉已经是非同寻常的奢侈了。④ 因此,居住在可以共用生活用品和设施的公社房里,等于改善了生活条件,青年农民工不排斥这种居住方式。

再次,从婚姻状况来看,青年人比成年人适应公社房生活。青年人多未

---

① С. П. Постников, М. А. Фельдман. Социокультурный облик промышленных рабочих России. в 1900-1941 гг. С. 131.
② 〔英〕奥兰多·费吉斯:《耳语者》,第41页。
③ С. П. Постников, М. А. Фельдман. Социокультурный облик промышленных рабочих России. в 1900-1941 гг. С. 130.
④ Дома-коммуны. http://www.dominterier.ru/? p=2853. 2008年2月7日下载。

成家,没有妻儿的牵挂,也较少积攒财产。显然,他们比有家有业的成年人负担轻,便于融入集体生活。

最后,共青团及媒体的宣传鼓励也起到了推动作用。1921年9月,俄罗斯共产主义青年团召开了第四次代表大会,会议指出"公社房使青年摆脱了街道的腐蚀性影响、家庭的小资产阶级情绪、家庭生活的艰苦物质条件,能够促进劳动青年的社会主义教育",是非常必要的。① 一家青年报纸在1924年初写道,青年比任何人都应该,也能够迅速打破濒临死亡的社会传统……只有无论在工作中还是生活中都采取集体行动时,才能培养青年的无产阶级集体主义精神。青年工人的宿舍公社能够成为培养这种集体主义精神的最佳媒介。公共食堂、共同的生活环境——这些是培养新人的首要条件。② 可知,青年人被认为是打破社会传统的生力军,最有希望被塑造成新人。而以共用生活设施为基础的公社房非常有助于青年解决物质困难、提高道德修养,摆脱家庭和社会的不利影响,是培养其集体人格的最佳场所。

基于以上因素,青年人在1920年代成为组建公社房的主力。到1923年,苏联共有超过40%的青年工人居住在公社房里。③

莫斯科的青年纷纷建设公社房。1923年,伊万诺沃-沃兹涅先斯克的10名纺织女工,在工厂工棚的一个房间里组建了公社房。社员用一个盆吃饭,共享一件衣服,轮流穿一双鞋。她们兴建公社房的目的,是希望取消一夫一妻制家庭。④ 莫斯科"镰刀和锤子"工厂建造公社房,则是希望塑造新型两性关系。该厂的一名共青团员在《接班人》杂志上写道:"在青年公社很容易解决性问题……我们不考虑结婚……况且,同我们的姑娘们共同生活淡漠了我们的性欲,我们没有感觉到性别差异。在公社中,有性生活的女孩也不脱离公共生活。如果您不想过您父辈那样的生活,如果您想找到解决两性关系问题的满意答案,请组织青年公社吧!"⑤1924年7月1日,莫斯科不动产管理局对全市房产分配情况进行的调查显示,全市共有公社120所,占房产总量的0.4%。居住人数为58846人,占全市总人口的3.4%。⑥

---

① Н. Б. Лебина, А. Н. Чистиков. Обыватель и реформы: картины повседневной жизни горожан в годы НЭПа и Хрущевского десятилетия. С. 31.
② Н. Б. Лебина. Повседневная жизнь Советского города: нормы и аномалии. 1920-1930 годы. издательство Журнал《Нева》, Издательско-торговый дом《Летний Сад》,1999. С. 166.
③ История создания советских домов-коммун. Библиофонд, электронная библиотека. http://www.bibliofond.ru/view.aspx? id=511465. 2008年4月5日下载。
④ Н. Б. Лебина. Повседневная жизнь Советского города: нормы и аномалии. С. 164, 166.
⑤ Там же. С. 166.
⑥ Жилищные Товарищества периода НЭП.

彼得格勒的青年也组建了一些规模不大的公社房。彼得格勒理工学院的三名大学生在1919年成立了公社房。一位社员回忆道:每隔两天在厨房值日,负责准备三人的午餐和晚餐,为大家洗餐具。公社房生活使我们在炉子边停留的时间缩短了2/3,能够调剂伙食花样,给我们带来了乐趣。它没有遇到什么麻烦,也没有发生什么变化,一直存在到1921年毕业。两年后,为了减轻生活压力,新一轮大学生也组建了公社房。对此,《红色大学生》杂志写道:大学生的食品供应实在是糟糕。这就是为什么创建公社房的第一步就是买锅并分配厨房值日生。一年之后社员们才开始订阅一份普通的报纸,并试图建立一个小型图书馆,供课业使用。① 女作家 В. Ф. 帕诺娃在回忆罗斯托夫的公社房时提及,社员居住在一套住宅的浴室里,一个人睡在窗台上,两个人睡在地板上,浴缸是最好的卧床,大家轮流使用。② 1924年,列宁格勒社会教育学院的12名大学生,在已移民的一位教授的住宅里创建了公社房。社员的生活遵循严格的规定:每人每月必须上交一定的金额用于集体起伙,每天用8个小时听课和准备功课,其余时间都花在公共工作和文化娱乐上。社员们一起就餐。公社房还制定了严厉的规章,如禁止躺在床上读教科书。③

从青年工人和学生组建公社房的史料可知,这些公社房基本是由私人住宅和工棚等改建而成的,社员的物质生活条件普遍比较艰苦,他们缺乏生活必需品,如床、被褥、饭盆,甚至没有鞋子。而集体起伙、轮流使用一件物品,使有限的生活资料发挥了最大效用。可见,公社房的确有助于社员渡过物资紧缺的难关。促使社员创建公社房的另一个原因,就是他们坚信,这种集体生活方式能够实现取缔家庭、建立新型两性关系、提高觉悟等政治夙愿,将他们锻造成社会主义新人。

但从这一时期组建公社房的实践来看,培养新人的理想并未如愿。受学制所限,学生仅仅是在一定的时间段内,维持相对稳固的生活集体,工人更难以安定。由于在农村留有土地,对城市的工资、住房条件、劳动条件等不满意,或是自己的专长不符合生产要求、同领导发生冲突、饥荒等原因,青年工

---

① Н. Лебина. Советская повседневность: нормы и аномалии. от военного коммунизма к большому стилю. С. 75-76.
② М. Г. Меерович. Наказание жилищем: жилищная политика в СССР как средство управления людьми (1917-1937 годы). С. 20.
③ Н. Лебина. Советская повседневность: нормы и аномалии. от военного коммунизма к большому стилю. С. 76.

人在城乡之间①、城市各工厂之间频繁流动,居住在同一所公社房的住户也并非都是同一个企业的职工②。这些问题导致公社房的居民不断更换,无法形成稳定的生产生活一体化组织。因此,通过公社房长期熏陶和改造人性的机会受限,它无法充分发挥育人功能。

三 令人身心俱疲的合住房

自苏维埃政权诞生伊始,合住房就是大城市居民普遍的居住形式,其源于重新分配住房运动中对市有住宅的紧凑使用。在当时,以合住房的方式居住虽然彰显了人人平等的政治意义,但也仅被执政党看作解决住房短缺危机的临时居住形态,是建造舒适住房之前的过渡类型。1920年代,合住房的性质发生了变化。其一,国民经济恢复时期,城市人口的不断增加以及住房建设的相对滞后,削弱了合住房的暂时性观念,人们知道住进舒适的住房并非近在咫尺的事情。其二,市场经济条件下,合住房的概念已突破十月革命胜利初期的范畴,由市有住房中通过行政命令方式、按照人均居住标准构建的住房类型向它的本来含义回归,也就是几家合住的一套住宅,住户共用公共设施。如果说之前凸显的是住户平等的政治意义,那么,在新经济政策时期,政治象征意义已让位于经济意义。除地方苏维埃所有的市有住房因紧凑使用形成的"行政命令型合住房"外,在住房租赁合作社管理的市有住房、集体所有的住宅建筑合作社住房以及私有住宅里,很多房主或租户都会腾出部分空间租赁给自己中意且有支付能力的房客,"市场关系型合住房"降生。

合住房的正门很有特点。由于住户较多,正门上总是贴着字条,标示出一声铃找哪家、二声铃找哪家等等。Д. А. 格拉宁在回忆童年生活时写道:合住房的门是极为难看的,门上贴满了铃声目录——三声、四声、两声短音、一声长音等,根据铃音进行判断。门上还有几个邮箱,每个邮箱上面贴着报刊

---

① 这些在农村保留土地的新工人把自己看作城市的客人,看作工厂的临时居民,他们频繁地返回农村:周末带着工资回到农村,周一又背着背包来到城市,包里装有面包、土豆等食品,供一周食用。1923年起,农民工、城市的工人,为躲避饥荒、减轻生活压力纷纷涌向农村,农户的数量从1917年的1700万—1800万增加到1924年的2300万,1927年达到2500万。См.: М. Г. Меерович. Квадратные метры, формирующие сознание-жилище, как средство управления людьми: жилищная политика в СССР. 1917-1932гг.
② 1923年初对255所公社房的调查显示,42.2%的人口受雇于其他企业。См.: Там же.

名称和主人的姓名。① 可知,在这个多户杂居的大集体里,为保证生活有序、减少纠纷,门铃、报箱都必须具有个性化标识,加大辨识度。

合住房中的配套设施是多户共享的。这些设施包括水槽、厕所、浴室,厨房的煤油炉、火口和冷水龙头。公用电话放在穿堂里,周围贴满了字条。在莫斯科,第一批合住房是由被没收的出租房中多居室的住宅组建的,在筒子楼②形式的住宅中,38个房间共用一个厕所。五家共居的一套住宅,在厨房里摆着5张桌子,厕所的墙上挂着5个抽水马桶坐垫。住户需要严格按照时刻表使用浴室,并将实木地板擦亮。③ К.И.楚科夫斯基在1923年2月14日的日记中这样描写莫斯科的合住房:住宅里有一种特别的莫斯科的味道——聚居的人群身上散发出来的味道。厕所在不间断地工作,每套住宅里每分钟都能听见抽水马桶的声音。④可知,每套合住房都是一个大家庭,无论住户是否愿意,都必须在使用公用设施时频繁接触,过集体主义生活。

合住房内部条例规定公用设施的使用办法。根据条例内容,全体住户按平等原则轮流打扫公共空间,完全不使用者除外。于是,每套住宅的墙上都贴着打扫公共空间的时间表。电费在用户之间按烛光数⑤分摊,煤气费则根据煤气燃烧的时间按比例计算。关于公共空间的电费如何分摊,因没有明文规定,住户自己制定了规则:有的住宅采用平摊的办法,有的按照家庭人口数来计算,有的则是每户在厨房的桌子上单独安装一个灯泡。可知,合住房的公共空间是按平等的原则安排打扫的,而公用服务费用的支付则多与每家实际用量挂钩,体现公平法则。

合住房是一个"奇怪的综合体"。不同出身、不同人生经历、不同心性的人,亲密无间地生活在一起,经常处于邻居的注视之下。每个人都很深入地了解其他人的生活,知道邻居吃的什么饭、穿的什么衬衫、得了什么病、有多少债务、有没有情人……有一句谚语:上帝洞察一切,邻居比上帝还要深邃⑥——这是合住房的真实写照。在这个小世界里,上演着一幕幕人间悲喜剧。

在合住房里经常会遇到不文明行径,这是悲剧之一。1921—1924年,作

---

① Н. Б. Лебина, А. Н. Чистиков. Обыватель и реформы: картины повседневной жизни горожан в годы НЭПа и Хрущевского десятилетия. С. 44.
② 筒子楼又称为兵营式建筑,因长长的走廊两端通风,状如筒子,故名"筒子楼"。
③ И. П. Кулакова. История Московского жилья. С. 166,167.
④ Г. В. Андреевский. Повседневная жизнь Москвы в Сталинскую эпоху(20-30-е годы). С. 438.
⑤ 当时在口语中,灯泡的功率不是用瓦特而是用烛光来计算的,如40烛光、100烛光等。
⑥ И. Б. Орлов. Жилищная политика советской власти в первое послереволюционное двадцатилетие.

家 М. А. 布尔加科夫夫妇在莫斯科花园街一栋楼房中的 50 号住宅居住。这套住宅是筒子楼样式,共有七个房间和一间厨房,没有浴室和后门。走廊的一侧依次居住着一名共产党员,一对警察夫妇,杜夏,最后是布尔加科夫夫妇。夫妇二人居住的那间房间很明亮,有两个窗户。走廊的另一侧居住着戈里亚切娃·安努什卡,她总是打得儿子大喊大叫。住宅里经常发生不可思议的事情。人们买自酿酒,喝得大醉,而且一定会打架,妇女们大喊"救命!帮帮我!"① 除了打架酗酒外,还有住户为了私利不惜损害邻居和国家的利益。如秘密地将灯泡接到自己房间的电网上;把戈比和卢布缠在电表轮上,用火柴阻止电表轮转动。② 总之,合住房中素质不等的住户杂居一堂,演绎种种奇闻异事。

悲剧之二是合住房还会诱发精神疾病。精神科医生发现,长期居住在合住房的居民患精神分裂症和妄想症的比例很高。③ 正如一名久居合住房的人所言,每套住宅里都有疯子。迫害狂是最普遍的疯子行为。一位邻居坚称,有人往她的汤里放碎玻璃,目的是毒死她。食物投毒有时需要法医鉴定。一名记者在采访法医时了解到:一位住户的汤里有漂亮的紫色,原来是有人将墨水笔放到了汤里。往肉里洒氯化汞的事情也经常发生。一位居民来到法医实验室,全身都是水泡,发痒。原来,这位住户的邻居们坚决要将其撵出住宅。于是,暗中在他的床铺上撒了干壁虱。等他躺到床上后,壁虱在身体的温暖下复活了,咬噬了他虚弱的身体。④ 由此可知,人口稠密、频繁接触及琐事纷争,会使人因精神压抑出现极端举动。而共用厨房、容易进入别人的房间等便利条件,又为"谋害"邻居提供了可乘之机。

合住房中的冲突甚至引发人命,这是最大的悲剧。小奥尔登卡 35 号是一套小平房,它属于水产商特里丰·卡尔加诺夫所有,十月革命后被紧凑使用。1926 年搬来的住户 С. С. 卡拉瓦耶夫是一名共产党员、手工业合作社的杰出工作人员,他很快就成为住宅管理委员会理事会主席,这引起了原房主特里丰的不满,两家产生了矛盾。1927 年,特里丰遭到逮捕、驱逐,后来被枪毙。他的儿子小卡尔加诺夫被普列汉诺夫国民经济学院开除,但没有被逐出莫斯科。小卡尔加诺夫和妹妹希什基纳同卡拉瓦耶夫家的关系非常紧张。1928 年,卡拉瓦耶夫签署了将小卡尔加诺夫的狗从住宅迁出的命令。10 月

---

① И. П. Кулакова. История Московского жилья. С. 165.
② Г. В. Андреевский. Повседневная жизнь Москвы в Сталинскую эпоху (20-30-е годы). С. 445.
③ 〔英〕奥兰多·费吉斯:《耳语者》,第 197 页。
④ Г. В. Андреевский. Повседневная жизнь Москвы в Сталинскую эпоху (20-30-е годы). С. 452.

22日,在要求取消这个命令遭到拒绝后,小卡尔加诺夫用刀捅死了卡拉瓦耶夫。这件事在莫斯科引起了不小的轰动,"耐普曼将手伸向共产党员"之类的舆论四起。最终,小卡尔加诺夫被枪毙,希什基纳被赶走。①深入理解这起造成"两人死亡一人遭驱逐"的惨案,需要结合当时的政治环境。新经济政策实施后,一批私营工商业者迅速崛起,他们被称为"耐普曼"。到1920年代后半期,国家在共产主义意识形态的影响下,加强了对私营工商业的限制和打压,"耐普曼"变成了新生的反动阶级的同义词,特里丰及其子女自然都属于"人民的敌人"之列。正是在这样的背景下,原本寻常的民事矛盾被上升到"阶级斗争"的政治高度,演变为"耐普曼与共产党员"之间的阶级对抗。

与上述消极面并存的是合住房里的温馨生活。也有邻居们和睦相处,不仅彼此照看水壶,还帮忙照顾小孩。在莫斯科的一套合住房里,所有的邻居都很友好,互相帮助,白天不用锁门。大部分关于合住房的美好回忆,都与童年有关。孩子们一起居住一起玩耍,总是很高兴,他们喜欢观察成人的行为。Г. В. 安德列耶夫斯基写道:"直到现在我还记得在彼得罗夫线上的那套合住房,对面是'阿芙乐尔'饭店,而后是'北京'饭店,再后是'布达佩斯'饭店;记得母猫玛莎、馋猫和色鬼;记得女孩利亚利亚;小男孩波尔卡,他为了不让姥姥找到自己,对我说'我们一起躲起来吧!'还有波尔卡的大姐纳斯卡,一个女酒鬼,曾被发现在中央市场裸睡;记得罗莎、玛利亚娜和安东尼娜·阿格拉尼扬这三个姐姐,她们都是很神奇、善良的女性……"②

从上述生活百态可知,合住房是一个集体主义大熔炉,主要功能在于安置更多人口。禀赋及社会身份各异的邻里分享生活空间,融洽与不睦相伴,这种环境对居民的性格和身心健康产生了重大影响。

四 肮脏拥挤的集体宿舍

集体宿舍是指学校及企业为学生和职工提供的住所。在国民经济恢复时期,集体宿舍是城市里仅次于合住房的一种主要居住形式。

大学生和工农速成中学的学生居住在集体宿舍里。这些宿舍通常是带有家具的房间,有时还在空置的阁楼里,大部分都很窄很脏。列宁格勒的梅特尼亚集体宿舍,几代大学生都在那里居住过。据当事人回忆,我走进一个

---

① Г. В. Андреевский. Повседневная жизнь Москвы в Сталинскую эпоху (20-30-е годы). С. 457-458.

② Там же. С. 455.

无人居住的房间,第一晚用被盖住头,睡得很香甜。醒来时,我看见被子上有几只健硕的老鼠。① 可知,该宿舍的大学生需要"与鼠共舞"。1920年代中期,莫斯科国立大学的情况也不好。"当你打开门时,一股浓重的、令人窒息的厕所味扑鼻而来……房间分布在走廊两侧,大部分被毁坏了……集体宿舍里没有厕所,目前这些坏房间成了厕所,大家正在考虑修理它。"② 可知,偌大的集体宿舍普遍破旧且充斥着厕所味,卫生状况可想而知。正是因为独立生活的艰难,大学生们积极组建公社房,团结起来共克时艰。

许多工人也居住在集体宿舍里,且条件普遍恶劣。莫斯科一处集体宿舍共有60张床铺。门旁边有一个铁炉子,毡靴都靠在炉子上烘干。几个小男孩穿着大衣戴着帽子吸烟、玩牌,用极为粗野的话骂人。厕所的地板上都是尿。人们从这个臭地方走出来,不脱鞋就躺到床上。大家都习惯这样了,没有人会说什么。③ 可知,这个宿舍的环境龌龊,住户对此已经无动于衷,孩子们也被熏染得粗鲁邋遢,还沾染上不良嗜好。

乌拉尔工业区的情况也不理想。当地的一本经济杂志写道:单身工人住在小屋里,他们感到又冷又挤,睡觉的地方不够,没有地方晾干工作服,从家里带来的一点儿食物也没有地方放,集体宿舍根本不适合定居。当家庭成员也要在单身宿舍居住时,不仅卫生环境,连日常生活方式都会发生变化。④ 1928年1月8日,《乌拉尔工人》报用几个版面介绍了乌拉尔地区工人的住房状况。文章《85号集体宿舍》描写了基泽尔附近一个采矿村典型的集体宿舍生活:三个大房间几乎都是木床铺。每个房间中间有一个用于烹饪食物的大炉子、一张粗糙的桌子和两条同样粗糙的长凳,一个架子靠在没抹灰泥的木墙边,放在上面的面包没有任何遮盖。工人的集体宿舍被称为"贫困、拥挤、不文明的聚集地""肮脏拥挤之所""穿堂院"。⑤ 可知,乌拉尔矿工的生活也是没有质量可言的,在局促简陋的条件下得到休息都很困难。

南部煤炭工业区顿涅茨克-格鲁谢夫斯克矿务局的居住条件更为险恶。工人列夫琴科在第34号集体宿舍住了三年,那里的房顶漏雨,宿舍内潮湿,窗户框、门框都快散架了。由于寒冷,他的儿子得了感冒,小女儿在生病一年

---

① Н. Б. Лебина. Энциклопедия Банальностей: Советская повседневность: Контуры, символы, знаки. С. 261.
② Там же. С. 261.
③ Г. В. Андреевский. Повседневная жизнь Москвы в Сталинскую эпоху (20-30-е годы). С. 431.
④ С. П. Постников, М. А. Фельдман. Социокультурный облик промышленных рабочих России. в 1900-1941 гг. С. 133.
⑤ Там же. С. 133.

后死去了。①工人哈里切夫住在2号矿井矿工宿舍区第20号集体宿舍里。这是旧集体宿舍,没有进行过大修。墙壁用柱子顶着,不然就会倒塌。房顶非常糟糕。在这间随时会有生命危险的宿舍里共居住着7户人家。下雨的时候,所有的房间到处都是水,很多工人因此得病。在哈里切夫居住的房子里,墙缝有2个指头宽。1927年秋季,哈里切夫不得不住进了第9号宿舍,这是半地下室式的,由面粉仓库改建而成。其实,类似这样快要倒塌的集体宿舍还有6处。② 可知,这些矿工及其家属们过的是非人生活。房舍破危,随时可能倒塌;宿舍密闭性极低,透风漏雨不保暖。悲惨的居住环境严重损害了居民的健康,甚至剥夺了人的生命。

综合集体宿舍的居住情况可知,与这种住房类型相比,合住房的住户是幸福的。首先,从建筑质量来看,集体宿舍的房屋质量差,少人维护,存在严重的安全隐患,甚至危及住户生命。而合住房的房产所有方和住户都负有一定的保护责任,相对而言少有这种危险。其次,从保有个人隐私的角度来看,合住房住户虽然需要共用厨房、卫生间等设施,但毕竟很多家庭都可以拥有一个单独的房间,尚保留些许私人空间。与之相比,集体宿舍的住户聚居在一个广阔空间里,少有隔断,一举一动尽在眼前,几乎完全没有个人隐私。最后,从住户的精神面貌来讲,合住房的居民能够在一定程度上维护住宅的整洁有序,保有做人的尊严。而在集体宿舍里,住户对脏乱差的环境麻木不仁,破罐破摔。

综上所述,新经济政策时期,尽管采取了分散化住房管理方式,但城市人均居住面积尚没有超越十月革命前的水平。大多数城市居民的住房条件并未发生根本性改变,仍居住在合住房、集体宿舍和公社房里。将之与高层领导干部的住宅类型相对比,可以发现二者存在天壤之别。十月革命后到1920年代,高层领导干部的住房类型经历了从集体主义的公社房向一家一户的独户住宅转变的过程,发生了质变。相较之下,人民群众或响应号召继续组建公社房,或居住在合住房、集体宿舍里,少个人隐私、多集体共处。此外,虽然高层领导干部的住宅楼里也有普通群众居住,但二者的居住条件迥然不同。领导干部普遍以家庭为单位居住在独户住宅里,像莫洛托夫那个级别的官员一家就占整整一层楼,而叶夫多基莫夫夫妻二人则各自占据一套住

---

① 引自1670号/C《关于南部煤炭工业区的经济反革命》。参见〔俄〕A. H. 雅科夫列夫主编:《20世纪俄罗斯档案文件·新经济政策是怎样被断送的(一)》,李方仲、宋锦海、李永庆译,李方仲校,北京:人民出版社,2007年,第401页。

② 同上。

宅。而这样的一套住宅,在普通群众那里却是若干家庭合住的。新经济政策时期高层领导干部与普通群众之间住房条件的差距在拉大。

分析大多数居民居住条件依旧艰苦的原因,首先是住房事业欠账过多。分散化住房管理真正发挥作用的时间只有六年左右,[①]显然,这短暂的时间难以偿清沙俄时期积累的旧债,以及战争的破坏和革命后集中化住房管理方式带来的新债。第二,国家对住房事业投入低。1920年代,国家的工作重心是恢复和发展国民经济,对住房事业的投资不足、建房面积不多。复兴和发展住房事业主要依靠的是社会力量,如住房租赁合作社在维修和经营市有住房方面战功卓著,而个人自建成为主要的建房类型。第三,房屋建设速度滞后于城市人口增长速度。伴随着和平时期的到来,城市人口自然增长率上升。还有大量农民进城当工人,1923—1925年,他们的人数以每年14%的速度递增。[②]饥荒也使农村饥民流入城市。多种因素促使城市人口数量直线上升,1923年为2180万,1926年是2630万,1929年初达到2830万,[③]六年间人口增添了近30%。相比之下,住房建设速度明显落后。1926—1928年,工业工人增加了80万人,工业人民委员部的住房面积增长了280万平方米,这意味着一个新工人人均3.5平方米。从全国来看,1928年苏联工业工人的人均居住面积是4.4平方米。[④]因人口增长速度远远超过住房建设速度,淹没了住房建设的成就,也增加了改善住房条件的难度。第四,分散化住房管理方式作用受限。1924年列宁逝世后,俄共(布)党内对是否继续坚持新经济政策产生了分歧,尤其对改革过程中出现的许多"非社会主义因素"各执一词,这使得许多住房政策左右摇摆,表现为国家既要鼓励住房事业市场化,又要采用行政手段进行干预,由此造成分散化住房管理方式并没有得到充分的发展,效果有限。上述原因使得住房供需矛盾有增无减,城市居民主要的居住形式没有发生实质性变化。因此,无论从继续改善居民住房条件的层面,还是从缩小官民住房差距的角度,都需要国家坚持既定的改革方向,进一步释放市场活力,再接再厉。

---

① 1921年8月《关于公用事业处修订收归市有的房产名单》政策颁布,标志着集中管理住房的方式开始变革。1927年8月1日《关于对住房面积使用权的调整和关于在公有化房屋(国有、市有以及住宅建筑合作社所有)及分配给市政使用的房屋中打击擅自占用的措施》决议颁布,标志着住房市场化改革开始收缩。因此,分散化管理方式真正的运行期仅有六年时间。

② М. Г. Меерович. Квадратные метры, формирующие сознание—жилище, как средство управления людьми: жилищная политика в СССР. 1917-1932 гг.

③ А. А. Левский. На путях решения жилищного вопроса в СССР. С. 9.

④ С. П. Постников, М. А. Фельдман. Социокультурный облик промышленных рабочих России. в 1900-1941 гг. С. 137.

第三编
斯大林模式形成时期高度集中化的住房管理与城市居民的住房状况（1927—1937）

新经济政策时期允许发展市场经济,若干资本主义因素复辟,俄共(布)党内对此始终莫衷一是。1924年列宁逝世后,苏联出现了职位空缺期,党内高层围绕争夺最高领导权和社会主义发展道路问题,展开了激烈斗争。1929年,斯大林在击败了所有反对派后废止了新经济政策,在社会主义建设中逐步确立了高度集中、高度集权的体制,史称"斯大林模式"。随着经济管理由分权制再度向高度集权制转变,住房政策及管理方式随之改变。那么,这一时期住房政策又发生了怎样的变化?实行了什么样的住房管理?城市居民的住房状况是否向好?本编就来讨论这些内容。

第十章 新经济政策的终结

1920年代,苏维埃国家虽在一定程度上恢复了商品货币关系,但行政命令体制仍继续发挥作用,住房事业的改革也深受影响。随着执政党对国内外形势的错误评估,以及党内斗争尘埃落定,高度集中的行政命令体制复归,住房事业也随之变化。

一 斯大林对战争威胁的预判

1920年代中后期,国际局势基本处于缓和状态。主要资本主义国家进入了相对平稳的生长时期,经济上获得恢复和发展,政治上趋于稳定。当时,苏联的外交局面也已经打开,国家结束了十月革命以来在国际上的孤立状态,与除美国以外的主要资本主义国家都建立了外交关系,并签订了贸易协定,赢得了同这些国家较长时期和平共处的外部环境。

但此时,苏联领导人对国际形势的认识却有了变化,开始强调新的战争危险。1925年12月,斯大林在联共(布)十四大上提出:"由于相对的稳定和英美资本领导下的所谓欧洲的'和睦',形成了一系列的经济同盟和政治同盟,矛头指向苏联的最近的洛迦诺会议和所谓'保证条约'就是这种政治同盟之一。这些在所谓主张和平的国际联盟以及第二国际关于废除军备的虚伪叫嚣掩护下的同盟和条约,实质上不过是为新战争部署力量而已。针对英美领导下的这种必然会引起疯狂扩军、从而孕育着新战争危险包括武装干涉危险的各资本主义国家的同盟,先进国家的无产阶级同苏联的无产阶级,首先在争取和平、反对新的帝国主义战争、反对武装进攻苏联的口号下日益接近起来。"[①] 从1926年夏

---

① 《苏联共产党和苏联政府经济问题决议汇编》第一卷,第547页。

天开始,伴随着英苏关系的恶化,①斯大林的危机感愈益强烈,断定苏联面临着"反苏战争的真正的实在的威胁。"②而到 1927 年 12 月,斯大林在联共(布)第十五次代表大会上作《中央委员会的政治报告》时则笃定:"如果大约两年前可以说并且应该说当时是苏联和资本主义国家间存在某种均势而'和平共居'的时期,那么现在我们却有充分的根据可以肯定说'和平共居'的时期正在过去,而让位于帝国主义对苏联进行袭击和准备对苏联进行武装干涉的时期。"③

基于战争逼近的判断,为了捍卫国家安全,必须拥有强大的物质基础。而当时的苏联,国民经济刚刚恢复到一战前的水平,与西方国家存在着巨大差距。直到 1931 年的时候,斯大林在全苏社会主义工业工作人员第一次代表会议上仍然强调:我们比先进国家落后了五十年至一百年。我们应当在十年内跑完这一段距离。或者我们做到这一点,或者我们被人打倒。④ 国内落后的经济状况和国外不断逼近的战争危险迫切要求苏联加速工业化建设。为此,联共(布)十四大提出:使苏联从一个输入机器和设备的国家变成生产机器和设备的国家,从而使苏联在资本主义包围的环境下,绝不会变成资本主义世界经济的附庸,而成为一个按社会主义方式进行建设的独立经济个体,并由于自己的经济增长,成为使各国工人以及殖民地和半殖民地的被压迫民族革命化的强大工具。⑤

至此,进行社会主义工业化建设已刻不容缓,问题只在于方式的选择,是继续坚持新经济政策,还是采用他法。

二 新经济政策终止

1920 年代中后期,联共(布)内部展开了激烈斗争。新经济政策在刚刚出台的时候,带有反危机纲领的性质。但列宁在晚年的时候,已将新经济政策视为建设社会主义的原则,相信通过合作社道路,新经济政策的俄国必将变成社会主义的俄国。遗憾的是,由于列宁的早逝,上述思想尚未在全党形

---

① 1926 年,英国煤矿工人举行大罢工,苏联工会捐款援助罢工,苏联政府给予批准。英国政府抗议苏联支持英国共产党进行反英活动,继而,废除了贸易协定,并断绝了外交关系,英苏关系破裂。
② 《斯大林全集》第九卷,北京:人民出版社,1954 年,第 229 页。
③ 《斯大林全集》第十卷,1954 年,第 198 页。
④ 《斯大林全集》第十三卷,1956 年,第 31 页。
⑤ 《苏联共产党和苏联政府经济问题决议汇编》第一卷,第 547 页。

成统一认识,这为日后的党内争论留下了隐患。1924年列宁逝世后,因对是否继续坚持新经济政策,尤其是对政策实施后出现的贫富分化、耐普曼和富农等资本主义成分言人人殊,联共(布)高层展开了激烈论战。另一方面,随着领袖的离世,布尔什维克党内出现了权力真空期,围绕着继承权问题亦展开了争斗。于是,夺权斗争和建设社会主义的道路之争互相交织,构成了1920年代中后期的政治画面。

在这场大论战中,斯大林动用强大的组织手段,将托洛茨基、新反对派、托季联盟、布哈林集团逐一从权力中心排挤出去。到1929年11月,联共(布)中央全会决定撤销布哈林政治局委员职务,最终建立了以斯大林个人权威为基础的、联共(布)中央(政治局)集权制。夺取党内最高领导权,为斯大林结束新经济政策、按照自己的意志在一国建设社会主义奠定了基础。

在党内争论的过程中,1927年年底爆发的粮食收购危机①和1928年3月发生的沙赫特事件②,对新经济政策的命运具有直接影响。粮食收购危机实质上是一场农业危机,沙赫特事件中知识分子被指控的罪行也基本上是凭空捏造的。但斯大林却把这两个事件夸大为激烈的阶级斗争,即"富农捣乱"和资产阶级专家的"阴谋暗害",以及国内资产阶级与国际资产阶级的勾结。为了消灭"富农"和资产阶级,就必须铲除孕育这些成分的新经济政策土壤。更要增强国力,随时准备与国内外敌对势力开展"阶级斗争"。1928年后,斯大林在不同场合一再强调:社会主义愈是取得胜利,阶级斗争就越来越尖锐。他要求以加紧开展阶级斗争来推动经济建设。③

至此,新经济政策的夭折已呈必然之势。1929年12月27日,大权在握的斯大林在马克思主义者土地问题专家代表会议上称:"我们所以采取新经济政策,就是因为它为社会主义事业服务。当它不再为社会主义事业服务的时候,我们就把它抛开。列宁说过,新经济政策的施行是认真而长期的。但他从来没有说过,新经济政策的施行是永久的。"④于是,新经济政策被废止

---

① 1927年年底至1928年春,苏联爆发了严重的粮食收购危机。1926年1月,国家收购粮食6.3亿普特;1927年1月为4.28亿普特;但到1928年1月仅收购3亿普特,离维持城市居民和军队官兵生活所需要的5亿普特粮食相差甚远。转引自徐天新《斯大林模式的形成》,北京:人民出版社,2013年,第15—16页。
② 1928年3月10日,顿巴斯工业联合企业的沙赫特矿区发生了矿井爆炸事件。维辛斯基主持对"沙赫特事件"的审判,指控53名知识分子制造矿井事件,接受境外资金和设备,勾结原矿主搞破坏活动等等。审判后,几十名知识分子绝大部分被处死,其余的被监禁和流放。后来证实,构成被告的罪行基本上是凭空捏造的。
③ 周尚文、叶书宗、王斯德著:《苏联兴亡史》,第258页。
④ 《斯大林全集》第十二卷,1955年,第125页。

了,苏联驶入了斯大林模式的社会主义建设轨道,高度集权的指令性计划经济体制登上历史舞台。此时,工业化成为压倒一切的时代重任,所有阻碍其发展的因素都将被改造或抛弃。自然,1920年代分权管理住房的方式与渐趋高度集中的经济体制相抵牾,必须再次变动。

第十一章　住房政策的再度调整

随着经济体制向集中化回归,住房政策也从1927年开始逐渐收紧,一些在政权初建时期曾实行过的政策再度出台,助力工业化建设。

一　新一轮重新分配住房政策

社会主义工业化的启动使农村劳动力源源不断涌入新老城市,数百万农民为躲避全盘农业集体化①也逃入城市,仅第一个五年计划期间莫斯科和圣彼得堡就增加了350万新居民。② 显然,刚刚得以恢复的住房事业在庞大的需求面前是力不从心的。1932年,彼得格勒的人口达到1928年的163%,相应的住房面积仅为107.2%。③ 为了解决日益严重的住房危机,国家又转回到政权建立初期的老路上,按照人均面积标准强制性重新分配现有住房。这样,住房分配领域最先感受到了住房政策的收缩。

首先是再次重新分配存量住房。1927年8月1日,全俄中央执行委员会和俄罗斯联邦人民委员会颁布了《关于对住房面积使用权的调整和关于在公有化房屋(国有、市有以及住宅建筑合作社所有)及分配给市政使用的房屋中打击擅自占用的措施》决议。规定凡是人均住房面积超过8平方米即为出现了多余的居住面积。三周之内,住宅或房间的所有者或租户可以自动将任何人甚至是没有亲属关系的人,迁入到富余的住房面积里。迁入的住户享有居住权。三周之后,如果多余面积仍未填补人口,则由房屋管理

---

① 1929—1933年,苏联大规模开展变革农业生产关系的运动,也就是将个体小农私有经济转变为社会主义大集体经济。目的是增加商品粮产量,为工业化建设提供粮食、原材料和资金。

② Катерина Герасимова. Жилье в советском городе: историко-социологическое исследование(Ленинград, 1918-1991).

③ Там же.

所自行安排。① 可知,国家将继政权初建时期之后,再一次按照人均面积标准紧凑使用住房。有所区别的是,1927年法令波及所有的社会阶层,其目的就是为了安置更多的人口,缓解住房危机。无疑,该决议是对市场交易政策的反动,住房租赁合作社和住宅建筑合作社自主分配住房面积的权限亦受到限制。

其次,国家干预住房市场。作为指令性计划经济的一个组成部分,住房资源自然要摒弃通过市场机制自由分配的状态,依照国家的需要来配置。在房屋买卖方面,1926年10月11日,全俄中央执行委员会和俄罗斯联邦人民委员会颁布《关于将因购买住房被定罪的人从住房中迁出的程序》法令,宣布根据法院裁决,犯有购买住宅罪者连同家属将被逐出住宅。获罪者如果是工人阶级,自判决生效之日起一个月内执行,如属非劳动者,自判决生效之日起一周内执行。② 尽管法令首先涉及的是市有住房,但还是极大影响了买卖房间和住宅的交易量,通过市场配置住房资源的渠道变窄。在房屋租赁方面,新经济政策时期,住房租赁合作社里的房东有权决定将住宅的部分面积出租出去,房东往往按照市场原则租赁闲置空间,而不愿意将其出租给穷人和没有城市生存技能的农村打工者。这种状况不利于帮助国家解决住房危机。国家以房东制度"保留了资本主义成分""背弃了国家和人民的利益"为名,向房东制度发起了进攻。1929年,国家宣布取消房东制度,必须经房东同意才能交换房间的法律条款也遭废除,房东由房客选举产生的寓长代替,负责及时缴纳房租、维护住宅秩序,并向理事会报告住宅中出现多余面积的信息。安排入住空余房间的权力转移到了房屋管理所手上。③ 房东制度的结束,标志着合作社通过市场渠道租赁房屋的方式终结。从此以后,合作社里的每套住宅都将变成合住房,置于地方苏维埃管理之下。1930年,私人租赁合同,包括同住房租赁合作社的租赁合同都被取消。④ 这意味着国家将不

---

① СУ РСФСР. 1927. №80. Ст. 535. Постановление ВЦИК и СНК РСФСР от 1 августа 1927 г. Об урегулировании права пользования жилой площадью и о мерах борьбы с самоуправным занятием помещений в домах обобществленного жилищного фонда (национализированных, муниципализированных, жилищно-строительной кооперации), а также помещениях, отчисленных в коммунальный жилищный фонд.

② ВЦИК и СНК РСФСР. Декрет от 11 октября 1926 года О порядке выселения лиц, осужденных за покупку жилой площади, из занимаемых ими помещений. https://www.lawmix.ru/sssr/16245.

③ Е. Ю. Герасимова. История коммунальной квартиры в Ленинграде. http://www.kommunalka.spb.ru/history/history12.htm.

④ Т. М. Говоренкова. Жилищные реформы периода Новой Экономической Политики и возможность применения их опыта в современной России.

再允许私人租赁房屋。于是,通过租赁渠道分配住房的途径被彻底切断。

最后,同政权初期的政策如出一辙,新一轮重新分配住房运动仍包含着迁出内容,但对象更广。受斯大林"阶级斗争越来越尖锐理论"影响,国家在粮食收购危机和沙赫特事件爆发后,开始大规模逮捕富农、商人、资产阶级专家、工程师、"破坏者"等"人民的敌人"。而1934年12月的基洛夫案件①,引发了全国范围内肃清反革命分子和帝国主义间谍分子的大检举、大揭发、大逮捕、大处决运动,一直延续到1938年秋。② 持续不断的政治运动触及社会各个角落,住房领域也概莫能外。秉持"城市住房事业应该只为劳动人民服务"的理念,国家从1927年开始向非劳动者发起进攻。1927年11月15日,俄罗斯联邦人民委员会出台《关于城市定居点住房事业的措施》决议,规定在所有市有和国有房屋中,禁止将超过地方政府规定标准的住房再次租赁给非劳动者,禁止非劳动者以自动紧凑使用、交换住房面积和转租的方式占有那些超标的住房。③ 1928年1月4日,苏联中央执行委员会和苏联人民委员会颁布《关于住宅政策》决议,提出应当禁止非劳动者住进市有住房的闲置房屋里;对于年应税收入超过3000卢布的非劳动者,自1929年10月1日起,租期一律不再延长。④ 1929年4月,全俄中央执行委员会和俄罗斯联邦人民委员会颁布《关于限制非劳动者居住在市有和国有住房里和将原来的房主从国有和市有住房里迁出》决议,宣布所有年应税收入超过3000卢布的非劳动者,需要按照行政程序在1929年10月1日前从国有住房中迁出,并且不提供住处。决议指出,我们极其需要非劳动者占据的每一平方米住房面积,各区苏维埃应该在一个月里准确统计非劳动者占据的住房面积,所有腾出来的面积一律由执行委员会住宅分配处安排工人入住。⑤ 可知,从排挤到驱逐,那些在新经济政策时期勤勉修复住宅的非劳动者和原来的房主,即将面临厄运,而这些人腾出来的住房面积将由地方行政机构处理。此后一直到

---

① 1934年12月1日下午4时许,联共(布)中央政治局委员、中央书记、列宁格勒州委书记基洛夫在州委机关办公地斯莫尔尼宫办公室门外的走廊里被暗杀。
② 参见周尚文、叶书宗、王斯德《苏联兴亡史》,第321页。
③ Постановление СНК РСФСР от 15.11.1927 О мероприятиях по жилищному хозяйству в городских поселениях. https://www.lawmix.ru/sssr/16108.
④ Центральный и исполнительный комитет СССР, Совет народных комиссаров СССР. Постановление от 4 января 1928 года О жилищной политике. https://www.lawmix.ru/sssr/16099.
⑤ СУ РСФСР. 1929. №33. Ст. 339. ВЦИК и СНК РСФСР от 04.1929 Об ограничении проживания лиц нетрудовых категорий в муниципализированных и национализированных домах и о выселении бывших домовладельцев из национализированных и муниципализированных домов.

1938年秋,随着轰轰烈烈的政治运动,住房领域也在持续不断地清理"人民的敌人"。

总之,通过颁布自动紧凑使用住宅、迁出各类"人民的敌人"、限制市场交易的决议,国家将收回下放给市场和合作社的房产分配权限,使自己成为住房分配的唯一主体,进而按照自己的意志安置外来劳动力。

二 多渠道建房政策收缩

新经济政策时期,除国家建房这条渠道外,还授予集体和个人建筑权,后两种形式为解决住房困难作出了积极贡献。但从1927年起,多渠道建房的政策也发生了变化。

首先是限制私人建房。"去私"是布尔什维克始终秉持的理念。在住房事业基本恢复后,这种与社会主义经济制度不相适宜的建房形式完成了自己的使命,开始受到排挤。1927年9月29日,俄罗斯联邦人民委员会通过了《关于调整工人个人建房》决议,规定只有在国家和合作社建房不够发达、因而不能满足工人住房需求的地区,才能为工人和职员个人建房提供贷款;私人不能在工业企业以及交通运输地段建房;工人个人住房建设必需的建筑材料,由中央住房合作社联社和地方住房合作社联社提供。① 由决议内容可知,国家对个人建房政策开始由支持转为限制,体现在资金、地段和建筑材料的供应方面。从此,只有在国家和合作社不兴的地方,才允许为个人自建房提供贷款。而建筑材料的供给方由国家转为合作社,无疑,同为建房主体的合作社必定是在满足自身需要、有余力时才能为个人建房供给材料。这些因素都将大大限制私人建房的规模和速度。

在控制私人建房的同时,国家仍积极鼓励集体建房。1932年8月19日,苏联人民委员会通过《关于住宅建筑合作社》决议。规定公民加入住宅建筑合作社时,入股金由40%降至30%,在个别地区可降到20%;还款期限由15年延至25年;还规定了在支付入股金与还贷时,给予劳动者无偿援助的办法与条件。② 这样,国家将通过减少入股金和延长还款时间等办法,为公民减压,刺激其参与合作建房的积极性。

而到1937年的时候,经过两个五年计划的实施,社会主义的物质技术基

---

① Постановление СНК РСФСР от 29 сентября 1927 г. Об упорядочении индивидуального рабочего жилищного строительства.

② 许源远:《住宅建筑合作社》,《俄罗斯研究》1984年第2期。

础已经建立,强大起来了的国家不再允许任何主体插手建房大业,希望彻底夺回建房权。于是,个人建房政策继续紧缩,此前给予优惠政策的住宅建筑合作社也发生了变故。1937年10月17日,苏联中央执行委员会和苏联人民委员会颁布《关于保护城市住宅和改善住宅的经营》决议,以建筑合作社建造的住宅"事实上变成了住宅建筑合作社社员的个人财产"等为由,撤销了住宅建筑合作社及其联社。往后,住宅建筑合作社只能靠它们自己的资金建筑房屋和别墅,禁止国家机关和企业用任何形式把它们的资金和材料投入住宅建筑合作社以建筑房屋和别墅。允许个别地区的经济机关和地方苏维埃在劳动人民建筑自己的住房时给予协助(建筑材料和不超过5年期限的银行信贷)。① 从决议内容可知,国家对集体建房的态度发生了180度大转弯,不再给予任何扶植,今后住宅建筑合作社要想建房,在资金、建筑材料上要完全自力更生。而个人建房政策则继1927年9月决议后继续缩紧,只能在个别地区建房,且贷款上限仅为5年。能够猜想,没有雄厚财力者肯定是盖不起私房的。

综上,住房建设主体多元化止于1937年,国家又走回到单一渠道建房的老路上。

三 转向住房公有制的政策

新经济政策时期将市有住房发还原主、买卖住房和多渠道建房,产生了多种住房所有制,这是当时国情下挽救住房事业的产物。当经济管理体制向高度集中转型后,住房事业也必然要驶回单一公有制的轨道。

国家取缔集体所有制房产的所有权。1937年10月17日,苏联中央执行委员会和苏联人民委员会颁布《关于保护城市住宅和改善住宅的经营》决议,宣布撤销住宅建筑合作社,主要包括两方面内容。(1)如何处理建筑合作社。如果住宅建筑合作社建筑房屋的用款,来自中央公用事业银行和地方公用事业银行的专项直接贷款,那么已建成的和正在建筑的房屋移交给地方苏维埃管理;如果建筑用款来自有关的团体、机关和企业,那么已建成的和正在建筑的房屋移交给有关的团体、机关和企业管理。如果住宅建筑合作社自本决议公布起6个月内,完全偿还了国家贷款,那么,它们建筑的房屋仍由自己支配。决议还委托苏联人民委员会在1个月内制定向地方苏维埃、有关机

---

① 《苏联共产党和苏联政府经济问题决议汇编》第二卷,北京:中国人民大学出版社,1987年,第684、686—687页。

关和团体移交房屋的办法,与住宅建筑合作社入股者清账的办法和期限,以及退还住宅建筑合作社入股者入股金的办法。(2)如何安排合作社的住户。住宅建筑合作社的入股人居住原合作社的房屋者,保留他占用的居住面积,但要实行租赁合同制。① 可知,苏维埃政权按照建房的投资来源,将住宅建筑合作社集体所有的住宅分别收归地方苏维埃、团体、机关和企业所有。虽然决议留有余地,也就是6个月内还清国家贷款的合作社就可以保留产权,但由住宅建筑合作社在1920年代的运行情况可知,其发展势头是很弱的,主要原因之一就是入股金数额大大超过社员经济承受能力。按规定应该支付40%的入股金,社员实际只能负担10%。虽然1932年将入股金降至30%,但社员仍难以承担。所以,合作社建房的大部分资金都必须依靠贷款。因凑齐入股金已使社员不堪重负,可以判断,他们鲜有能在短短6个月时间里集体完成偿还60%—70%的巨额贷款的任务。因此,基本可以认为,能够保住所有权的住宅建筑合作社凤毛麟角。这样,几乎所有的入股者都会变成自己住宅的承租人。

　　国家变相剥夺了私人住房的所有权。在1937年10月17日《关于保护城市住宅和改善住宅的经营》决议中,涉及私人住房的内容有三点。(1)私房中存在不良问题。因为"现行有关房屋建筑权的法律使得房主有权建筑房屋,特别是在别墅区,用以收取无限制的房租,并且用住房进行投机",所以"取缔住房投机是必要的"。(2)对私房的处理办法。决议要求"一切房屋的住房使用权都办理房客和房屋管理员或房屋出租人之间的书面合同手续"。"一切房屋"自然也包括归公民所有的房屋,这意味着私房房主也必须以房客身份订立关于自己房产的使用权合同。(3)取消获得地段建房权的建房者享有的优待和特权。包括不受房租标准限制收取房租的权利;除房租外,在房屋租出时收取一次性费用(迁入费)的权利;不受任何标准限制出租住房的权利和住房租赁合同期满后强制住户迁出的权利。② 可知,决议虽然并没有公开宣布取消私房房主的所有权,但其使用住房的权利却发生了质变:包括私房在内的所有类型的住房都要以租赁的形式使用,这样,私房所有者只在名义上是自己房产的房主,实际上变成了自己住房的房客。此外,国家还废除了新经济政策时期鼓励私人建房时曾赋予建房者的厚遇,这样,房主对房产的支配权也在收缩。因此,私房所有者的称号是有名无实的。

　　总之,随着集体所有制房产和私有房产的收公,住房资源将全部掌握在国家手中,由国家统一配置。

---

① 《苏联共产党和苏联政府经济问题决议汇编》第二卷,第686—687、691页。
② 同上书,第685、690—691、693页。

四 统一管理住房政策的出台

新经济政策时期,国家鼓励多方共同管理住房事业,对市有住房管理机构包括住房租赁合作社、市有住房房客,以及私房所有者都明确了管理职责,这些力量对于修复国家的管理漏洞作用巨大。实际上,国家并不希望如此重要的资源长期由他人把持,收回住房管理权只是时间问题,主要取决于国力的强大。

1927年8月决议颁布后,住房租赁合作社管辖的住房同样要被紧凑使用,许多合作社从维护社员利益的角度出发,未予以积极配合,这显然违背了国家旨意。但此时,住房事业刚见起色,工业化又箭在弦上,国家暂时还无法抛开合作社独自管理市有房产。于是,国家只能暂且隐忍,采取措施加强对住房租赁合作社的管控。一是在住房联社里设立党组织。二是整治虚假合作社。对于不踊跃施行紧凑使用住宅的合作社,官方宣布其为虚假合作社,令其改组。一年之后,苏联人民委员会又在1928年12月28日专门出台了《打击虚假合作社的措施》决议,使这项工作更为规范。如果合作社存在以下三种情况:在选举机构的创始人或成员中资本主义成分(富农分子)起主导作用,他们利用合作社实现本阶级的目标;合作社的活动背离社会主义建设的利益;在选举机构的创始人或成员中有法律禁止的人参与,那么,无论该合作社是否加入了合作系统,都是虚假合作社。对虚假合作社要采取整顿和取缔两类措施。整顿措施包括提前改选管理机构和计划外审计;上级机关加强监督;从劳动群众中吸收新成员入社;让这些合作社加入合作系统;清除扭曲合作社存在意义的资本主义成分。无法整顿的合作社则要被取缔。① 通过上述两项举措,合作社将处于党组织的监督之下,并且社里的各种资本主义成分都将消失,无论社员还是管理机构,主体都是劳动群众。这种人员结构为确保国家政策的顺利推行奠定了阶级基础。

社会主义经济基础的建立,预示着国家单独管理各类型住房的时机成熟。1937年10月17日,苏联中央执行委员会和苏联人民委员会颁布《关于保护城市住宅和改善住宅的经营》决议,以住房租赁合作社管理的住宅"处于完全不能令人满意的状况中""常常使房屋处于半破坏的状态""在房屋经营中少收大量租金"等为由,宣布撤销住房租赁合作社及其联社,其使用的

---

① Совет народных комиссаров СССР. Постановление от 28 декабря 1928 года О мерах борьбы с лжекооперативами.

房子移交给地方苏维埃和国营企业直接管理。① 至此,新经济政策时期管理住房的核心力量被解除,曾由住房租赁合作社管理的房屋又回归到国家手里。

在同一决议中,国家通过变相剥夺私有住房所有权进而掌握了管理权。1937年决议规定,一切房屋的使用都办理房客和房屋管理员或房屋出租人之间的书面合同手续,并在合同中明确规定各方的权利、义务和破坏权利、义务的后果。订立合同要有一定的期限,但最长不超过5年。履行合同中的全部义务并对提供给他们使用的住房保护得极为认真的公民,在合同有效期满以后重订合同时,享有优先权。② 可知,私房所有者以房客的身份在使用自己的住房时,要遵照国家的规定享受权利和履行义务,实际上就是由国家在管理私房所有者的住房。并且,合同是5年签订一次,私房所有者只有"极为认真"地保护住宅,才能在续签中占据优势。这样,合同到期后是否续签,决定权完全掌握在国家手里。

总之,到1937年,住房租赁合作社和私房所有者的房屋管理权限最终被剥夺,全部住房资源都掌控在国家手里。

在收紧管理权的过程中,国家持续新增管理机构和人员加强对国有住房的管理。1927年7月11日,全俄中央执行委员会和俄罗斯联邦人民委员会颁布《关于组织市政住房管理托拉斯》的决议草案,宣布为了整顿市政机构直接管理的住房的使用,成立市政住房管理托拉斯。托拉斯在保留财产全部价值的基础上,经营管理转交给它的财产。它们由城市苏维埃总体领导,归城市公用事业处管理。③ 可知,在公用事业处中添加了托拉斯这一垄断组织,有利于集中管理国有房产资源。1928年,公用事业管理总局从内务人民委员部分离出来,成为一个独立的管理机构。④ 这个变化提高了公用事业管理总局的地位。1931年6月15日,联共(布)中央全会通过了《关于莫斯科市政建设和苏联市政建设的发展》决议,把各加盟共和国现有的公用事业管理总局改组为公用事业人民委员部。委托各民族共和国共产党中央委员会负责建立这些人民委员部,并给它们配备相当的干部。⑤ 设立部级机构专门领导公用事业,反映出国家对这方面的高度重视。1937年10月17日颁布的

---

① 《苏联共产党和苏联政府经济问题决议汇编》第二卷,第683、686页。
② 同上书,第690—691页。
③ Проект постановления ВЦИК и СНК РСФСР Об организации трестов по управлению муниципальными домами. Еженедельник советской юстиции. № 20. C. 610-611.
④ Этапы развития жилищных отношений в России и городе Москве в XX веке.
⑤ 《苏联共产党代表大会、代表会议和中央全会决议汇编》第四分册,北京:人民出版社,1957年,第261页。

《关于保护城市住宅和改善住宅的经营》决议,再次增添了管理机构。国家委托地方苏维埃和国家机关及工业企业直接管理国有住房,并对其管辖下的房屋的完整无损完全负责。同时,责成地方苏维埃建立住房管理处。委托地方苏维埃住房管理处指派房屋管理员直接管理。房屋管理员根据经济核算原则,按照住房管理处批准的经济—财务计划进行房屋经营。对居住面积超过3000平方米或居民超过500人的房屋群,每幢派一名房屋管理员。3—5幢房屋毗连的不大的房屋群,总居住面积为2000—3000平方米,派一名管理员。小房屋群(胡同、街区)房屋数量在10—15幢以内,总居住面积为1500—2500平方米,派一名管理员。如在1套住房内有几个独立房客时,房屋管理员同他们进行协商,每套住房要从女主人中指派1名住宅负责人,负责照管公用场所和监督全体住户遵守住宅内部规章。[①] 由决议内容可知,国有住房的管理机构是地方苏维埃和国家机关、国有企业,其将自上而下对住房进行垂直管理,具体为:地方苏维埃—公用事业处—市政住房管理托拉斯—住房管理处—房屋管理员—住宅负责人。这样,到1937年,从中央的公用事业人民委员部,到地方苏维埃下属的公用事业处直至每套住宅的住宅负责人,高度集中管理住房的结构确立。

综上所述,工业化时期,随着分权管理经济的体制向高度集中的指令性计划经济体制转型,住房政策随之反转:通过紧凑使用住宅和迁出资产阶级,重新分配存量住房;基本斩断了市场交易;撤销住房租赁合作社和住宅建筑合作社,将其租赁和建造的房屋移交给地方苏维埃和工业企业等机构;变相剥夺私房所有者的所有权,将私有住房也置于国家掌握之中;近乎取缔私人建房;所有类型的住房都以租赁的形式使用,由各级机构自上而下垂直管理。这些措施的颁布将使住房的所有权、分配权、建设权和管理权全部集中于国家,显示了无产阶级政权的担当精神,也能发挥集中力量办大事的优势。但从另一角度来看,高度集中的管理方式排斥市场机制和社会力量,完全依赖国家单一渠道投资和管理,这将削弱住房事业的生机和活力。

---

① 《苏联共产党和苏联政府经济问题决议汇编》第二卷,第686、688—689页。

第十二章　逐步确立高度集中化的住房管理体制

随着住房政策的改变,分散化的住房管理退出了历史舞台,高度集中化的住房管理体制建立起来。

一　自动紧凑使用住宅和迁出"人民的敌人"

1927年8月决议是新经济政策时期的住房改革开始收缩的信号。许多房主都预见到1918年的重新分配住房运动又回来了,于是立即行动起来。新一轮重新分配住房运动启动。

存在多余面积的住户开始把亲戚或举止端庄的熟人迁入合住。著名的宗谱学学者А.А.西韦尔斯的女儿Т.А.阿克萨科娃回忆起1928年她是怎样在列宁格勒找到房子的:自动紧凑使用住宅使房主感到了威胁。经共同的熟人介绍,房主让这位年轻女知识分子搬到了自己的住宅里,同她相处要比房屋管理所安排的住户容易得多。①

拒绝执行政策者受到了惩罚。前文提到А.И.鲁萨科夫在新经济政策初年购买了一套住宅。1928年,住宅管理委员会决定让他自动紧凑使用住宅,他的抗议以自己入狱告终。② 还有一些住房租赁合作社也试图保护自己社员的住宅不被紧凑使用。对此,国家给予猛烈还击。1927年11月15日,俄罗斯联邦人民委员会出台《关于城市定居点住房事业的措施》决议。规定住房租赁合作社将人均面积超标的部分腾出来交给城市苏维埃管理,以便迁

---

① Н. Б. Лебина, А. Н. Чистиков. Обыватель и реформы: картины повседневной жизни горожан в годы НЭПа и Хрущевского десятилетия. С. 43.
② Там же. С. 43.

入劳动者。① 这样,从11月15日以后,租赁合作社里再出现的多余面积一律由城市苏维埃安排住户,合作社彻底失去了分配住房面积的自主权。

到1929年,通过自动紧凑使用以及房屋管理所硬性分配两种方式,城市各类住房里人均8平方米之外的"多余"住房面积已经全部满员。由于私有住房也要紧凑使用,从1926年到1930年,私有住房面积减少了9/10以上。② 该决议的实施,使国家又一次最大限度地扩充了存量住房的人口容量,以便安置更多的居民。此外,这个政策还在一定程度上控制了新经济政策时期出现的青年工人在城乡之间、工厂之间频繁流动的局面。出于失去住房之虞,工人会自动缩减变动次数,利于企业获得相对稳定的劳动力。

自动紧凑使用住宅是限制市场渠道分配住房的开端,之后,为配合中央取缔房东制度的意图,报纸开始大肆宣传房东的恶行。如大部分"原来的人"都住在自己的住宅里,他们对工人和职员等房客做坏事,骚扰、咒骂他们,经常让他们下班后无法休息。而事实上,并非所有的房东都是"原来的人",也有很多是工人。③ 不愿意服从房东领导的房客,也趁机要求平等分配和使用居住空间,提出所有的住户应拥有同等的权利。住房租赁合作社亦批评房东无视合作社规则,没有将空余住房首先分给自己的社员,而是租给了喜欢的熟人。《女房东》这篇文章就讲述了这种情况。俄罗斯博物馆的女工作人员米特罗波利斯卡娅是住房租赁合作社社员,她在赫尔岑大街拥有一套233平方米的住宅,自己占据34平方米,其余出租。当她的住宅出现一个空房间时,合作社的理事会希望把一名社员安排进去。但女房东把空置的房间当作自己的财产处置,不考虑理事会的感受和合作社社员的利益。她用自己姐姐的名字为此房间作了登记,租给了他人。理事会向法院起诉,法院判决剥夺米特罗波利斯卡娅的住宅使用权,并宣布这套住宅是合住房。④ 可知,房东在租赁空余面积时必须优先考虑所在合作社的社员,否则要被赶出合作社。

在多方力量的联合轰炸下,房东的权利不断受到削弱,可以随意租赁的住房面积在1927年减少到50%,1928年又降至25%。而剩余面积中超过人均面积标准的部分,还要强行紧凑使用。而到1929年4月,房东制度被取

---

① Постановление СНК РСФСР от 15.11.1927 О мероприятиях по жилищному хозяйству в городских поселениях. https://www.lawmix.ru/sssr/16108.
② Н. Б. Лебина. Энциклопедия Банальностей: Советская повседневность: Контуры, символы, знаки. С. 201.
③ Катерина Герасимова. Жилье в советском городе: историко-социологическое исследование (Ленинград, 1918-1991).
④ Там же.

缔,这个住房管理中的最基层角色退出了住房租赁合作社的舞台。

取消房东制度后,住房租赁合作社中的每套住宅都变成了合住房,从中迁出非劳动者的工作立即开启。根据1929年4月决议内容,年应税收入超过3000卢布的非劳动者,应在1929年10月1日前被逐出国有住房,且不提供住所。这一规定首先涉及的是私营企业主(耐普曼)及其雇员,其次是"原来的人"、被剥夺者,主要指原来的土地所有者和房主,实际上这些人都是失业者或刚刚被解雇的非无产阶级出身的人。7月,住房部门向"资产阶级"下发搬迁通知书,拒绝服从的情况下将采取行政手段强制迁出。9月,列宁格勒某区公用事业处的领导人,在向列宁格勒市执行委员会汇报工作时讲道:"区段监督人来驱逐一位老人,可是老人已经瘫痪了。他给我打电话问怎么办。我说,当然不迁了!四天以后,老人去世了。他自己打扫了房间,腾出了地方。"① 西伯利亚迁移"资产阶级"的行动甚至早于国家发布正式文件的时间。1929年2月,按照鄂木斯克市苏维埃党组织的倡议,该市开展了对国有和住房合作社住户身份的大调查,最终腾出了119套住宅,其中84套分给了工人,其余分配给了大学生、复员的红军战士和残疾人。类似措施也被西伯利亚的其他城市采用。② 可知,迁出工作确实对缓解住房短缺和改善居住条件发挥了一些作用,"资产阶级"空出的住房分配给了劳动群众,解决了后者的住房困难。这一波迁出运动基本是在1929年10月结束的。一部分"原来的人"被迁到了郊外简陋的木质小别墅里,大部分安置到合住房,住房条件变差了。列宁格勒州统计局的调查数据显示:1927年,列宁格勒有2.65万非劳动者居住在市有住房里,占据住房面积22.3万平方米,合人均8.3平方米。到1929年,他们的住房面积为16万平方米。③ 可知,在被迁出市有住房后,这部分居民的人均居住面积降到了6平方米,低于国家规定的人均8平方米标准。

继1929年的迁出运动之后,风起云涌的政治斗争与腾出住房面积无形地捆绑在了一起。因为随着各类"人民的敌人"被揭发和逮捕,其全家被迁出住所,腾出的空间可以安排新人入住。1930年5月,工会杂志《劳动问题》提出,工人住房条件的改善取决于驱逐非劳动者。按内务人民委员部计算,

---

① Н. Лебина. Советская повседневность: нормы и аномалии. от военного коммунизма к большому стилю. С. 105.
② В. П. Андреев, В. А. Закусилов. Городские советы Западной Сибири и улучшение жилищных условий рабочих (1926-1932 гг.). Новосибирск, Наука, Сибирское отделение, 1980.
③ ЦГАСПб. Ф. 3199. Оп. 2. Д. 468. Л. 93, 94. См.: Н. Лебина. Советская повседневность: нормы и аномалии. от военного коммунизма к большому стилю. С. 105.

新一轮没收应该交给俄罗斯联邦 300 万平方米住房面积,价值 6 亿卢布。①1930 年底,列宁格勒从驱逐非劳动者中获得了 30 万平方米住房面积,其中 21.8 万平方米交给了工人和复员人员。② 将军 А. Д. 斯维尼因的遗孀 Е. А. 斯维尼伊娜,住在合住房中一个 9 平方米的房间里。1932 年春,住宅管理委员会决定驱逐她。她在给亲戚的信中痛苦地写道:"他们指控我的行为……因为我不是劳动者,而是'原来的人'。他们认为应该把我迁到最差的房间去……如果连这样一个角落都不能容我,我能去哪儿呢?"③1934 年 11 月,列宁格勒市苏维埃主席团颁布《关于根据司法机构裁决腾出住房面积的安置程序》决议,其中指出,为了满足原先被派到农村开展集体化运动的 2.5 万名返城工人,以及被授予勋章的人等的住房需求,列宁格勒市苏维埃决定,住宅使用者如果因反革命罪行被判处监禁和流放,其腾出来的所有住房面积都转交住房管理处支配,以便按照列宁格勒市苏维埃主席团的指示入住。④

基洛夫案后的肃反运动继续空出住房。1935 年 2 月 27 日,苏联列宁格勒州内务人民委员部管理局下达了《关于从列宁格勒和郊区迁出反革命分子》的指令,在 3 月份大约有 1 万—1.2 万人被迁出,他们的房间和住宅立即被分配了。⑤ 3 月 9 日,列宁格勒州内务人民委员部管理局副局长给列宁格勒市苏维埃主席团主席 И. Ф. 卡达茨基写信说:"列宁格勒州内务人民委员部管理局在执行从列宁格勒市迁出托洛茨基-季诺维也夫地下组织成员家属的任务时,还查封了他们的住宅。这些住宅都贴有内务部的专用封条,但各区住房部门的工作人员经常撕毁封条,试图自行安排入住。"⑥可知,驱逐反对派确实腾出了很多住房面积,这些面积立刻成为权力部门争夺的目标,均被迅速瓜分。

总之,新一轮重新分配住房和限制市场配置资源的政策实施顺利,所有城市的存量住房资源都被强制性按照人均 8 平方米的标准进行了重新分配,国家也将分配大权牢牢掌握在手。

---

① С. П. Постников, М. А. Фельдман. Социокультурный облик промышленных рабочих России. в 1900-1941 гг. С. 136.
② Катерина Герасимова. Жилье в советском городе: историко-социологическое исследование(Ленинград, 1918-1991).
③ Н. Лебина. Советская повседневность: нормы и аномалии. от военного коммунизма к большому стилю. С. 105-106.
④ ЦГАСПб. Ф. 7384. Оп. 2с. Д. 60. Л. 361. См. ;Там же. С. 110.
⑤ Н. Лебина. Советская повседневность: нормы и аномалии. от военного коммунизма к большому стилю. С. 111.
⑥ ЦГАСПб. Ф. 1000. Оп. 89. Д. 40. Л. 25. См. ;Там же. С. 110-111.

二 国家成为唯一建房主体

建房主体由多元化向一元化的回笼历经10年时间,总体来看,全国城市住房总面积在增加。两个五年计划期间建成并投入使用的住房面积共计8450万平方米,是第一个十年的1.65倍。第一个五年计划时期建成并投入使用4020万平方米,其中国营企业建设2350万平方米,住宅建筑合作社建设910万平方米,工人和职员依靠自己的力量和借助国家贷款建设760万平方米,占建房总面积的18.9%。第二个五年计划时期相应的五项数据为4430万平方米、2680万平方米、1040万平方米、710万平方米和16%。① 可知,由于建房政策收缩,新经济政策时期的城市住房建筑面积排行榜发生了变化,国家和国营企业由原来的第二名跃居第一名,住宅建筑合作社上升到了第二位,个人自建由原来的榜首落到末位。

(一)国家和国营企业建房

伴随着工业化的推进,一批新兴工业城市,如马格尼托戈尔斯克、斯大林斯克、巴尔哈什等冶金城市,普罗科皮耶夫斯克、卡拉干达等采矿城市在荒漠和原始森林中崛起,老工业城市也涌入了大量外来人口。为了安置劳动力,国家在新、老工业区和中心城市大规模建房。

国家和国营企业建房取得了一定进步。首先,国家和国营企业用于住房建设及相关产业的投资增多。两个五年计划期间,国家用于住房建设的总投资额为172.15亿卢布,②是1918—1928年三类建房主体投资总额的6倍多。在第一个五年计划期间,国家在发展建筑材料工业和建筑工业方面的投资是1918—1928年的4.8倍。③ 虽然这些投入仍远远无法满足巨大的住房需求,但毕竟有了很大进展。

其次,国家和国营企业建房面积增加。工业企业和交通运输组织是最主要的建房单位。"一五"计划之初,工业企业掌握的住房面积约为1100万平

---

① Д. Л. Бронер. Жилищное строительство и демографические процессы. С. 25 ,33. 左凤荣:《中国的改革开放是对斯大林—苏联模式的否定》,《中国特色社会主义研究》2007年第1期,第12页。
② Академия Наук СССР институт истории СССР. Рабочий класс—ведущая сила в строительстве социалистического общества 1921-1937 гг. Том 2. С. 248.
③ А. Е. Харитонова. Основные этапы жилищного строительства в СССР. С. 54.

方米,到"一五"计划末期则增加了1倍多。① 此外,政府还在落后地区开展了大规模的住房建设。1926—1940年,哈萨克斯坦苏维埃共和国国有住房面积增加了4.5倍,格鲁吉亚苏维埃共和国增加了2倍,吉尔吉斯斯坦苏维埃共和国增加了5.5倍。②

最后,新建住房的质量显著改善。由于从1927年起私人建房受限,住宅建筑合作社经济实力弱,国家近乎独自承担住房保障的任务。基于财力限制,政府建筑的是廉价住房。在工业托拉斯的建房计划里,"一五"计划期间全部建设工棚性质的住房。甚至连首都工人专用公寓楼也是仓促建造的,同工棚区别不大。③ 为了改变这种局面,苏联人民委员会于1934年4月23日通过了《关于改进住宅建设》决议。规定在城市和工人村要建造4—5层或更高的永久性楼房,并安装上下水道。设计两居、三居和四居室住宅,以供人口不等的家庭居住。为单身者和人口少的家庭建造供1—2人居住的单间住宅。住宅的高度为3—3.2米(相对于现在的2.8米);砖墙厚度不少于2块砖;楼梯间的宽度不少于2.8米(相对于现在的2.4米)。只有经加盟共和国人民委员会等机构批准,才可将按现行标准建造的简易房、低层楼房、框架、板房和工棚作为临时住宅。④

1934年决议对建筑物的建造标准提出了较高要求,房屋质量自此出现改观。在俄罗斯联邦新建的住房中,多层石砌永久性房屋所占的比重由1926年的17.9%飙升到1936年的64.3%。多层房屋不仅安装了自来水和下水道,还带有供暖设施。而新建的多层石砌楼房还开始配备供应热水和煤气的设备。⑤

在充分肯定上述成就的同时,也要看到国家建房中存在的问题。其一是无法完成建筑计划。国家和国营企业在"一五"计划期间预计新建住房6250万平方米,实际只建设了2350万平方米;"二五"计划期间的相应数字为7250万平方米和2680万平方米。⑥ 具体到城市也是如此。"二五"计划时

---

① А. А. Левский. На путях решения жилищного вопроса в СССР. С. 9.
② Там же. С. 12.
③ С. П. Постников, М. А. Фельдман. Социокультурный облик промышленных рабочих России. в 1900-1941 гг. С. 139.
④ Постановление СНК СССР от 23.04.1934 Об улучшении жилищного строительства. https://www.lawmix.ru/sssr/15506.
⑤ 苏联科学院经济研究所编:《苏联社会主义经济史》第四卷,北京:生活·读书·新知三联书店,1982年,第617页。
⑥ 左凤荣:《中国的改革开放是对斯大林—苏联模式的否定》,《中国特色社会主义研究》2007年第1期,第12页。

期,莫斯科计划完成450万平方米的住房建设,事实上只兴建了213万平方米。① 从以上三组数据可以看出,实际竣工面积与预期目标分别相差3900万平方米、4570万平方米和237万平方米,均未及计划的一半。其二是建筑质量未完全达标。1934年决议对建筑物高度和砖墙厚度都作出了规定,但实际上这些标准在1930年代并未兑现,直到1950年代初期才达到了这些要求。出现上述问题的原因,主要在于国家无力顾及住房事业。1926年11月3日,斯大林在《"论我们党内的社会民主主义倾向"报告的结论》中对住房问题的说法是:"你们知道,这件事情我们正在推进,可是基本上还没有实现,恐怕也不会很快实现,因为我们承受的遗产是破产了的工业,我们还来不及并且也不可能来得及积累充足的资金来进行大规模的住宅建筑。"②在这里,国家坦承因发展工业,而无法对住房事业投入更多的资金,并且这件事也不会很快解决。1930年7月2日,斯大林在《联共(布)中央委员会向第十六次代表大会的政治报告的结论》中明确表示,住房建设问题是"一些次要问题"之一。③ 斯大林对住房事业的定位,反映出国家实际上是不能兼顾工业发展与住房建设的。所以,住房事业不但资金少,而且多为仓促建成的工棚,只求快速安置劳动力,难以考虑质量。从这个角度来讲,工业化时期国家更应该鼓励社会力量的参与,而不是独揽建房大权。

(二)住宅建筑合作社和个人自建

1937年10月决议颁布前,新经济政策时期复兴的住宅建筑合作社一直都是国家鼓励的建房组织。考虑到社员的经济实力弱,国家在1932年《关于住宅建筑合作社》的决议中还降低了入股金比例,并延长了贷款期限。在国家的支持下,住宅建筑合作社有所发展。"一五"计划期间,合作社的社员由25.8万人增加到61.9万人。④ 在1930年搬进合作社所建房屋的住户中,工人家庭占62%—77%。⑤

这一时期,合作社主要建造了一批公社房。1920年代末,随着社会主义建设的全面铺开,政权建立伊始就被大力提倡、但又始终未普及的公社房,再次受到关注。国家竭力吸引住宅建筑合作社建造高层和多住宅的公寓楼,作为公社房使用。1929年,"第一莫斯科河南岸区协会"工人住宅建筑合作社

---

① 苏联科学院经济研究所编:《苏联社会主义经济史》第四卷,第617页。
② 《斯大林全集》第八卷,北京:人民出版社,1954年,第219页。
③ 《斯大林全集》第十三卷,第4页。
④ А. А. Левский. На путях решения жилищного вопроса в СССР. С. 9.
⑤ 苏联科学院经济研究所编:《苏联社会主义经济史》第三卷,第651页。

在哈瓦街建造了一栋公社房。① 几乎同时,在列宁格勒也出现了工程师和作家住宅建筑合作社建造的公社房,民间称之为"社会主义的眼泪"。可知,在工业化时期,住宅建筑合作社仍不能自主建房,还是要听命于政府。

与合作建房的待遇不同,私人建房从1927年就开始受到排斥。1927年9月《关于调整工人个人建房》决议颁布后,个人建房规模在城市和城镇急剧缩小。两个五年计划期间,城市居民依靠自力更生和借助于国家贷款共建设住房面积1470万平方米,与1918—1928年的2750万平方米相比减少了近一半。1918—1928年,个人建房面积在建房总面积中的比重是54%,第一个五年计划期间迅速降至18.9%,第二个五年计划时期继续下降到16%。

私人建房举步维艰。一位女儿讲述了父亲是怎样同自己的司机、会计一起建造别墅的。她的父亲是卫生人民委员部的医生,司机很有门路,能够得到必需的许可和建筑材料。建房过程充满艰辛。据她的父亲讲,建筑成本应该是2000卢布,但最终花费了12000卢布,因此不得不变卖一块大地毯、一幅希什金的画作和两幅意大利版画。1937年,别墅终于竣工了。这是一栋砖房,带有淋浴、浴室和集中供暖,整年都可以居住。房屋共有三套住宅,每一套都有单独的厨房、客厅和卧室。② 可知,自建房何其艰难,远非普通劳动者可为。它首先需要大笔资金,文中的这栋别墅是投入6倍于成本价格的巨资才建成的,为此甚至要卖掉值钱的家当。但仅有金钱又是不够的,还必须要有门路搞到建筑材料和建房许可。

两个五年计划完成后,社会主义社会的物质技术基础已经建立。同政权初建时期的想法雷同,社会主义国家只能由国家来建设住房。于是,1937年10月决议宣布取缔住宅建筑合作社,而私人建房的范围和贷款期限进一步收缩,这种建房类型式微,建房权再次统一到了国家手中。

三 单一住房公有制的建立

苏联领导人认为,在社会主义社会里,人力、物力、财力的支配权要统统集中于中央。因此,取消多种住房所有制是必然趋势。

按照1937年《关于保护城市住宅和改善住宅的经营》决议规定,住房租

---

① Н. Б. Лебина. Энциклопедия Банальностей: Советская повседневность: Контуры, символы, знаки. С. 152.
② Ш. Фицпатрик. Повседневный сталинизм. Социальная история Советской России в 30-е годы: город. С. 124.

赁合作社及其联社被取消,其承租的市有房产自然归还给地方苏维埃。住宅建筑合作社及其联社也被撤销,归其所有的住宅随之变为市有财产。当时,这两类合作社管理的住房面积约占城市住房总面积的90%。① 前文提到的由住宅建筑合作社建造的索科尔村,在1930年代上半期仍在有序运转。商店里摆放着从市郊运来的新鲜食物,村里有一个露天电影院,还有戏剧院、芭蕾舞剧院和木偶剧院。村民可以在村里的餐厅吃饭,孩子们能够免费学习外语,参加各种小组。1936年,村中的大部分住户都是享誉世界的学者,包括化学家、经济学家、植物栽培学家和著名艺术家等知识分子。但好景不长,1936—1937年,莫斯科开展了住房市有化运动,此后,索科尔村合作社的全部住房都转归莫斯科市苏维埃所有。② 可知,在取缔合作社的政策正式出台之前,莫斯科就已开始将住宅建筑合作社的房产收公。如此算下来,作为合作建房的典范,索科尔村独立存在的时间是14年。

私有住房是国家最为排斥的所有制形式。十月革命后颁布的废止城市不动产的私有财产权政策,表现出国家急于"去私"的心态。新经济政策时期,无论是出台将市有住房发还原主的政策还是私人建房政策,都显示出政府既不得不允许私有制发展、又努力尽量限制其发展的冲突心理。工业化时期,随着经济管理体制的高度集中,国家再次向私有制发起进攻。1927年8月开始的自动紧凑使用住宅运动已经触及了房主的利益。1926年,列宁格勒市私人租户手中握有69.9万平方米住房面积,到1928年1月1日只有37.4万平方米,而到1930年代初仅剩下5.3万平方米。③ 可知,通过紧凑使用住宅,私房所有者可以掌握的住房面积已经大大缩减了。而到1937年,国家在收归集体所有制房产的同时,也要求私房房主以租赁的形式使用自己的住宅,从而变相剥夺了房主的房产所有权。

至此,1920年代出现的多种住房所有制到1937年转变为单一公有制。在1930年代的苏联,公有制住房主要分成两部分,一部分是由地方苏维埃所有和管理的房产,另一部分被称为部门住房。这是改革1920年代分权制工业管理机构、顺应高度集中的指令性计划经济体制的产物。以1932年最高国民经济委员会改组为重工业人民委员部为开端,到1930年代末,苏联共有21个这样的管理部门,④从而建立了部门经济管理体制。各部门下辖的企业

---

① КатеринаГерасимова. Жилье в советском городе: историко-социологическое исследование(Ленинград, 1918-1991).
② И. С. Чередина. Московское жилье конца XIX-середины XX века. С. 56.
③ Н. Лебина. Советская повседневность: нормы и аномалии. от военного коммунизма к большому стилю. С. 104.
④ 徐天新:《斯大林模式的形成》,第129页。

拥有和建造的住房以及公用服务设施,就称为部门住房。

四 垂直管理住房事业

伴随着国家对住房租赁合作社和私有住房管理政策的调整,1920年代形成的分散化住房管理方式也逐渐转向高度集中化。

基于住房租赁合作社在贯彻自动紧凑使用住宅政策中的消极表现,国家采取了监管措施,它的施行引发了合作社的巨大变化。

第一,合作社性质发生质变。1927年,国家在住房联社中建立了党的领导机构,其同各个住房租赁合作社的基层党组织保持密切联系,共同影响合作社的事务包括理事会的人选。① 这一决定成为住房租赁合作社发展的转折点。从此,住房联社被置于党组织的管束之下。因加入合作系统的各级租赁合作社都要服从联社,所以,作为群众自治组织的合作社系统从1927年开始丧失独立自主性,变成了党领导下的住房管理机构。1928年12月《打击虚假合作社的措施》颁布后,合作社中央和住房联社纷纷将该地区所有初级合作社纳入住房联社。这样,原来并未加入联社的合作社也被纳入了合作系统。至此,所有合作社的日常活动,都被置于党组织的教导和密切监督之下。

第二,合作社成分大变样。为打击虚假合作社,国家在1928年发起了"使工人成分在合作社中占主体"和"选拔工人加入公用事业领导岗位"两项运动,"原来的人"和耐普曼被从住房租赁合作社领导岗位排挤出去。1927—1928年,彼得格勒住房合作社联社发生了人事变动,新人们立即开始清洗房屋管理员和住房委员会成员。② 这样,合作社领导层中的资产阶级被清除,工人阶级成为主要成分。在这一"更新换代"的运动中,失去选举权委员会也积极参与,以各种离奇的理由判决某人失去选举权。一位1912年从部队复员的农民被安排到城市做警察,一年后,他找到了新工作,就辞去了前职。现在,这件15年前的事情成为了将他合法镇压和开除出合作社的理由。③ Н. С. 别利亚尼诺夫是贝加尔湖海军舰队通信部主任,他在1927年2月失去了选举权。理由是他的妻子在1913年为购买冬季别墅交纳了保证

---

① Елена Кириллова.《Квартирный вопрос》в Петрограде-Ленинграде в годы нэпа. С. 76.
② Н. Б. Лебина, А. Н. Чистиков. Обыватель и реформы: картины повседневной жизни горожан в годы НЭПа и Хрущевского десятилетия. С. 42-43.
③ ЦГАСПб. Ф. 7965. Оп. 3. Ед. хр. 141. Л. 77. См.: М. Г. Меерович. Наказание жилищем: жилищная политика в СССР как средство управления людьми(1917-1937 годы). М., РОССПЭН, 2008. С. 262.

金,其实这笔交易并未成功,但这一事实已足够剥夺别利亚尼诺夫的选举权了。①这样,许多合作社社员因失去了选举权被开除出社。在列宁格勒10月25日大街72号楼的住房租赁合作社里,区选举委员会的全权代表不止一次向理事会主席贝霍夫斯基建议,将任职多年的房屋管理员 И.С.梅德韦杰夫撤职,换上联社推荐的候选人,②该提议遭拒绝。1928年1月,这个合作社被解散。联社给出的理由是公寓里建立了"狂妄的小市民专政"。③ 总之,经过这一番大换血,面目一新的合作社回到了无产阶级的怀抱,新气象有利于更好地贯彻中央的指示,尤其是按照国家要求安置劳动力。

革新后的住房租赁合作社继续承担着市有住房主要管理者的责任,而国家则在工业化建设中悄悄蓄积着能量。当社会主义社会宣告建成后,经济实力今非昔比的苏维埃政权通过实施1937年10月决议,将住房租赁合作社乃至私有住房的管理权全部收入囊中。

综上所述,斯大林模式形成时期制定的各项住房政策,在实践中基本都达到了预期目的,高度集中化的住房管理不断强势并于1937年正式确立,化为高度集中的指令性计划经济体制的一个组成部分。④ 较之政权初建之际,工业化时期创立的住房管理方式呈现出更为彻底的"去私性"。表现在前期各城市均保留了数量不等的私有住房,而到1937年,国家实际上将全部私有住房变为公有;在前期,市有住房管理权由贫农住宅管理委员会代行,而到1937年,国家把曾经赋予集体组织和个人的房屋管理权限尽数收回,并设置

---

① ЦГАСПб. Ф. 1000. Оп. 389. Ед. хр. 265. Л. 203-220. См.: М. Г. Меерович. Наказание жилищем: жилищная политика в СССР как средство управления людьми (1917-1937 годы). М., РОССПЭН, 2008. С. 262.
② ЦГАСПб. Ф. 7965. Оп. 3. Д. 141. Л. 60. См.: Там же. С. 263-264.
③ Н. Б. Лебина, А. Н. Чистиков. Обыватель и реформы: картины повседневной жизни горожан в годы НЭПа и Хрущевского десятилетия. С. 43.
④ 1937年确立的高度集中化的住房管理体制,直到苏联解体都少有变化。二战之后,住房事业遭到了严重破坏,为缓解国家单一渠道建房的压力,国家在1948年开始允许私人建房,但其规模与新经济政策时期无法相提并论。从1951—1990年,私人建房在新建住房中所占的比例,最低为7.6%(1981—1985年),最高为29.9%(1951—1955年)。另一个建房主体住宅建筑合作社在1958年再次复兴,但发展规模也没有达到1920年代下半期的程度。在1970年代中期,合作社建房占住房建设总面积的比重为6%多一点。据1985年的统计资料显示,苏联城市中77.2%的住房属于国家所有,其中合作社性质的住房占7%左右,剩余的22.8%为私人所有。按照当时规定,在人口超过10万的城市,不准建造私人住房,而在1985年苏联城市化率已经达到58%,因此,可以认为在比较大的城市中基本没有私人住房存在,其主要分布在中小城市。戈尔巴乔夫上台后开始实行全面住房改革,加大住房建设力度,注重从法律上保障公民的权利。1988年开始承认将国家公寓出售给私人的行为合法化。但是,这种私有化进程缓慢,直到1992年才加快了速度。

各级行政机构严格管理。国家还排斥其他建房主体,并基本堵塞了市场分配住房渠道。总之,在斯大林模式的社会主义社会里,稀缺的住房资源必须全部集中在国家手中,由其统筹安排。这种管理方式是建立在以斯大林为首的联共(布)中央对马克思主义理论的错误和教条化理解基础上的,从当时的历史条件来看,住房事业国有化便于国家全权管理住房及住户,有力配合了工业化建设,有其存在的合理性。但从另一角度来讲,因为排斥市场调节和社会力量,住房事业的发展路径日益狭窄,"一五""二五"期间的建房计划均未完成,新建住房以工棚为主,难以长久使用。所以,高度集中化的住房管理不宜长期实行,需要与时俱进地改革,否则,住房事业会渐渐丧失活力,陷入发展瓶颈。

第十三章 部分城市居民居住条件优越

住房管理由分散化向高度集中化转型的十年中,部分城市居民的居住条件得到了改善。

一 城市住房事业继续前进

高度集中化住房管理体制确立时期,住房事业取得了一定的进步。

城市住房总面积继续增加。从1918年至1941年上半年,苏维埃国家、合作社和个人在城市和工人村共建住房1.81亿平方米,其中大多数是在二战前的几个五年计划期间建造的,共1.298亿平方米,占全部建房面积的72%。① 1913年俄国城市住房总面积是1.8亿平方米,1926年为2.16亿平方米,到1940年时达到4.21亿平方米,②是1913年的2.3倍,是1926年的1.9倍。

城市人均居住面积超过十月革命前的水平。1913年,城市人均居住面积是6.3平方米,1926年为5.86平方米,1940年达到6.5平方米。③ 可知,经过27年的建设,城市人均居住面积达到并超出十月革命前0.2平方米。

建筑材料和室内公用服务设施均有改善。从建筑材料看,1910年时俄国城市中石质房屋仅占28.5%,木质房屋占48.4%。新经济政策时期出现了纤维板等环保材料。而到1937年,公有住房主要为石质建筑,占房屋总量的56.4%;其次是木质建筑,占32.2%;其他材料的建筑占11.4%。④ 可知,经过27年的建设,国有房屋中石质住宅已超越木质建筑,占据绝对主导地

---

① Д. Л. Бронер. Жилищное строительство и демографические процессы. С. 25.
② Достижения Советской власти за 40 лет в цифрах (Статистический сборник). С. 355.
③ Д. Л. Бронер. Жилищное строительство и демографические процессы. С. 26.
④ А. А. Левский. На путях решения жилищного вопроса в СССР. С. 12.

位,从而确保房屋更加结实耐用。再从设施安装率看,1910年统计资料显示,被调查城市中只有5%的房屋安装了电灯。1928年,苏联工人家庭住房里有自来水的比重是35.3%,通电的比重是66.9%。① 而到1937年,国有住房面积中52.8%安装了自来水,18.6%有暖气装置,92.5%有电力照明。② 可知,室内配套设施的安装率在新经济政策时期已有很大进步,到1937年时又蒸蒸日上,尤其是电力照明,普及率最高。

建房的生产技术基础进一步增强。如果说1924—1925年,苏联才出现第一批建筑机械,那么,在"一五"计划期间,劳动机械化已经取得一定进展,出现了数万台升降机、泥浆和混凝土搅拌机、皮带运输机,最简单的建筑设备大量涌现。而1920年代末期才开始形成的常备建筑队伍,在1933—1941年期间已经建立起来了。③ 人力物力的大量投入,提高了建筑生产率,也缩短了建房工期。

二 特殊贡献者的独户住宅和别墅

工业化建设需要大量的技术人才和管理人才。随着1928年沙赫特事件后实行的工业恐怖,旧工业精英遭到了大规模清洗,这为"无产阶级知识分子"的晋升创造了机遇。农民和工人出身的知识分子,通过"一五"计划期间在工厂技校和其他技术机构的培训,一跃成为斯大林政权的社会基础。在保家卫国的重任下,吐故纳新后的政权急需可靠的支持。于是,在1930年代,斯大林开始以豪华公寓和消费物品奖励忠实于国家的仆人,以换取他们对中央的支持,保证党的政策能够顺利实施。④ 1931年4月7日,俄罗斯联邦人民委员会公用事业管理总局发布第64号指令,现在需要首先建设带有独户住宅的公寓楼,以此奖励为国家做出特殊贡献者。⑤ 除建造新房外,国家还把一些建筑指定给特定群体组建的住房租赁合作社,也就是成为他们的专属住所,作为对上述人才的物质褒奖。因此,在1930年代,如果你是一个能对工业化做出突出贡献且政治忠诚度高的人,就有得到石质独户住宅甚至别墅

---

① Академия Наук СССР институт истории СССР. Рабочий класс—ведущая сила в строительстве социалистического общества 1921-1937 гг. Том 2. C. 248.
② С. П. Постников, М. А. Фельдман. Социокультурный облик промышленных рабочих России. в 1900-1941 гг. C. 140.
③ А. Е. Харитонова. Основные этапы жилищного строительства в СССР. C. 54.
④ 〔英〕奥兰多·费吉斯:《耳语者》,第164—166页。
⑤ Инструкция ГУКХ при СНК РСФСР № 64. Краткая история жилищного вопроса.

的机会,从而大大改善居住条件。

"斯达汉诺夫工作者"是斯大林时代的英雄,他们能够享用独户住宅。斯达汉诺夫运动的发起人 А. Г. 斯达汉诺夫,因在 1935 年 8 月创造了采煤新记录,在打破记录的第二天他就得到了一套三居室的豪华套房,公用设施齐备,配有软家具、钢琴和地毯,还带有一个特别布置的办公室。① 1935 年 10 月,斯大林汽车制造厂的 100 名斯达汉诺夫工作者分到了住宅。② 一名女塔吉克斯达汉诺夫工作者在大会上讲道:"我可以告诉你们,现在我不住在旧土房里了,我得到了一所欧式房屋。我过着文明的生活……"③从以上材料可知,因突出的生产业绩,斯达汉诺夫工作者获得了独户住宅作为奖励,住宅配有高档家具,很有品位。需要说明的是,在获得物质褒奖后,斯达汉诺夫工作者也务必提升自己,回报国家。高尔基汽车制造厂的一位斯达汉诺夫工作者亚历山大·布瑟金,得到了一套新住宅等物质奖励。按照国家对先进工作者的要求,布瑟金必须提高自己的文化水平。布瑟金的妻子是个文盲,工厂指定一名教师帮助她。而这位妻子则需要立刻从幼儿园挑选一位有经验的儿科医生,由医生来指导她如何文明育儿,这样她就有充足的时间用于学习。④ 可知,国家在授予先进生产者丰裕物质奖赏的同时,也对他们提出了更高的要求。无疑,文化水平的提高又有助于巩固他们的新社会地位。

专家和技术骨干也可以分得独户住宅。工程师在各中心区域都有自己的住房租赁合作社。1932 年 3 月,中央委员会和人民委员会提出了一个方案,计划在 1932—1933 年在 67 个城市为工程师建造 102 栋楼房,共计 11500 套住宅,⑤后来又增加到 106 栋楼及 11700 套住宅。每套住宅应该是三居室或四居室,总面积在 47—65 平方米,预计安装集中供暖、自来水、下水道、浴室、电梯、电话和无线电等。⑥ 列宁格勒从 1932 年开始建设专家楼,经济人民委员部专家楼是其中之一。楼里的每套住宅都建有厨房、浴室、洗衣房、储藏室、干燥箱、女仆的房间,还有前后两个门。为了使住所更舒适并饱含文化

---

① Н. Лебина. Советская повседневность: нормы и аномалии. от военного коммунизма к большому стилю. С. 114. Катерина Герасимова. Жилье в советском городе: историко-социологическое исследование (Ленинград, 1918-1991).

② Е. Ю. Герасимова. История коммунальной квартиры в Ленинграде.

③ Ш. Фицпатрик. Повседневный сталинизм. Социальная история Советской России в 30-е годы: город. С. 127.

④ Там же. С. 127.

⑤ С. Шаттенберг. Инженеры Сталина: Жизнь между техникой и террором в 1930-е годы. М., РОССПЭН, 2011. С. 304.

⑥ Там же. С. 304.

气息,卫生间还配置了马桶、梳妆台、沙发和化妆柜,在正门和后门都设有看门人。这样一来,住户的社会地位和房屋的特殊性就凸显出来了。① 列宁格勒州工程局局长弗里德良茨基在1934年接受采访时讲道,目前,列宁格勒给工程师提供了300多个房间,总面积4500平方米,还有115套住宅,总面积5500平方米。②《工程劳动》在1935年报道了工程师科涅列里的新居,他提出的合理化建议一年为国家节约60万卢布。新房都贴着墙纸,装饰着彩色雕花纹饰,配备了集中供暖、浴室、电话、立柜和垃圾通道。因为大部分居民都分到了小轿车,所以住户不用步行到楼前,而是乘坐汽车。科涅列里所在的这栋新楼是为苏联的功勋公民建造的,被称为"荣誉专家之家",住户还有"切柳斯金号"大尉沃罗宁、斯大林工厂厂长佩什金、被授予勋章的工程师贝奇科夫、诺尔德卡别利工厂最优秀的工程师、全联盟竞赛获胜者斯塔尔科夫斯基和德列津、教授波兹久宁和梅多维科夫。简而言之,在宽敞明亮的房间里居住着国家的新精英。③ 1938年,《工程师年鉴》宣布,在70个城市建造102栋楼房共计11500套住宅的计划完成了,1937年还额外建造了4000套住宅。④ 可知,工业化时期,国家对于工程技术人才是非常重视的,专门投入资金建造专家楼,提高他们的生活待遇。尽管工期推迟了几年,但这一大批优质楼宇的投入使用,无疑将大大激发专业技术人员的干劲。

　　幸运的专家和工程师还可以分到别墅。1930年代初,莫斯科电厂在莫斯科郊外的扎戈里亚恩卡为优秀生产者主要是工程师建造了设施完善的别墅,到1934年已经为100个家庭提供了50栋别墅,还有10栋别墅正在建设中。工厂还将一些别墅免费分配给工人使用,以奖励突击劳动。1934年,由于提前完成了生产任务,工程师 И. М. 热列兹尼亚克一家在扎戈里亚恩卡得到了一套别墅。⑤ 在马格尼托戈尔斯克,企业的工程师和厂长特别走运,他们享受了专门为外国专家建设的住宅。它们位于小白桦郊区,那里没有公寓楼,全部是带私家花园的两层独栋小楼。⑥ 可知,对于这些有知识的专家和工程师,国家提供了优渥的住房条件。他们可以居住在专属的住房租赁合作

---

① Е. Ю. Герасимова. История коммунальной квартиры в Ленинграде.
② С. Шаттенберг. Инженеры Сталина: Жизнь между техникой и террором в 1930-е годы. С. 306.
③ Там же. С. 304-305.
④ Там же. С. 306.
⑤ Сергей Журавлев, Михаил Мухин. 《Крепость социализма》: Повседневность и мотивация труда на советском предприятии. 1928-1938 гг. М., РОССПЭН, 2004. С. 172-173.
⑥ Ш. Фицпатрик. Повседневный сталинизм. Социальная история Советской России в 30-е годы: город. С. 122.

社住房里、专家楼里,甚至能够分配到高级别墅。

1930 年代中期,文化界人士也有机会得到好住宅。作家协会、学者、作曲家、演员和航空设计师在市中心的住房里也都有自己的住房租赁合作社。同高尔基大街并排的一栋楼分给了莫斯科艺术剧院的演员们,高尔基大街 25 号楼里的大部分住宅被大剧院剧团占据。财力雄厚、有大靠山的瓦赫坦戈夫剧院自己出资,在莫斯科建造了两栋设施齐备的五层楼房。圣彼得堡艺术理论家 М. Ю. 戈尔曼回忆,1935 年夏,因迅速获得了带点儿偶然性的荣誉,他的父亲、作家 Ю. П. 戈尔曼得到了一套住宅。这套面积不大的三居室独户住宅,清楚地显示了这个家庭新的社会地位,此前他们住在合住房的一个房间里。① 1930 年代,政治局决定拨款 600 万卢布,在莫斯科附近的彼列捷尔基诺为作家们建设新别墅村,乘坐电气火车能够到达那里。全村共有 30 栋别墅,每栋有 4—5 个房间,由作家协会理事会分给著名作家及其家属无限期使用。Б. 帕斯捷尔纳克、И. 巴贝尔和 И. 爱伦堡都位列其中。该别墅村成为住户社会地位的标志。② 可知,文化活动家们通过国家奖励、成立专门的住房租赁合作社,也可以得到独户住宅或别墅。

独户住宅的室内陈设极为考究。国家电影技术学院的演员柳芭和国际工人救灾电影厂主管鲍里斯,居住在莫斯科共产国际酒店的一套宽敞公寓里。柳芭的女儿奥克萨娜回忆:"这是一座宫殿,一家博物馆,一个童话。"室内装饰由共产国际一名法国工人设计建成,家具——珍贵的古董、青铜花瓶、皮椅、波斯地毯——都是从列宁格勒内务人民委员部的仓库廉价购入的。列宁格勒党的负责人谢尔盖·基洛夫在 1934 年 12 月遭到刺杀,依照斯大林的命令,不少贵族和资产阶级被捕,并被逐出自己的住宅,那些家具就是这样被没收来的。奥克萨娜回忆:"妈妈非常自豪于自己的收购,喜欢将买下每一件东西的故事告诉我们。"③ 可知,艺术家们不仅住在高端住所,其内部陈设也是相当有品位的。

总之,在工业化时期,生产精英和文化精英都有机会得到独户住宅甚至别墅。作为稀缺资源,住房成为社会地位高低的象征。国家赋予他们优越的住房条件,他们也要知恩图报,不断提高自己,为国家做出更大的贡献。

---

① Н. Лебина. Советская повседневность: нормы и аномалии. от военного коммунизма к большому стилю. С. 113-114.

② Ш. Фицпатрик. Повседневный сталинизм. Социальная история Советской России в 30-е годы: город. С. 123.

③ 〔英〕奥兰多·费吉斯:《耳语者》,第 180 页。

三　高层领导干部居住区域封闭化

新经济政策时期,高层领导干部虽居住在独户住宅里,但室内陈设比较简朴,楼内还有普通百姓以合住房形式杂居其中。国家也很少专门为领导干部建造新房。工业化时期,政府同样需要用独户住宅作为奖品,换取一波波清洗后上台的新政治精英对政权的忠诚。因此,高层领导干部的住房形势改观很大,表现在几个方面。

第一,国家开始专门为领导干部建造豪华公寓楼。莫斯科从1928年开始为政府官员建设第一栋多住宅的大楼,它就是极其著名的滨河街公寓,位于克里姆林宫斜对面的莫斯科河对岸。这是一座集办公和居住为一体的综合楼,被认为是当时欧洲最大的住宅楼之一。住宅的墙壁被漆成丝绸或希腊柱状,天花板上画着外国风景画和水果图案。家具都是统一的样式,很笨重。木制抛光的深樱桃色电梯镶着带有同样色框的镜子,缓慢平稳地爬升,可以用钥匙召唤和解锁。货梯将物品直接送到厨房,也将垃圾送到楼下。楼梯的平台上悬挂着带有蜡烛和火柴盒的灯笼,以防停电。一梯两户,通常是门对门。该楼后院是克里姆林宫医疗卫生局门诊部、洗衣店、各种工作间、仓库、美食店和百货商店。1931年秋,这栋楼里共居住着2745人。①

这栋政府楼由面积和房间数量不等的506套住宅组成,按照一间办公室、一间餐厅或者客厅、每人一个房间的标准进行分配。莫斯科河沿岸街方向的几个单元是面积最大的户型。B.阿利卢耶夫这样描写他们的住宅:"我们住在10单元。这个单元所有的住宅都是五居室,面积大约100平方米。住宅的格局是这样的:从大门进去是一个长走廊,一直通到远处的一个大房间,房间里所有的窗户都朝着院子,这是爷爷 С. Я. 阿利卢耶夫的办公室。大门向右是一间13平方米的房间,整面墙是一扇大窗户,这是哥哥列昂尼德的房间。下一扇门向右转到25平方米的餐厅,向左拐到我和保姆的儿童房,17平方米。从餐厅可以进入母亲的卧室。卧室、餐厅和列昂尼德房间的窗户都朝南,光照充足。其余的房间总是昏暗朦胧的,但是炎热的夏季在那里是很舒服的。房间的天花板很高,有3.4米,令人呼吸顺畅。厨房狭长,有12平方米,它的窗户下面是一个宽敞的壁橱,用于储存食物。厨房里还有一个装有垃圾车的货梯门和放置家庭用具的阁楼。大概这个单元里所有的住宅都

---

① M. В. Богословская. Жилищные условия и медицинское обслуживание советской государственной элиты в 1920-30-е гг.

是这样的格局,只是奇数住宅厨房稍微小一点,但是是方形的。从五层开始有两个阳台,在二层、五层和八层甚至有第三个阳台,为奇数偶数住宅共用。"1 单元的地下室是射击场。这座楼还建有第一座儿童影院,上面是大型运动场,含网球场和排球场。据 1934 年资料统计,这栋楼的服务人员包括 137 名值班员,20 名清洁工,8 名垃圾清洁工,40 名看门人(夏季少一些),3 名园丁,38 名消防员,4 名指挥官,35 名钳工,25 名电工,6 名地板抛光员,7 名司机,6 名电梯技工,7 名医护人员。① 可知,这栋专门为高层领导干部建造的楼宇是非常奢华的:装修考究,充满文化气息,房间宽敞舒适,各类服务人员齐全,周边遍布休闲娱乐设施。领导人以往的住所包括克里姆林宫和 1 号苏维埃楼都无法与之比肩。

第二,居住区域由有群众杂居变为纯粹的高干楼。1930 年代初的房簿资料显示,列宁格勒的领导干部集中居住在红色曙光街 26/28 号楼和冠堡街 21 号楼和 23 号楼。1932 年以后,这一建筑群中的普通群众被陆续迁出,住户成分全部是领导干部及其家属。

冠堡街 21 号楼开始迁出群众。1918 年,在彼得格勒区住宅分配处的指示下,冠堡街 21 号楼被分配给工人以及理工学院和电工学院的工农速成中学学生居住,他们每 20—30 个人居住在一套住宅里。1932 年时这些工人和学生全部被迁走,整栋楼完全成为领导干部的住所。②

红色曙光街 26/28 号楼也不断迁出百姓。该楼 61 号住宅在 1930 年代初共居住着 5 家 20 口人,1933 年,所有住户都被迁出,列宁格勒州国家政治保卫总局政治机要处处长 A. P. 斯特罗明全家及其亲属、同事共 10 人陆续搬了进来。③ 可知,这套住宅在 1933 年之后虽仍是合住房,但是住户是亲属或同事关系,他们是自愿组合在一起的。这栋楼另一套宽敞的合住房里居住着 24 人,1935 年 4 月,他们被迁出,仍安置到各处的合住房里,原合住房分给了雕塑家 М. Г. 玛尼杰尔。④ 可知,这套原本容纳 24 人共居的住宅,在 1935 年 4 月也变成了独户住宅。

从以上材料可以得出认识,十月革命后通过重新分配住房途径入住高档住宅的幸运群众,从 1930 年代上半期开始陆续结束豪宅生活,这些楼宇逐渐

---

① М. В. Богословская. Жилищные условия и медицинское обслуживание советской государственной элиты в 1920-30-е гг.
② В. С. Измозик, Н. Б. Лебина. Жилищный вопрос в быту Ленинградской партийно-советской номенклатуры 1920-1930-х годов. С. 106.
③ Там же. С. 105.
④ Н. Лебина. Советская повседневность: нормы и аномалии. от военного коммунизма к большому стилю. С. 113.

成为纯粹的"高干楼"。

第三,住户频繁更替。基洛夫案件引发的肃反运动改变了许多高层领导干部的命运。这些被指控为"人民的敌人"者迁出住宅后,被政权认可的忠诚者迅速搬进空房。1934—1938年,红色曙光街26/28号楼的123套住宅中有55套住宅的住户遭到逮捕。И. П. 科萨列夫在列宁格勒州执行委员会工作,他是发展家兔养殖业方面的全权代表。从1932年起,他和妻子、女儿们居住在83号住宅。1937年12月7日,科萨列夫被逮捕,12月14日,全家被迁出住宅,住进位于奥戈罗德尼科夫大街的合住房里。一个月后,有人搬进了原科萨列夫的住宅。新住户К. С. 娜巴尔科娃在联共(布)州委机关工作,她的丈夫И. В. 波良斯基是内务部的工作人员,夫妻二人和15岁的儿子及管家共4口人,居住在26/28号楼非常大的一套独户住宅里,但他们仍不会错过改善住房条件的机会。① 可知,对一些住户来讲,邻居的不幸成为自己改善居住条件的契机。冠堡街21号楼5号住宅先后居住着以下人员:列宁格勒州执委会主席П. И. 斯特鲁贝,他于1937年6月27日被捕,10月30日被枪毙;斯大林格勒州委第一书记П. И. 斯莫罗金,他在1939年2月25日被枪毙;联共(布)州委科学部主任З. А. 杰维基亚洛娃。② 在冠堡街21号楼12号住宅,依次居住过列宁格勒地区检察官Б. П. 波泽尔恩,他于1938年7月9日被逮捕,1939年2月25日被枪毙;③ 1939年3月,全联盟列宁共产主义青年团区委书记И. О. 谢赫钦带着妻子和两个女儿入住,但居住时间很短;两个月后,内务人民委员部国家安全局党委书记А. Я. 叶菲莫夫及母亲和两个妹妹搬进了那套住宅。④ 冠堡街23号楼103号住宅从1930年代中期开始的住户有:联共(布)区委第二书记丘多夫,他于1937年6月被捕,10月30日被枪毙;之后,区委书记谢尔巴科夫入住。从1943年开始苏联元帅Л. А. 戈沃洛夫全家在此居住。⑤ 可知,在1930年代中后期,这些豪华高干楼的住户更替频率飞快,一个高官家庭迁出后,很快会有另一家填补空缺。但居住区的封闭态势保持下来,补位者基本是前位居住者的职务继任者或同级别官员,没有普通群众。

第四,领导干部家庭添加新仆人。1935年,内务人民委员部在许多列宁

---

① Н. Лебина. Советская повседневность: нормы и аномалии. от военного коммунизма к большому стилю. С. 111-112.
② В. С. Измозик, Н. Б. Лебина. Жилищный вопрос в быту Ленинградской партийно-советской номенклатуры 1920-1930-х годов. С. 107.
③ Там же. С. 107.
④ Там же. С. 108.
⑤ Там же. С. 107.

格勒党员干部家中安插仆人,作为基洛夫遇刺后加强监视的措施。列宁格勒高级干部安娜·卡尔皮茨卡娅和彼得·涅泽夫茨夫,被迫解雇了老管家玛莎。安娜的女儿马克斯娜回忆,新管家格鲁谢是一个"令人不愉快的严肃女人,她是警方派来的,以便监视我们……父母窃窃私语,怀疑斯大林应为基洛夫的死亡负责。如果玛莎仍在,他们可能会无所顾忌,有了格鲁谢,表露这种情绪就会非常危险。"1937年,马克斯娜的父母被捕并于同年枪决,格鲁谢就此销声匿迹。① 可知,从1935年开始,无论领导干部是否情愿,都必须接受官派的新家庭成员并受其监督。

第五,部分高干主动追求奢华的居住环境。1920年代,高层领导干部的生活还是比较简朴的,住宅的陈设以简单实用为主。工业化时期,一些领导人开始自觉追求个人享乐,利用职权为自己建造奢华别墅。在莫斯科,包括国家政治保卫总局局长 Г.雅哥达在内的党内高官为自己建造了宏伟的宫殿别墅,带有15—20个甚至更多房间。他们生活奢侈,挥霍人民的钱财。② 喀山市第一书记拉祖莫夫按照里瓦几亚庄园的标准为自己修筑了一栋别墅,该庄园是作为豪华度假村供党的工作者使用的。随后,该市苏维埃领导人开始建设别墅村,为此非法借用了公共交通、下水道、绿化的预算项目,还谨慎挑选了几位地方工业领导人,要求他们从闲置资金中拨款。③ 这些滥建豪宅的行为令中央都难以容忍。1938年,政治局颁布了关于滥用特权的内部决议,其中指出:"党内一些受到惩处的领导人曾为自己兴建了宏伟的宫殿别墅……他们生活奢侈,挥霍人民的钱财,这些别墅已经充分暴露了他们的腐败和堕落……希望拥有那样宫殿别墅的想法仍很活跃,甚至在一些党政领导人中还呈上升态势。"为了遏制这种趋势,政治局下令:别墅不能多于7—8个房间;没收超标的别墅,将其改为政府度假村。④ 可知,1930年代,苏联一些高层领导人的共产主义信念和革命激情在消退,他们不再奉行禁欲主义生活作风,开始贪图安逸享乐。

总之,工业化时期,伴随着血雨腥风的政治斗争,高层领导干部的居住环境发生了巨大变化:他们的邻居中已经没有普通百姓了,一些住宅里会突然增加一名官派仆人共居,楼宇中走马灯似的频繁变换着房客,一些官员入住新建的高干楼,还有一些高官私建奢华别墅,大胆享乐。

---

① [英]奥兰多·费吉斯:《耳语者》,第278—279页。
② Ш. Фицпатрик. Повседневный сталинизм. Социальная история Советской России в 30-е годы: город. С. 123.
③ Там же. С. 123.
④ РГАСПИ. Ф. 17. Оп. 3. Д. 995. См.: Там же. С. 130.

综上所述,在高度集中化住房管理体制形成时期,城市居民在住房总面积、人均居住面积、住宅的材质和室内设施方面都有一定程度的改善。同时,在居住条件上出现了新的分化,除党和国家高级官员继续享用独户住宅外,高级专家、科学和文化活动家以及个别先进生产者也从自己的群体中剥离出来,晋升到拥有独户住宅的行列中,成为"住房特权者"。

第十四章　广大民众住房状况不容乐观

工业化时期的苏联，独户住宅属于罕见的宝贵资源。特别是在首都，许多人从职务和权力上看都属于精英阶层，但也住在合住房里。即便到1930年代末，只有为数不多的工人能够享受斯达汉诺夫工作者那样的居住条件。德国作家Л.菲赫特万格尔在1937年访问苏联时，就发现了社会主义国家尖锐的住房问题。他写道："最严重的问题是住房短缺。相当一部分居民居住密集，住在可怜的小房间里，冬天难以通风，上厕所和用水都必须排队。著名的政治活动家、享有高薪的学者，他们的居住条件比西方一些小资产阶级还要简陋。"① 总之，1930年代，全国大部分城市居民的居住条件仍然十分拮据，合住房、工棚和集体宿舍是普遍的居住形式，公社房则因不适应工业化发展要求被舍弃。

一　公社房退出历史舞台

自苏维埃政权建立伊始，公社房就一直受到大力提倡。新经济政策被抛弃后，苏联开始在一国建设社会主义。社会主义社会应该为居民建造什么样的住宅呢？政府将这一问题交给社会商议。

于是，社会各界展开了大讨论。大部分建筑师、工程师和社会学家都坚持认为应该建造公社房。理由主要有两点：第一，原有住房不利于培养新人。沙俄时期建设的住房是为了让每个家庭拥有独处的空间，较少设计公共场所。这样的格局不利于培养社会主义新人和集体主义的日常生活方式。因此，需要大规模建造公社房以满足新时代的要求。第二，集体住房比较经济实惠。② 从上述内容可知，理由一突出了公社房是"培育新人的摇篮"这一政

---

① Санкт-Петербургский государственный университет. Новейшая история России 1914-2005. С. 261-262.
② Е. Ю. Герасимова. История коммунальной квартиры в Ленинграде.

治功能,理由二则显示了公社房克服物质危机的能力。的确,在倡导"高积累低消费"的工业化时代,集体居住、共用服务设施,确实有助于减轻生活压力。

与大讨论同时,国家也发起了建造公社房的倡议。1927年,经济人民委员部颁布决议:"俄罗斯联邦共和国与工人住房建设相关的各部门,要对合理建设集体使用辅助面积(厨房、食堂、浴室、洗衣房)的住房形式予以关注。"[1]1928年,中央住房联社颁布了《关于公社房的标准条例》,要求日常生活全部社会化。此外,政府还出台优惠政策,如公社房的居民在就业和升学方面享有优先权,还可以免除多项税收等。

既然沙俄时期的旧住房不能与时俱进,必然要重新设计居住形式。基于不同的初衷,苏联建筑史上形成了两种并行的公社房建造方案。持"循序渐进向社会主义过渡"看法的方案,保留了传统的家庭日常生活方式,适当地提供参与公共生活的机会。另一种方案则摒弃过渡类型的住房,"直接过渡到社会主义",最大限度地实现日常生活社会化。事实上,两种观点殊途同归,都是要通过这种住房形式人为构建集体生活环境,培育新人。

尽管公社房的设计方案很多,囿于资金所限,建成的寥寥无几。循序渐进迈入社会主义的代表性建筑,是1930年为财政人民委员部的工作人员建造的公社房。其住宅楼是一座六层的直角楼,还有一座两层的公用事业楼,包括运动场、厨房及餐厅、休息室。虽然要求在公共食堂就餐,但住户还是最喜欢将饭菜带回自己的房间。可知,即使为未来的"新人"保留了私人空间,放宽了集体生活的要求,但住户还是无法适应。

"直接过渡到社会主义"的建筑方案同样遭到排斥。1929—1930年,按照"个人生活空间最小化、公共生活空间最大化"原则,建筑师 И. 尼科拉耶夫在奥尔忠尼启则街为大学生设计并建造了公社房,这是"直接过渡到社会主义"的代表性建筑。主楼集生活和学习功能于一体,共8层。每2人一间寝室,共6平方米。小房间带有人工通风,放着两张床、两个凳子,窗台起到桌子的作用。公共空间却是很大的,在图书馆的阅览室里为每个人都预留了位置,还有食堂、体育馆、礼堂、专门的自习室和小组活动室等。通过温暖的通道与这座楼相连的是一座三层公用服务楼,包括洗衣房、修理坊和可容纳100人的托儿所。[2] 据一位大学生回忆:"这座公社房令人很不舒服,因为社员总是频繁参与到你的生活中,也许会很快达到'沸点'。躲避的办法是去

---

[1] Е. Ю. Герасимова. История коммунальной квартиры в Ленинграде.
[2] И. С. Чередина. Московское жилье конца ⅩⅨ-середины ⅩⅩ века. С. 61-62.

花园或顿河修道院散步。"①1929—1930 年,按照建筑师 A. A. 奥利亚的方案,住宅建筑合作社在列宁格勒市中心建造了一座宾馆类型的公社房,其正式名称是"工程师和作家公社房",绰号是"社会主义的眼泪"。该称号来源于这座建筑的诸多缺点:个人住宅里没有厨房,住户需要把自己的粮证交到位于一层的公共食堂。这种做法适合定量供应制,但 1935 年取消粮证后就显得烦琐了;隔音效果非常差,如果在三层读诗,五层的住户甚至连蹩脚的韵脚都听得真真切切;在令人难以置信的小房间里彼此密切接触,非常令人厌烦和疲惫。②可知,这种类型的公社房更不受欢迎。因诸多问题烦扰着住户,他们总想逃避公共生活,谋求自由和独立的空间。总之,两种类型的公社房在现实中都不成功。

综观斯大林模式形成时期的公社房实践可以看到,在 1920 年代下半期至 1930 年代初期的苏联,随着国家政策的大转变,公社房作为社会主义社会的标准住房类型再一次被推上历史舞台。然而,尽管政府和建筑师、工程师、社会学家等都赞同组建这种住房类型,也大胆设计了若干样式,但最终建成的并不多。受数量所限,新公社房吸纳的人数极少,无法广泛实施培育新人的任务。即便是投入使用的新公社房,社员在集体生活的表象下也仍然渴望个性化的生活,希望拥有独处空间。这表明,集体主义生活方式没有战胜既定的日常生活传统,培育新人的工作并不顺利。

正当公社房建设方兴未艾之时,从 1930 年开始,国家陆续颁布了一系列决议,谴责在贯彻新日常生活政策中的冒进行为。1930 年 5 月 16 日,联共(布)中央委员会颁布了《关于改造日常生活工作》特别决议,叱责了公社房实践。其中指出,中央委员会发现,在社会主义日常生活运动迅猛发展的同时,个别同志进行了毫无理由、有些离奇,因而是极为有害的尝试。③ 1931 年 6 月,联共(布)中央全会通过了《关于莫斯科市政建设和苏联市政建设的发展》决议,指出在组织新的社会主义生活的问题上,必须既同……右倾机会主义进行坚决的斗争,又同那些提出各种各样的空中楼阁式的建议(强制取消私人厨房,人为地建立生活公社等)的"左"倾机会主义空谈家进行坚决的斗争。④ 同年,政府还颁布了统一的住房设计标准。公用事业管理总局规

---

① Что такое Дом-коммуна? http://eponim2008.livejournal.com/178771.html? style = mine. 2020 年 6 月 5 日下载.
② Н. Лебина. Советская повседневность: нормы и аномалии. от военного коммунизма к большому стилю. С. 80-81.
③ Постановление ЦК ВКП(6) О работе по перестройке быта. http://ak747.livejournal.com/3256.html. 2020 年 6 月 5 日下载.
④ 《苏联共产党代表大会、代表会议和中央全会决议汇编》第四分册,第 262 页。

定,1931 年重点建设带有独户住宅的住房。① 这一规定是公社房将被边缘化的信号。1934 年 1 月,联共(布)十七大批判公社房是"平均主义的、幼稚的、'左'倾糊涂虫的作品"②,至此,这种居住形式正式退出了历史舞台。

从上述决议内容可知,中央将公社房指摘为"左"倾思想的产物,认为其是"空中楼阁"。联想此前中央对公社房全面肯定并大力支持兴建的系列决议,政府在如此短暂的时间里突然改变态度的原因何在?这种"离奇的、有害的尝试"是从政权建立之初就开始的,为何现在才予以驳斥?

究其原委,中央态度的转变与社会主义工业化密切相关。执政党赞同兴建公社房,是因为他们仍希望借助这种集体居住形式实现自己的意识形态目标。但环顾世界局势,随着世界大战阴云密布,全力加速工业化、保家卫国成为苏维埃政权最紧迫的任务。此时,一切工作都必须围绕和服务于这一中心。而国家取缔公社房的根本原因,就在于它的兴建无益于甚至阻碍了工业化发展。

第一,工业化需要大量劳动力,而公社房蕴含的理念阻碍了人口增长。实现工业化需要充足的劳动力,公社房恰恰帮了倒忙。组建公社房的政治目标之一,就是试图通过集体化社会化的日常生活方式,使家庭逐步走向消亡。在普及同志之爱和妇女解放、最终消灭婚姻家庭的理念下,组建公社房的青年女孩普遍不急于结婚生育,离婚率也在不断上升。这些情况导致人口出生率急剧下降,遗弃儿童成为普遍现象,严重威胁国家的劳工供应。③ 总之,公社房的主张不利于刺激人口增长,无法为工业化提供充足的劳动力,因而要取缔它。

第二,工业化需要大量资金,而公社房的兴建将削弱对工业化的投资。十月革命后诞生的新政权,继承了沙俄时期尖锐的住房问题遗产,七年的战争又使住房事业蒙受巨大损失。新经济政策时期,迅速恢复国民经济是头等大事,住房建设又被拖后。在这样一个长期没有得到妥善解决的烂摊子上大规模新建公社房,无疑是一项耗资巨大的系统工程。更何况,除了要建造私人空间,公社房还要附设大量公共服务设施,这对于刚刚恢复国民经济又立刻开始工业化的年轻国家来说,实在是无暇更无财力负担的重荷。因此,公社房不能继续建造下去,它必须让位于工业化。

第三,工业化需要对忠诚于政权的新精英给予物质奖励,而公社房无法

---

① Е. Ю. Герасимова. История коммунальной квартиры в Ленинграде.
② Дом-коммуна. Википедия-свободная энциклопедия. http://ru. wikipedia. org/. 2008 年 3 月 5 日下载。
③ [英]奥兰多·费吉斯:《耳语者》,第 171 页。

充当奖品。如前文所述,工业化建设需要大量的技术人员、行政官员和经理人。为了激发这些人才的劳动干劲、确保其对政权的忠诚,国家开始用独户住宅等稀缺资源奖励新精英。显然,排斥私人生活、倡导集体共居生活方式的公社房是不适合作为奖品的。

　　从以上三方面可知,国家对公社房态度转变的根本原因,是这种住房形式已不符合国家利益。在1930年代的工业化大潮下,一切逆潮流而生的事物都将被抛弃。

　　综观公社房发展始末,可以得出以下认识。人类历史上第一个社会主义国家在成立早期,为培育社会主义新人、克服当时的物质困境,展开了一场组建公社房的伟大实践。政权旨在通过这种居住形式实现"去私化",把妇女从繁重的家务劳动中解放出来,消灭婚姻家庭,在崭新的社会主义时代培育出不同于以往任何时代的新人。这种愿望是美好的,表达了人们对新生活的探求,精神可贵。况且,集体居住、共用配套设施的住房形式,确实有助于克服物质短缺的难关,使有限的资源更充分地发挥作用。因此,它的出现是有一定的现实意义的。这种带有配套服务设施的完整建筑形式,对瑞典、挪威、丹麦等国的"集体式大楼"、英美的"公寓式住宅"、德国的"家族宅邸",以及社会主义国家附设服务设施的居住大楼也都产生了直接影响。① 在充分肯定它的积极意义的同时,我们也应该看到其中反映出来的"左"倾幼稚思想。从十月革命后到1930年代初的苏维埃社会中,这种思想不仅植根于布尔什维克领导人的头脑中,在社会各阶层也都存在。公社房的创建者们严重脱离社会现实,将社会主义公有制和集体化的原则机械地照搬到日常生活中,导致美好理想与实际结果存在巨大的落差。公社房始终没有如政府所愿,成为社会主义社会占主导地位的住房类型。最终,这种无助于推动工业化的住房形式退出了历史舞台。苏联组建公社房的实践表明,一种住房类型不是凭空产生的,它的出现会受到生产力发展水平、社会发展阶段、物质技术基础、日常生活传统和人们的思想观念等多方面的制约,仅仅凭借政治激情是不可能长远发展下去的。

二　成为长久居住形式的合住房

　　工业化时期,随着住房危机的不断加深,合住房的性质再次发生转变。

---

① 臧志远:《苏联工业化集合住宅研究》,第25页。

其一,如果说在政权初建时期,合住房被视为临时的住房类型、新经济政策年代这种"暂时性"观念开始削弱,那么,到1930年代,合住房俨然成为"长久性"的居住形式。在百姓心目中,住进舒适的住房是遥不可及的事情。其二,随着国家对住房市场的收缩,1920年代产生的两类合住房渐渐合一。1927年8月1日自动紧凑使用住房的决议为"行政命令型合住房"的发展奠定了法律基础,标志着合住房又开始趋近十月革命初期的概念;1930年代,伴随部门管理体制的建立,在将公有住房转交给各个部门和企业的过程中,这类合住房快速增长;而1937年10月决议公布后,住房租赁合作社、住宅建筑合作社管理或所有的住房全部化为市有,私房也在事实上被剥夺了所有权。至此,新经济政策年代在多种所有制住房里诞生的"市场关系型合住房"完全消失,合住房完成了概念回归,其专门指代在公有住房里,通过行政命令方式按照人均面积标准居住的住房类型。工业化时期,除了新兴工业城市外,大部分合住房都不是新建的,而是由以往的独户住宅改造的。1920年代末,60%的居民都是一个家庭居住一个房间。① 到1930年代中期,莫斯科和列宁格勒有3/4人口居住在合住房。②

1930年代,风起云涌的政治斗争浪潮波及社会各个领域,各类反对派和"人民的敌人"遭到镇压。国家对合住房的住户也加强了管控,合住房的功能发生了实质性变化。如果说1920年代它的目的是解决住房危机,那么,在1930年代,它变成了国家监督家庭生活的重要工具。这种监督功能表现在两个层面。

第一,合住房内外遍布监督人。主要包括寓长或住宅负责人、扫院子的人和举报人。

寓长或住宅负责人必须掌握住户的私人信息。1929年房东制度被取消后,国家颁布了责任专员条例,在住房租赁合作社经营的住房里由寓长代替房东管理住宅,寓长是由全体住户选举产生的。而地方苏维埃经营的市有住房则是由住户指派住宅负责人直接管理。寓长或住宅负责人不仅要保障公用服务费用的正确收缴、维持住宅秩序,还必须搜集邻居的生活信息,向房屋管理所报告。公寓内部生活条例也规定,住户必须及时向寓长汇报自己的情况、工资收入及其变动信息。③ 可知,与新经济政策时期的房东相比,寓长或住宅负责人的职责已由对住宅本身的管理深入到掌控住宅里住户的隐私。

---

① А. Черных. Становление России советской: 20-е годы в зеркале социологии. С. 202.
② 〔英〕奥兰多·费吉斯:《耳语者》,第186页。
③ Н. Лебина. Советская повседневность: нормы и аномалии. от военного коммунизма к большому стилю. С. 107.

扫院子的人留意住户的行止。扫院子的人平时负责打扫楼梯和院子、在住房内外巡逻,晚上负责给大院锁门、留心人们的进出。他熟悉每一位住户的情况,并与安全部门合作。1933年的新法律规定,寓长全权领导扫院子的人。可知,寓长或住宅负责人和扫院子的人是合住房中的官方代理人,时刻监督住户的日常生活。

举报人揭发自己的邻居。除了设立上述监管人外,邻里之间也要加强监督。到1930年代中期,内务人民委员部建起了一个秘密举报人的庞大网络,鼓励居民检举揭发反对派和"人民的敌人"。合住房特殊的居住形式,为发现隐藏的敌人提供了便利条件,邻居会开门查看走廊上的访客,或窃听他人的电话交谈,猖狂举报。其中因每个家庭占据的房间面积不同,住在大房间里的家庭引起小房间家庭的愤怒,这种嫉妒不满情绪成为许多告密和司法诉讼的源泉。莫斯科一位女教师,同丈夫、父母和两个儿子在合住房中一个42平方米的大房间里居住了近20年。她写道:"这些年间,我们的房间成为邻里矛盾的源泉。充满敌对情绪的邻居们用各种可能的方式迫害我们,包括向各级地方机关写告密信。最终,她的丈夫因'从事反革命宣传'被判处8年监禁,全家被迁出。"[①]可知,合住房住户的警惕意识都是很高的,但举报内容却并非都属实,因住房短缺严重,赢得对方的居住空间成为一个重要动机。

第二,规范住户日常生活行为。

出台住户文明居住规范。1935年,内务人民委员部颁布了《关于打击公寓中的流氓行为》通告。指出流氓行为包括在住宅里经常酗酒,并伴随喧哗、打架、骂人;利用自己的职位殴打、侮辱、扬言报复他人;放荡的行为;民族中伤;对个人的嘲弄;各种恶作剧,如从厨房和其他公共场所扔掉别人的东西,破坏邻居准备的食物,毁坏别人的物品、食品等。[②] 这是国家对合住房颁布的首部个人文明居住规范,以前出台的合住房内部条例多针对保持公共卫生环境,而不是针对个人举止。1935年法令严格规范了个人在住所中的言行举止,利于营造整洁文明、安静有序的生活环境。

设立监督、宣传和审判机构。国家在合住房里组织各种机构,如监督委员会、文化和日常生活委员会、反流氓行为小组、反酗酒小组、宣传购买国债的三人小组、拓宽家庭主妇厨房视野的三人小组等,宣传国家的大政方针,引导住户遵守日常生活纪律、规范私人生活。1931年,国家在房屋管理所设立

---

① ГАРФ. Ф. 5446. Оп. 81а. Д. 94. Л. 207-209. См.: Ш. Фицпатрик. Повседневный сталинизм. Социальная история Советской России в 30-е годы: город. С. 61.

② Н. Лебина. Советская повседневность: нормы и аномалии. от военного коммунизма к большому стилю. С. 109.

了人民法院,作为基层的司法机构履行司法职能。它不仅可以谴责住户,还可以提出各种惩罚问题。

直接通知当事人单位。对违反合住房使用规则的人,最有效的惩治形式就是交由单位处理。1933年5月6日,科学技术出版社列宁格勒分社联共(布)集体委员会召开会议,研究从乡村大街28号楼住宅管理委员会联共(布)派移交的材料,内容是关于В.В.孔德拉季耶夫在公寓里的流氓行为,他是1930年入党的党员。委员会成员提出把孔德拉季耶夫开除出党,这一决定可能导致其被解职。① 因此,个人在合住房里的不良表现会由房管机构告知当事人所在单位,而单位的严格处理可能危及其政治生命甚至饭碗。

总之,通过设立各种机构、组织、人员和规章,国家于1930年代中期在合住房确立了严格的监管机制,这种做法延续到苏联解体也没有改变。

合住房造就了新型的苏维埃人格。1930年代在合住房长大的电影导演罗兰·贝科夫回忆,当时的生活非常压抑,泯灭了任何个性。合住房中盛行"集体法则",抗议根本没用——只会招致"大家团结起来",群起而攻之。② 叶丽萨维塔·切奇克对从小居住的合住房抱有同感:"现在回顾,我意识到我在成长过程中一直有不自由的感觉,不敢暴露自己的本性,生怕有人看到,生怕有人有所非议。"③ 一位居民回忆道:"我在合住房里所感受到的,是内心自由和个性的全然窒息。我每次走进厨房,受到聚在那里的一小群人的审视,就会感到这种窒息,就要启动自我控制。成为真正的自己,那是绝不可能的。"④ 可知,长期的集体生活和无时不在的监督,压抑了居民的个性,促使人们随大流、谨小慎微,害怕与众不同。总之,这样的环境塑造了居民的从众型人格。这种心态有助于个体较快融入群体和产生认同感,也有益于社会形成共同规范和价值观,但另一方面,盲目从众也容易排挤独树一帜或有不同思想的人,极易受到他人唆使。

三 作家苦闷的合住房生活

作家是一个对居住条件有着相对较高要求的群体,对于他们来讲,住所往往也是自己的工作场所,他们需要一个独处和安静的空间从事阅读、思考

---

① ЦГАИПДСПб. Ф. 7384. Оп. 2. Д. 8. Л. 470. См.: Там же. С. 108.
② 〔英〕奥兰多·费吉斯:《耳语者》,第196页。
③ 同上。
④ 同上书,第197页。

和写作。但在 1930 年代的苏联,只有极少数著名作家才能获得独户住宅,绝大多数作家都生活在合住房里,缺乏良好的创作环境。

合住房生活无法实现独处。1935 年,在苏联作家联盟和儿童作家联盟的部门工作报告中,指出了儿童作家的住房问题。大部分儿童作家都是全家居住在一个房间里。Л. 卡希利和妻子、1 岁的孩子三口人居住在一个房间里;А. 盖达尔全家五口人居住在一个房间里,里面用木板隔开;女作家斯米尔诺娃和刚刚出生的孩子、丈夫、母亲四口人居住在一个房间里,共 16 平方米。而著名的儿童作家 Б. 日特科夫有一年半根本没有自己的住房。① 可知,作家们的居住环境是非常局促的,人均面积只有几平方米,三口、四口、五口之家挤在一个房间是寻常现象,根本没有自己独处的空间。但能拥有这样的栖身之地已经是非常幸运了,还有作家没有住处,更无从谈及个人空间。1938 年 8 月 9 日,苏联作家联盟秘书帕夫连科和文学基金会理事会主席 Н. 利亚什科向 В. 莫洛托夫报告,在莫斯科和列宁格勒作家联盟里有相当数量的作家,大约有 150 人,没有进行创作所必需的居住条件,他们中许多人根本没有自己的住房,寄宿在亲戚或别人家里。② 苏联作家联盟主席团给 В. 莫洛托夫的另一封信中这样写道:"仅在莫斯科就有 200 多位作家需要改善居住条件,其中大约 40 人没有私人空间。"③

合住房生活难以获得安静。С. 瓦申采夫在给苏联作家联盟理事会的信中介绍了自己的工作状态:"我家一共六口人,占有两个房间。我的三个小孩子都在音乐学院附属的中央儿童音乐学校学习,他们都是音乐家,从早晨到深夜拉完小提琴拉大提琴,再弹钢琴。"④作家 Н. 阿杜耶夫拥有大约 35 平方米的住房面积,包括两个房间。但这套合住房里共有 7 个小孩子,自然,他们会表现出这个年龄段的应有行为。⑤ 列宁格勒作家 Г. 戈尔的房间很小,孩子们经常打扰他写作。于是,他坐到桌子后面,左手拿一根小棍子,在后背挥动着以赶走孩子,右手写作。⑥ 可知,合住房人口多、年龄杂,尤其是孩子们制造的各种喧嚣,使作家无法获得一个安静构思的环境。

不良的工作环境激起作家的不满。当作家向苏联作家联盟反映情况时,住房条件问题经常成为主要问题之一。在 1930—1950 年代,这类内容的信

---

① В. А. Антипина. Повседневная жизнь советских писателей. 1930-1950-е годы. М., Молодая гвардия, 2005. С. 117.
② Там же. С. 123.
③ Там же. С. 123.
④ Там же. С. 124.
⑤ Там же. С. 123-124.
⑥ Там же. С. 126.

件占 18.5%，作家们请求改善居住条件、分给他们住宅或者房间、在一个大城市最常见的是在莫斯科为他们提供住房。①

总之，工业化时期，苏联作家的居住条件是比较艰苦的，房间少环境差，对其创作工作造成了消极影响。

四　工程师②激烈的空间争夺战

工业化时期，豪华住宅仅提供给为数不多有卓越贡献的工程师，绝大多数工程师的居住条件都很艰苦。在马格尼托戈尔斯克的建筑工地上，新来的工程师中 65% 以上在一个多月的时间里随处栖身，仅有 61% 居住在适宜过冬的住所里。在顿巴斯，连主管人员都没有独户住宅，专家是每 4 个家庭居住在一个房间。在兹拉托乌斯托夫工厂，工程师切列米辛搬家 5 次，还是没有自己的房间；什佩列夫在两个半月里栖息在"外来者之家"拥挤不堪的过道房间里；阿波罗诺夫被迫把家安在厕所附近的壁橱里。在别日茨，400 名工程师中只有 80 人有住房。在布良斯克，25 名工程师没有住宅。在维亚济马，35 名工程师没有住宅。而在斯摩棱斯克，50 名专家没有属于自己的一个角落。在斯大林-马克耶夫斯基电厂，因行政机构连床铺都不提供，工程师们都睡在桌子上。③ 各地新老工厂的情况表明，住房短缺是普遍情况，即使是工程师甚至专家，住房条件也是非常糟糕的。他们不但鲜有独户住宅，甚至连独自占有一个房间都是梦想，许多人甚至没有安身之处。

正因为住房严重不足，所以，专门为工程师新建的住宅楼往往未竣工就投入使用，这种做法又引发了无穷的后患。马克耶夫斯基冶金厂专家涅列波夫住在半成品楼房里。地板被风吹成波浪状，窗户关不严，墙皮剥落，房顶漏水，卫生间设在院子里，垃圾箱根本没有。④ 加里宁工厂的"工程师之家"共有 180 套住宅，住户有 500 人。这栋楼在验收时已经发现许多缺陷，一年后正式落成时仍未安装取暖设施。⑤ 可知，由于工程未完工就急于组织搬迁，建筑的配套设施不齐全、质量问题不断，反倒给住户增添了诸多不便和烦恼。

---

① В. А. Антипина. Повседневная жизнь советских писателей. 1930-1950-е годы. М., Молодая гвардия, 2005. С. 112.
② 苏联没有技术员这一阶层。大学生在毕业后即使干工人的活，头衔也是工程师。
③ С. Шаттенберг. Инженеры Сталина: Жизнь между техникой и террором в 1930-е годы. С. 306-307.
④ Там же. С. 310.
⑤ Там же. С. 310.

针对这种乱象,布良斯克的一位领导赛科曾向有关部门呼吁,未竣工的住房绝不允许验收和入住,因为交付使用时存在的不足通常在日后都无法弥补。他举了布良斯克一所住房的例子,那里没有安装锅炉,住户可能永远都没有热水。① 其实,即使政府拒绝验收,工程师们也往往擅自入住。如在伊万诺沃,工程师自行搬进了"专家之家"。随着时间推移,建筑的缺陷愈益恶化。他们写了申诉书,但政府既不给钱,也不给建筑材料,理由是楼房是"建造好了的"。在伊万诺沃还出现了穿着石灰西装的怪人。他们都是当选的科技代表,搬进了一栋未建成的新专家楼。在那里,灰泥从墙上脱落、炉子冒烟、自来水不能使用,100 套住宅里只有 30 套有浴室、22 套有实木复合地板。室内缺少必需的家具,而领导拒绝拨款购买床、桌子和椅子。② 可知,许多工厂的住房危机是异常尖锐的,迫不及待改善居住条件的工程师往往在建筑未交工时就捷足先登,由此引发的质量事故无人负责。所以,新居生活并未达到他们的预期,后续问题更让人烦心。

工程师们住房情况的突出特点是住房面积的变动性大,时常无故遭到掠夺和驱逐。表现之一是部门住房里会发生占用工程师的空间或驱逐工程师的事件。一些工程师在出差时不能确定回来后自己的房间是否还能够完整保留,因为在这段时间里,房间通常都会被邻居或上级占去一块地方,甚至是整个厨房。③ 工程师科列斯尼科夫就遇到了这样的问题。邻居们趁他不在把一堵墙拆掉了,这堵墙原本是将邻居同科列斯尼科夫的第三个房间隔开的。邻居们把从这个房间通向他的住宅的门堵上了,有人在这个空间居住下来。④ 为把宿舍改做行政楼,铁路工程师被从宿舍赶到另一栋楼里。但那栋楼急需维修,没有下水道,没有取暖设施,房顶还有窟窿。因在《真理报》上发文抗议,宿舍最终还给专家们了。⑤《工程劳动》报道,第聂伯罗彼得罗夫斯克的住房管理处趁工程师鲁比诺维奇不在,把他的妻子赶出住宅。工程师特罗申同妻子和两个孩子居住在一个房间里,当全家外出时这个房间被剥夺。⑥ 可知,居住在公房里的一些工程师难以守住自己的那块领地,或者被

---

① ГАРФ. Ф. 5548. Оп. 13. Д. 61. Л. 7. См.: С. Шаттенберг. Инженеры Сталина: Жизнь между техникой и террором в 1930-е годы. С. 311.
② С. Шаттенберг. Инженеры Сталина: Жизнь между техникой и террором в 1930-е годы. С. 311.
③ ГАРФ. Ф. 5548. Оп. 16. Д. 1. Л. 153. См.: С. Шаттенберг. Инженеры Сталина: Жизнь между техникой и террором в 1930-е годы. С. 309-310.
④ ГАРФ. Ф. 5548. Оп. 16. Д. 1. Л. 166. См.: Там же. С. 310.
⑤ С. Шаттенберг. Инженеры Сталина: Жизнь между техникой и террором в 1930-е годы. С. 309.
⑥ Там же. С. 310.

别人乘虚而入,抢占一块地盘,或者被强制迁出。总之,居住空间争夺战是极其惨烈的。

表现之二是工程师住宅建筑合作社集体建造的住宅遭褫夺。在1937年之前,国家一直是鼓励住宅建筑合作社发展的。对于工程师住宅建筑合作社,国家给予了一定的财政支持,1931年拨款1000万卢布、1932年拨款2000万卢布用于购买建筑材料。在国家的帮助下,工程师们利用集体的力量建筑了一批住房。因工程师都是专业技术的佼佼者,他们参与建造的房子质量优质,遂引起当地政府机构工作人员的忌妒,一些住宅遂遭遇不幸。1934年,奥尔格能源工厂的26名工程师给斯大林写信,讲述自己的经历:工程师们以前栖息在狭小的房间里,经常是两个人睡一张床。为了改善条件,他们集资10.4万卢布购买了一栋带有25套住宅的楼房,还花费了7.5万卢布修理。竣工后,地方政府介入,将19套住宅分给了军人。剩余的6套住宅,军队和民兵趁主人不在的时候破门而入,把他们的行李扔到大街上,并立刻占领。受害人向斯大林申诉,但始终无人理睬。① 工程师突击手合作社向人民委员会主席也反映过类似问题。该合作社有612名工程师,他们在5年多时间里投入了全部时间和金钱建房。但仲裁法院以"涉嫌使用国家资金建造"为由要剥夺他们的房屋。② 可知,即使是工程师们自己出资建造的住所,也会遭受没收的厄运,毫无道理可言。

总之,工业化时期,绝大多数普通工程师的居住条件是令人心酸的,尤其是新开发的工业区,往往连最简易的住所都难以保障。工程师们改善住房条件的愿望异常迫切,居住空间争夺战也离奇激烈。

五 工人苦难的工棚经历

工棚是临时搭建起来的简易房屋。工业化时期,大批新兴企业崛起。1929—1932年,国家新建了1500家企业,1933—1937年是4500家,1938—1940年为3000家。③ 如果说在1920年代末,工棚区主要位于采矿业和林业等重工业部门,轻工业很少,那么,到1930年代,工棚是新老城市轻重工业工

---

① ГАРФ. Ф. 5548. Оп. 13. Д. 111. Л. 1. См.: С. Шаттенберг. Инженеры Сталина: Жизнь между техникой и террором в 1930-е годы. С. 308-309.
② ГАРФ. Ф. 5548. Оп. 16. Д. 1. Л. 7-8. См.: Там же. С. 309.
③ О. Э. Бессонова. Жилищный раздаток и модернизация России. М., РОССПЭН, 2011. С. 24.

人的基本住所。

老工业城市的工人主要居住在工棚里。莫斯科的一家大型发电厂，在1932年时一座工棚住550人，每人2平方米，因床位紧缺，有50人睡在地板上，一些人轮流使用带草垫子的床铺。① 莫斯科州也很难为一半参与新建设的工人提供住房。对于大部分响应者来说，最好的居住条件是工棚。1930年代初，车里亚宾斯克拖拉机厂的工棚里除了双层床铺以外，没有任何家具，也没有食堂和洗衣间，50人共用一个水龙头。莫斯科最大的企业之一"镰刀和锤子"工厂，在1937年有1/3的工人也就是2500人居住在工棚里，人均2.5平方米。1938年关于该厂工棚生活的报告写道，有小孩子的家庭用印花布隔成一个空间，无法按照家庭成员人数占据床位，大多数情况都是两人共用一张床。② 可知，老工业城市的工棚极为拥挤和简陋，缺乏起码的卫生设施，甚至无法保障一人一床。

新兴工业城市的住房类型也以工棚为主。城市拓荒者往往首先居住在帐篷、用黏土涂抹的窝棚或地窖里，也有许多城市将行政机构和日常生活机构改造成住房，为成家者和单身汉提供临时住所。只有经过一段时间的城市建设，这些开拓者们才能搬迁到工棚里。因此，在新兴工业城市，工棚属于改善房。1930年代，乌拉尔2/3的工业和建筑业工人居住在工棚。到1930年代末，在乌拉尔各州中心一半的城市住房都是工棚。③ 1937年，西伯利亚大部分工人居住在工棚。例如，在库兹巴斯，一半的矿工居住在工棚和工棚性质的住所里，在克麦罗沃则是76%的矿工。④

马格尼托戈尔斯克建设者的住房变迁是一个典型例子。该市的第一批住房是大白帐篷，每个容纳15—20人。一名来自列宁格勒的年轻人在1931年6月的信中写道："在马格尼托戈尔斯克，我们面对的一切都非常糟糕……汽车把我们拉到一个空地上。在我们面前是一个帐篷，除了帐篷本身，什么也没有。第一夜我们睡在光秃秃的地上。第二夜给我们提供了死铁和托板，我们睡在光溜溜的木板上。第三天把帐篷里的板子连接起来，给我们发了被子、干草，用干草将床褥子填满。我们的露营生活就这样开始了……我们现在正在建设工棚。每一天都有非常多的工人离开这里。离开是很难的，这是不允许的。但是我一定要离开，因为不能在这里生活：没有对口的工作，没有

---

① Ш. Фицпатрик. Повседневный сталинизм. Социальная история Советской России в 30-е годы: город. С. 63.
② С. П. Постников, М. А. Фельдман. Социокультурный облик промышленных рабочих России. в 1900-1941 гг. С. 147.
③ Там же. С. 142.
④ Там же. С. 146-147.

工作服,伙食非常差。而山上经常刮寒风,时常下雨。帐篷总是漏雨,住在帐篷里非常冷,几乎要冻僵了。"①可见这些创业者筚路蓝缕的艰辛。他们露宿野外,在凄风苦雨中为自己建造住所。

工棚竣工后,帐篷被取代。工棚是用木板和黏土建造的,外面抹上了灰泥,涂上白色。为了绝缘,在墙体内放了锯末。可见,工棚在保暖、御寒方面着实强于帐篷,搬到这里确实是改善了居住条件。正如1929年来到这座城市的伊万·科科维欣所言:"四堵木墙,房间很大,有许多床。这不是什么了不起的东西,但不住在帐篷里,我们已经很高兴了。"②在马格尼托戈尔斯克钢铁联合企业工作的外国工人斯科特,居住的工棚要好于本地工人的普通工棚,他这样描写这座条件相当好的工棚:"这是一所低层白色木建筑,双层墙壁里面铺着干草。铺着沥青的屋顶每到春天就漏水。工棚里共有30个房间,每一间的大小是6英尺×10英尺,都是双人间。两张铁床又窄又晃荡,上面没有弹簧网,只是把厚木板铺在铁架子上。一张不大的桌子,一条三脚凳,一扇糊着报纸的小窗户,一盘小砖炉子。走廊的天花板很低,挂着一个小灯泡。工棚里有一个厨房,但也住着一户人家,所以大家都在自己房间的炉子上做饭。"③可知,这座号称条件相当好的工棚实际上也是让人大跌眼镜的。但相较于当地工人的工棚,它确实优越很多:它不是一个没有任何遮拦的大型房间,而是分隔成了许多小间,使住户能够保有一些个人隐私。小房间里不仅有床,还增添了几样实用的物件,便利了生活。

从以上材料可知,新兴工业城市建设者们的居住条件是格外艰苦的。尤其是对于开荒者来说,工棚属于改善房。这些劳动者们吃苦耐劳,为国家的工业化建设作出了巨大牺牲。

工棚的劣质生活引起了社会的关注。在1930年代下半期,苏联社会掀起了一场改良居住条件的运动。社会活动家们把窗帘和其他令人愉快的零星物品送到工棚。国家向各企业下达指示:在工棚里划分出房间,以便家庭有独处的机会。1935年,在斯维尔德洛夫斯克的乌拉尔机器制造厂,几乎所有的大工棚都改造成了小型的单独房间;1936年,斯大林金属加工厂宣布,住在工棚大寝室的247个工人家庭,很快将得到独立的房间;1938年,马格

---

① ГАРФ. Ф. 7952. Оп. 5. Д. 172. Л. 59-60. Машинопись. Копия. См.: Отв. ред. А. К. Соколов. Общество и власть 1930- годы. Повествование в документах. М., РОССПЭН, 1998. С. 17.

② Составление и редакция: Уильям Брумфилд и Блэр Рубл. Жилище в России: век ⅩⅩ. Архитектура и социальная история. С. 103.

③ Ш. Фицпатрик. Повседневный сталинизм. Социальная история Советской России в 30-е годы: город. С. 62-63.

尼托戈尔斯克也基本完成了对工棚的改造。但发生变化的是少数,大多数工棚仍保持原样。① 可知,在国家和社会的帮助下,部分工棚得以改造,使工人们能够拥有一点私密空间。虽然改造涉及面有限,但毕竟是一个进步。

长期的工棚生活形成了独特的工棚文化。1934年,莫斯科市苏维埃颁布决议,禁止在该市继续建设工棚。② 但此决议并未发挥作用。无论对于莫斯科等老工业城市,还是乌拉尔、西伯利亚的新兴工业城市,工棚时代远未结束。1938年,莫斯科在近5000所的基础上又增添了225所新工棚。③ 1941年初,马格尼托戈尔斯克钢铁联合企业仍有66.8%,也就是2/3的住房面积是工棚。④ 可知,工棚虽名义上是临时的住房类型,政府也有意取缔,但受资金所限,国家只能建造这种简易住房,以便快速安置劳动力。于是,工棚成为苏联几代工人长期、固定的居所。因工棚里人员密集、设施简陋、没有娱乐,这种脏乱差和喧哗的环境潜移默化地影响着每个人的心灵,塑造着人们的人生观、性格特征、道德素养、为人处世及生活习惯,他们变得不修边幅、不讲卫生、没有礼貌,惯于酗酒、打架、偷窃,用打牌和喝伏特加消磨闲暇时光,粗鄙的工棚文化慢慢形成。这种文化又通过语言、服装风格、休闲方式、日常生活习惯不断渗透到每位住户的生活中,成为这一群体的标签。

六　援苏外国工人相对优越的住房条件

1929—1933年,西方资本主义国家爆发了严重的经济危机,为了摆脱危机,西方国家竞相出售过剩产品及机器设备。苏联充分利用这一机会,引进了一大批工业化需要的先进技术和成套设备,还高薪聘请大批外国专家和技工到苏工作。1932年,在苏联各地工作的外国技术人员约2万人。⑤ 为了解决他们的住房问题,莫斯科斯大林汽车制造厂、燃气加工厂、机床制造厂、莫斯科电厂等企业纷纷出资建房。这些部门住房全部都是合住房性质,带有一些便利设施。

1930年,莫斯科电厂开始在水手的沉默街为外国工人建设16号楼,它

---

① Ш. Фицпатрик. Повседневный сталинизм. Социальная история Советской России в 30-е годы; город. С. 64.
② Там же. С. 64.
③ Там же. С. 64.
④ С. П. Постников, М. А. Фельдман. Социокультурный облик промышленных рабочих России. в 1900-1941 гг. С. 146.
⑤ 周尚文、叶书宗、王斯德:《苏联兴亡史》,第229—230页。

在尚未交付使用时就被安排入住了。这栋楼共有 90 个房间,大多数外国工人都住在这里。1931 年 3 月,联共(布)斯大林监察委员会对这栋楼的调查显示:住宅很潮湿,供暖很差。令调查人员惊奇的是,一套由 2—3 个房间组成的合住房,通常每个家庭占有一个房间,但全体住户只有一把门钥匙。① 1931 年秋,外国工人的居住条件是这样的:1930—1931 年冬天,由于暖气形同虚设,只能用煤油炉取暖;自来水和下水道都有故障;窗户不是全都有的;墙上还有裂缝。而今年的冬天又要来临了,由于整个夏天几乎没有进行维修,所有外国工人都惊恐地断言,他们不能在这里过冬。其实早在夏天的时候,工厂就按房租的 50%—60% 收取了供暖费,可是没有储备煤炭……② 除了在水手的沉默街以外,电厂还在邮局街为外国工人建造了另一处住所,其居住条件并不比前者好。

这两处楼房投入使用后,外国工人的住房问题仍没有彻底解决。一份资料显示:1932 年 4 月,电厂有 16 名外国工人没有固定住所,其中有 3 人暂时住宾馆,其他人各找住处。③ 在对采纳电厂外国工人合理化建议的情况进行调查时,委员会发现了一件令人吃惊的事情:工厂最优秀的合理化建议者之一、提出 40 条建议的美国人孙盖洛,已经 5 个月没有住房了,他一直在朋友和熟人那里过夜。④ 可知,为能够给全体外国工人提供住宿,电厂必须继续建房。

由于住房短缺,电厂的外国工人普遍居住在合住房里,其中成家者每个家庭占有一个房间,单身汉二人一个房间。外国工人大多难以适应这种居住形式。

许多成家的外国工人申请改善居住条件。突击手和合理化工作者甘斯·戈尔恩一家居住在邮局街 5 号楼的一个房间里。1932 年 10 月 23 日,他向工厂外事处申请:"我有许多工作需要在家里做,但由于我和妻子的房间非常小,这个愿望根本不可能实现,我请求换一个大房间。"戈尔恩提出搬到济佩利托夫腾出来的房间,他的请求获得了批准。1933 年 1 月,他庆祝了乔迁之喜。⑤ 可知,交换房间是被允许的,可以以小换大。

然而幸运者只是少数。戈尔恩的邻居弗里茨·波泽也是电厂最优秀的

---

① ЦМАМ. Ф. 2090. Оп. 1. Д. 637. Л. 23. См.: Сергей Журавлев. 《Маленькие люди》 и 《Большая история》: иностранцы Московского электрозавода в советском обществе 1920-х-1930-х гг. М., РОССПЭН, 2000. С. 207.
② ЦМАМ. Ф. 2090. Оп. 1. Д. 833. См.: Там же. С. 207.
③ ГАРФ. Ф. 5451. Оп. 39. Д. 5. Л. 26. См.: Там же. С. 211.
④ ГАРФ. Ф. 5451. Оп. 39. Д. 5. Л. 28. См.: Там же. С. 211.
⑤ ЦМАМ. Ф. 2090. Оп. 2л/с. Д. 82. Л. 10. См.: Там же. С. 208.

合理化工作者。1932年1月，他向工厂管理处递交申请。其中抱怨道："工作之余，我还在西方大学学习，因此有许多事情都需要在家里做。此外，我还有许多社会工作，也常常需要在家里完成。但邻居们经常喧哗，夜间也是如此，不让我、我的妻子及13岁的女儿安静。"波泽请求在水手的沉默街的那栋新楼里，交换一个同等条件的房间，该申请被拒绝。① 1931年1月，德国钳工、突击手伊奥哈涅斯·格里恩格一家来到苏联。4月，他全家四口人被安排在水手的沉默街那栋楼中两居室的一个房间里。8月9日，他向电厂管理处申请："这间房间对于我、妻子及两个孩子来说太小了。工厂告诉我住宅不足，暂时不能提供第二个房间。这四个月里我试图在一个房间里将就下去，但得出的结论是不能再这样生活了。继续如此，我和家人的健康很快就会受损，我也会丧失工作能力。我还没有学习的条件，甚至没有放书的地方。我希望管理处重新考虑我的请求，将我这套住宅里闲置的那个房间提供给我。"这个请求仍遭到了拒绝。② 从以上史料可知，因不满意逼仄、喧闹的居住条件，外国工人试图调换或增加一个房间。但这是一件需要碰运气的事，幸运者可以换得大一些的房间，倒霉者即使交换同等条件的房间也是不可以的。更令人奇怪的是，即使住宅里有空房间，也不允许他们居住。

还有一些外国工人，因无法忍受恶劣、嘈杂的居住条件离开苏联。1931年4月，德国车工维利格利姆·祖科夫带着妻子来到电厂，被安排在水手的沉默街那栋未竣工的房子里。他因膀胱受凉住院，之后因为是先进生产者得到了免费疗养的机会，但最终也没有痊愈。1932年3月，他同电厂解除了合同，回到德国。③ 可知，祖科夫夫妇在苏联的停留时间还不满一年，就因居住条件差染病回国。德国工人阿利别尔特·梅德罗夫一家也住在水手的沉默街那栋楼里。1931年9月28日，梅德罗夫给厂长写了一份声明，他抱怨道："厕所里没有水，大家都往地板上吐痰。这一切使我们愤怒，我们不习惯这样的生活。上夜班时，我们在白天也得不到安宁……我的这套合住房变成了穿堂院，人们不停地走来走去，为了进出方便，他们已经是第二次打破锁头了。门没有锁头，我家已经丢了东西，我们请求帮助，我们害怕离开房间。"11月，梅德罗夫一家同电厂解除了合同，返回德国。④ 可知，梅德罗夫一家也是因为对居住环境十分不满，财物安全亦得不到保障而离开苏联。德国共产党

---

① ЦМАМ. Ф. 2090. Оп. 2л/с. Д. 98. Л. 11. См.: Сергей Журавлев. 《Маленькие люди》 и 《Большая история》: иностранцы Московского электрозавода в советском обществе 1920-х-1930-х гг. С. 208-209.

② ЦМАМ. Ф. 2090. Оп. 2л/с. Д. 31. Л. 29. См.: Там же. С. 211.

③ ЦМАМ. Ф. 2090. Оп. 2л/с. Д. 50. Л. 4. См.: Там же. С. 208.

④ ЦМАМ. Ф. 2090. Оп. 2л/с. Д. 82. Л. 1. См.: Там же. С. 207-208.

员卡尔·济佩利托夫住在邮局街18号楼的8号住宅里。1931年11月10日,他绝望地向工厂外事处递交了声明,讲述房间的寒冷:"风透过窗户刮进来,而商店里没有腻子,妻子已经感冒生病了。"除去寒冷之外,卡尔还抱怨楼上的邻居没有礼貌:"他们从早晨6点到晚上11点一直都在喧哗、跺脚,以至于天花板上的灰泥都掉下来了。邻居还嘲笑我们是'安静的德国人'。"由于这些不愉快的生活,卡尔一家在1932年末回国。① 其实,同这栋楼的其他房间相比,卡尔的房间远不是最坏的,从居住面积上看还是比较好的。所以,如上文所述,在他离开后,甘斯一家怀着喜悦的心情迅速搬了进去。

成家者尚且只能安置在一个房间里,单身汉的居住条件可想而知。尽管电厂在聘用合同中承诺,为外国单身工人提供单独的房间,事实上往往是两人合住一间,还有人没有住处。

单身工人也进行了不同形式的抗争。来自德国的钳工里哈尔德·弗里切坚决拒绝两人一间房,还称其他同意合住的人为"傻瓜"。因与行政部门的严重冲突,弗里切在1931年4月被解职。② 可知,工人激烈的反抗,未能换取工厂履行承诺,反而以被开除告终。也有一些工人暗自抗议。来自德国的吹玻璃工人甘斯·埃杰利,被安排在水手的沉默街20号合住房,他不吵不闹,擅自占据了19号住宅的一个空房间。1931年12月26日,电厂的行政部门被迫报警,请求将埃杰利迁出住宅。1933年末,因对苏联的现实彻底失望,埃杰利回国。③ 还有一些工人拿起法律武器捍卫自己的居住权。1930年7月,德国钳工斯·拜谢尔特来到苏联。按照合同规定,电厂应该为他提供一间房间,每月支付不少于200卢布的工资,他可以兑换60马克寄回德国。但事实上,他没有得到允诺的工资,在同事那里住了一个半月后,他忍无可忍,向全联盟电工技术协会外国技术援助局投诉。8月19日,外国技术援助局给电厂副厂长Γ.彼得罗夫斯基发函,要求为拜谢尔特提供承诺的房间和工资。信中写道:"在其他条件下引进熟练工人是极为困难的,更何况是能手型的共产党员,希望特别注意杜绝类似问题。"④ 可知,在外国工人来到电厂后,电厂就变成了强势方,即使违背了合同约定,单身工人也基本无力改变现状。

除电厂外,其他工厂的住房情况也是大同小异。从美国来到高尔基汽车

---

① ЦМАМ. Ф. 2090. Оп. 2л/с. Д. 49. Л. 34. См.: Сергей Журавлев.《Маленькие люди》и《Большая история》: иностранцы Московского электрозавода в советском обществе 1920-х-1930-х гг. С. 208.
② ЦМАМ. Ф. 2090. Оп. 2л/с. Д. 114. Л. 3. См.: Там же. С. 212.
③ ЦМАМ. Ф. 2090. Оп. 2л/с. Д. 114. Л. 7. См.: Там же. С. 212.
④ ЦМАМ. Ф. 2090. Оп. 2л/с. Д. 7. Л. 18. См.: Там же. С. 206.

制造厂的赖捷尔兄弟被安排在美国村,居住在木质工棚类型的一间小房间里,带有集体采暖和冷水。① 可知,这个美国村的住房类型是木头工棚,还不如电厂的新楼房,单身工人也是二人一间。诺金斯克市的《工人之声》报在1932年6月22日刊登了这样一则消息:7名来苏援建电炉钢厂的外国工作人员被安排到工厂的宾馆。那里的餐厅破旧,还没有浴室,公共浴池总是人满为患,外国人拒绝在众目睽睽下洗澡。其实,这个宾馆已是该厂最好的住处。② 可知,电炉钢厂最好的住所也是破破烂烂的,没有独立卫浴更是令外国工人难堪。

总之,1930年代援苏外国工人的居住条件还是比较艰苦的。他们虽主要居住在专门为其建设的住所里,但条件简陋、配套设施不全,甚至潮湿寒冷。住户基本以合住房形式居住,人员拥挤喧闹,卫生状况不佳。外国工人为改进居住条件付出了种种努力,但遂愿者寥寥无几。这一方面反映出当时苏联的住房形势是相当紧张的,即使对外引人才也无力提供体面的生活环境。另一方面也可以看到,苏联与德国、美国等资本主义国家在住房条件上的差距还是很大的。

综上所述,与1920年代相比,工业化时期大多数城市居民的住房类型并未出现质的变化,仍主要居住在合住房和工棚里,长期的生活环境形塑了居民的性格特质。无论是作家、工程师,还是新老工业城市的建设者、援苏外国技工,都有待提高居住水平。

分析住房类型未发生改变的原因,有以下几点。第一,国家对住房的投资少。1918—1928年,国家预算对包括住房在内的非生产部门的投入比重是64%,1929—1941年则为30%,缩减了一半多。可知,在工业化时期,住房和投资对立严重。这种局面与住房的非商品属性密切相关。作为社会主义国家的福利之一,房子是由国营单位租赁给职工使用的,费用低廉。因此,住房只被政府作为国民收入中的一项支出,消耗的是机关的拨款和企业的盈余,对其投资得不到任何回报,是最赔钱的买卖。所以,即使城市人口不断增加,国家、企业和机关出资建房乃至建设优质住房的动力都明显不足。相较之下,发展重工业可以御敌强国,是头等大事,住房事业自然要让位。除了观念上的认知外,当时,国家将主要财力都用于投入或换取工业化所需的资金、技术和机器设备,实际上也无力兼顾发展住房事业。第二,与分散化住房管

---

① Сергей Журавлев.《Маленькие люди》и《Большая история》: иностранцы Московского электрозавода в советском обществе 1920-х-1930-х гг. С. 212.

② Там же. С. 212-213.

理方式的收缩直接相关。在住房建设机制上,新经济政策时期的建房主力个人,从1927年开始遭边缘化,住宅建筑合作社又始终不兴,造成工业化时期住房建设力量单薄。正是因为住房短缺严重,住房成为了社会奖励系统中的重要成员,有限的住房投资偏重少数群体的独户住宅建设,较少惠及普通民众。在住房分配机制上,国家排斥市场调节作用和住房合作社内部自主分配机制,将房屋分配权掌握在自己手中,优质住房资源配置给为工业化作出突出贡献者,对于广大民众,只能按照人均面积标准紧凑使用存量住宅,或居住在仓促建成的工棚里。第三,住房建设落后于城市人口增长。工业化建设需要大量的劳动力,这主要是依靠农村人口的转移实现的。1930年代初建立的国家招工体系,从农村招募了1800多万非熟练工人进城。二战前城市人口的增长率是整个苏联时期最高的。① 1927—1928年城市居民是2690万,1932年达到3560万,4年间人口增加了近900万,而住房面积仅增长2500万平方米,这意味着每个新工人人均约2.8平方米,而城市人均住房面积则从5.9平方米降到5.2平方米。②

从工业化时期的居住条件还可以明显感受到住房分层。其一,延续以往态势,高层领导干部在住房条件上更上一层楼,向豪华化、封闭化发展,官民之间的鸿沟继续拉大。其二,出现了新的住房分化。在工人、知识分子、工程师、管理人员中,有部分人口脱颖而出,跃升到享用独户住宅的行列。他们的住宅虽无法同高层领导干部相提并论,但已远远优于同类群体,属于"住房特权者"。其三,整个社会分化成两大对立的等级。高层领导干部和各类精英居住在独户住宅,房屋质量优且设施齐备,而普通民众生活在合住房和工棚等住所,房屋质量差且设施短缺。住房类型的截然不同,象征社会地位的迥异,反映出社会的不平等。

住房分层又对社会结构具有反作用。住房往往是人们实现其他追求的必要条件。居住条件的差别影响着人们的生活,为不同群体在文化水平的提高和社会地位的晋升上创造了明显不同的机会。由上文可知,得到独户住宅奖的人群,在享受优越物质待遇的同时,自觉不自觉地背负起了提升文化修养和业务水平的义务,甚至国家会安排家庭教师单独辅导。物质和精神的双向激励助力其在工作和生活上有更优异的表现,巩固自己的社会地位。而生活在合住房尤其是工棚的住户,长年浸淫在不良甚至恶劣的居住条件里,人员拥挤、琐事纷杂,极容易影响心情,甚至诱发心理疾病。为了融入小圈子,住户也需要趋同,避免成为遭排斥和打击的"异类"。这种集体生活环境潜

---

① О. Э. Бессонова. Жилищный раздаток и модернизация России. С. 24.
② А. Черных. Становление России советской: 20-е годы в зеркале социологии. С. 205.

移默化地塑造着每位居民的言行举止、生活方式、兴趣和思维习惯,进而构成某个特定群体的标记。不但如此,这些住户获得增加文化和业务知识的机会也是很少的。物质和精神的双层束缚,使得合住房和工棚的住户难以提升社会地位。不同的住房条件在一定程度上固化了社会分层。

总之,工业化时期广大劳动群众的居住条件改善很小。住房事业问题重重、任重道远,需要苏联政府认真对待,下大力气解决。

结　论

通过对1917—1937年苏联城市住房历史的研究,本文得出以下结论。

第一,1917—1937年的20年间,苏联共产党和政府在增加城市住房总面积、提高人均居住面积、改善住房类型和内外部环境等方面孜孜探索和不断努力,取得了一定成效,初步显示了社会主义制度的优越性。

第二,1917—1937年,随着住房政策的不断调整,苏联城市的住房管理先后经历了"集中化—分散化—高度集中化"的演变历程。

1917—1921年采取了集中化住房管理方式:将大地主、大资产阶级的私有住房大规模收归市有,集中在地方苏维埃手中;通过各级行政机构统一组织劳动群众搬迁到市有住宅里,并近乎无偿使用住宅。同时,也将部分非劳动者迁出住宅,甚至迁出城市;由国家单一渠道出资,建设了苏维埃政权的第一批新住房;由贫农住宅管理委员会暂时代管市有住房,地方机构起总领作用。

1921—1927年采用了分散化住房管理方式:将收归市有的少部分住房发还原主,归个人所有和管理;将绝大多数收归市有的住房租赁给住房租赁合作社集体管理;发动国家、住宅建筑合作社和居民个人的力量,参与建设住房;恢复房屋的租赁、买卖和房租征收制,地方苏维埃管理的市有住房则继续按照人均面积标准紧凑使用。

1927—1937年实行了高度集中化的住房管理方式:通过自动紧凑使用住宅并迁出"人民的敌人",再次重新分配存量住房;基本切断了市场分配渠道;变相将私有住房收归公有;撤销住房租赁合作社和住宅建筑合作社,将其租赁和建造的房屋移交地方苏维埃、企业等机构管理;基本取缔私人建房;所有类型的住房都以租赁的形式使用,由中央到地方自上而下设立各级机构垂直管理。

第三,三种住房管理方式对城市居民的住房状况影响巨大。

苏维埃政权建立初期,在战时的特殊条件下,苏维埃国家选择集中化的住房管理措施解决紧迫的住房问题是必要的,这种方式取得了历史性功绩:国家运用强力没收剥削阶级的房产,使部分工人群众有生以来第一次以主人的身份,从地下室、陋室搬迁到资产阶级宽敞的大住宅里,居住场所发生了质变。人口密度也有所下降。政府向居住在重新分配住房中的劳动群众收取极其低廉的房租,免除了他们过去不堪重负的房租负担。这些努力虽然所及面有限,但是,显示了新生政权和社会主义制度努力为劳动群众谋利益的无产阶级性质。

总体来看,这一时期城市居民的居住条件比十月革命前更加艰苦,房舍更为破落,许多群众原地未迁,搬迁者也并不认可政府赠与的礼物。官民之间开始出现住房条件差距。造成这种状况的原因,当然首先是沙俄时期住房问题尖锐,苏维埃政权不可能在短短四年时间解决工业化几十年遗留下来的问题。其次,这与国内战争的破坏和战时紧迫的形势有关。战时国家无暇也无力大举建设新房。而迁入新居的老百姓,改善居住条件的成本亦大大超过了收益。最后,也应该看到集中化住房管理方式存在的缺欠对于住房事业的恢复和发展不利:房屋市有化并近乎无偿使用,使住户与住房之间没有责任义务关系,导致住户不爱惜住宅,住房被人为地污损;国家管理住房的力度较小,使得住房因失修而遭到进一步破坏。这些新问题使原本存在的住房短缺、居住条件恶劣的形势雪上加霜。实践证明,集中化的管理方式虽然能够一举没收和分配住房,迅速解决一部分劳动群众的住房困难,但是,对于有效地管理住房,修复战争对住房事业造成的创伤以及解决住房危机来说,是不够的。

苏维埃政权在内战之后继续推行军事共产主义政策,引发全国性的政治经济危机。以1921年3月俄共(布)十大为标志,苏维埃俄国进入了新经济政策时期。国家开始对经济进行分权管理,在一定程度上引入市场机制,刺激经济的恢复和发展。住房管理随之向分散化转型。分散化的管理方式调动了多方管理、修缮、建设住房的积极性,取得了良好效果:城市居民的住房总面积增加;室内配套设施有了一定程度的改善;开始出现公用设施齐全和居住环境良好的低层高层住宅、定型单元式住宅乃至建筑群;重工业工人的人均居住面积提高;高层领导干部搬进了宽敞、服务设施齐备的独户住宅里。总之,分散化的住房管理显示出强大的生命力,城市居民的住房状况得到了初步改善。

在充分肯定上述成绩的同时,也要清醒地认识到这些进步仅发生在个别部门,涉及小范围群体,总体来看,城市居民的居住条件并未发生根本性改变,仍居住在合住房、集体宿舍、公社房和工棚里,人均居住面积逼仄,卫生状况恶劣。官民之间的住房差距在拉大。究其原因,首先是分散化住房管理有效运转的时间只有六年左右,难以偿清半个多世纪积攒的历史欠账;况且,在这一时期,国家依然采用行政命令手段,制约非国家管理的住房事业,约束集体和个人对住房的所有权,硬性规定房租征收限额,使分散化管理方式的发展不充分,限制了这种方式能够产生的效果。此外,新经济政策时期,国家的工作重心是恢复和发展国民经济,对住房事业的投资较少、建房面积不多。再加之城市人口自然增长率的上升和大量农民涌入城市务工,以及饥荒使农村饥民流入城市等因素,住房供需矛盾有增无减。尽管如此,但分散化住房管理中蕴含的原则,即住户与住房之间需要有责任义务关系约束,以及运用市场因素,调动多方积极性参与住房事业,被实践证明非常有利于建设住房、管理住房,至今仍有着不息的活力,可以为许多国家解决住房问题提供有益的启迪。

苏维埃国家自建立起,始终处于"内求发展,外求生存"的环境下。到1920年代中期以后,基于对新的战争逼近以及阶级斗争尖锐化的形势判断,苏联开始渐渐收缩分权管理经济的模式,以阶级斗争为纲,铲除滋生富农和资产阶级的新经济政策土壤,举全国之力开展工业化。当斯大林提出要在10年内走完资本主义国家用50年至100年所走过的发展路程时,全党和全国人民都被鼓舞起来,军事共产主义时期寻找进入社会主义捷径的思想再度抬头。① 在这一大背景下,经济管理体制再次向高度集中转变,分散化住房管理方式退出历史舞台,稀缺的住房资源渐次集中到国家手中,作为调动居民劳动积极性、快速实现工业化的重要杠杆。综合主客观因素,在1920年代末期,分散化的住房管理走向终结,高度集中化的住房管理逐步确立,具有社会基础和客观必然性。

高度集中化的住房管理取得了一定成就:城市住房总面积继续增加;人均居住面积已经超过十月革命前的水平;住宅的建筑质量、配套设施都有改观;为国家作出突出贡献者被分配到独户住宅甚至别墅;高层领导干部的住房条件更加优越、居住区域封闭化。但是,随着分散化管理方式的收缩,国家在住房领域逐步限制市场作用、禁止社会力量参与,住房的商品属性日趋淡化,福利性质突出。住房只被政府作为国民收入中的一项支出,对其投资得不到任何回报,是最赔钱的买卖。所以,即使城市人口不断增加,国家、企业和机关出资建房乃至建设优质住房的动力都明显不足。此外,国家日益集住房管理于一身,却又必须将主要财力用于投入或换取工业化所需的资金、技术和机器设备,实际上也无力兼顾住房大业。这些因素造成住房供给量的严重不足和住房分配中的等级性和不公平,住房事业进步缓慢。在1930年代,城市居民仍主要居住在合住房、工棚和集体宿舍里,住房类型未发生质变,长

---

① 周尚文、叶书宗、王斯德:《苏联兴亡史》,第313页。

期的生活环境塑造了居民的性格特质。而公社房则因不适应工业化发展的要求销声匿迹。这一时期,除官民之间的住房鸿沟继续拉大外,高级专家、科学和文化活动家以及个别先进生产者也从本群体中剥离出来,加入到"住房特权者"行列。这样,整个社会依是否居住在独户住宅,分化成泾渭分明的两部分,显示出不同的社会地位。而住房条件的分野又在一定程度上固化了社会分层。因此,无论从继续改善人民群众的住房条件,还是从缩小住房分层的角度,都仍然需要苏联政府百尺竿头,更进一步。

第四,回顾苏维埃政权20年的住房历史,可以发现,住房管理是辅助国家实现每一阶段历史任务的重要助手。军事共产主义时期,重新分配住房运动的目的是一举解决劳动群众的住房危机,从中产生的合住房还体现了社会主义国家人人平等的制度优势,公社房则是培养社会主义新人的摇篮。这些举措配合了初夺政权的布尔什维克快速战胜物质困难的期许,以及直接过渡到共产主义的企盼。新经济政策时期,分权化管理方式允许买卖租赁房产,付费使用国有和市有住房,将部分市有住房发还个人管理,住房租赁合作社有效修复和积极经营破损住房,住宅建筑合作社建筑了一批设施齐备的优质房产,个人自建渠道大量建房。这些力量的参与减轻了国家的经济压力和经营管理住房的负担,帮助政府迅速恢复了住房事业。工业化时期,政权渐次将住房资源完全掌握在自己手中,使住房在社会奖励系统中扮演独特角色,也是国家实施个人监督的基本载体。高度集中管理住房为工业化建设发挥了不可替代的作用。

第五,综观三种住房管理方式在解决人民群众住房困难上的效用,可知,处理住房问题仅仅依靠增加住房建设量是不够的,它需要住房管理机制各要素的合力、充分运作,还与房子的属性密切相关。在住房所有制方面,要鼓励多种住房所有制形式并存,以立法形式清晰产权关系,长远、稳固保障各类房产所有者的合法权益;在住房管理方面,灵活引入多种管理力量,同时务必明确住户、住房管理部门与各类型住房的权利和义务关系,房租、公用服务费用等与经营成本挂钩,有力保护和维修住房;在住房建设方面,鼓励国家、集体和个人等多方力量参与建房大业,在建房的资金、地皮和建筑材料等方面给予政策引导、规范和支持;在住房分配方面,活跃住房市场,允许住房资源自由流动。同时,在住房建设和分配上还要把握一个均衡的尺度,关注建造了什么类型的住房,以及谁将获得这些新房。从房子的属性来看,则要把住房问题作为一个经济问题对待,还原住房的商品属性,使房地产成为有利可图的产业。基于上述层面,分权化住房管理极其有助于住房事业的恢复和发展,值得大力提倡。

参考文献

(一)中文部分

1. 奥兰多·费吉斯:《耳语者》,桂林:广西师范大学出版社,2014年。
2. 巴齐尔·凯布莱:《当代苏联社会》,钱慰曾、金还珠、郭安定、杨祖功译,济南:山东人民出版社,1985年。
3. 布尔加科夫:《布尔加科夫文集》第二卷,曹国维、戴骢译,北京:作家出版社,1998年。
4. 曹维安:《俄国史新论——影响俄国历史发展的基本问题》,北京:中国社会科学出版社,2002年。
5. 杜婧:《苏联时期城市市民社会生活研究》,吉林大学2019年硕士学位论文。
6. 高晓慧、高际香:《俄罗斯住房制度改革及绩效》,《俄罗斯中亚东欧市场》2008年第8期。
7. 胡毓鼎:《谈苏联城市住房问题》,《俄罗斯中亚东欧研究》1984年第2期。
8. 黄立茀:《苏联社会阶层与苏联剧变研究》,北京:社会科学文献出版社,2006年。
9. 金挥、陆南泉、张康琴主编:《论苏联经济——管理体制与主要政策》,沈阳:辽宁人民出版社,1982年。
10. 金挥、陆南泉、张康琴主编:《苏联经济概论》,北京:中国财政经济出版社,1985年。
11. 李凯:《俄罗斯住房保障研究》,西北农林科技大学2010年硕士学位论文。
12. 李伟伟:《苏联建筑发展概论》,大连:大连理工大学出版社,1992年。
13. 陆南泉、张础、陈义初等编:《苏联国民经济发展七十年》,北京:机械工业出版社,1988年。
14. 陆南泉:《俄罗斯住房制度改革》,《东方早报》2013年5月14日。
15. 《列宁全集》第32、33卷,北京:人民出版社,1985年。

16.《列宁选集》第四卷,北京:人民出版社,1960 年。
17. Л. Л. 雷巴科夫斯基编:《苏联人口七十年》,郭丽群译,北京:商务印书馆,1994 年。
18.《马克思恩格斯全集》第 3 卷,北京:人民出版社,1995 年。
19.《马克思恩格斯选集》第一、三卷,北京:人民出版社,1995 年。
20. B. T. 琼图洛夫等编:《苏联经济史》,郑彪等译,长春:吉林大学出版社,1988 年。
21.《斯大林全集》第八、九、十、十二、十三卷,北京:人民出版社,1954—1956 年。
22.《苏联共产党代表大会、代表会议和中央全会决议汇编》第一至四分册,中共中央马克思恩格斯列宁斯大林著作编译局译,北京:人民出版社,1964 年,1956 年,1957 年。
23.《苏联共产党和苏联政府经济问题决议汇编》第一、二卷,北京:中国人民大学出版社,1984 年,1987 年。
24.《苏联问题译丛》编辑部编译:《苏联问题译丛》第四辑,北京:生活·读书·新知三联书店,1980 年。
25. 沈晓龙:《20 世纪初至 20 世纪 70 年代苏联城市居民住房问题研究》,吉林大学 2014 年硕士论文。
26. 沈志华主编:《一个大国的崛起与崩溃》,北京:社会科学文献出版社,2009 年。
27. 苏联部长会议中央统计局编:《苏联国民经济六十年》,陆南泉、张康琴、毛蓉芳译,北京:生活·读书·新知三联书店,1979 年。
28. 苏联科学院经济研究所编:《苏联社会主义经济史》第二、三、四卷,北京:生活·读书·新知三联书店,1980 年,1982 年。
29. 孙成木、刘祖熙、李建主编:《俄国通史简编》(下),北京:人民出版社,1986 年。
30. 王光复:《苏联的城市住房问题》,《城市问题》1989 年第 6 期。
31. 王微、刘凤英主编:《住房制度改革》,北京:中国人民大学出版社,1999 年。
32. 吴易风:《空想社会主义经济学说简史》,北京:商务印书馆,1975 年。
33. 许源远:《住宅建筑合作社》,《俄罗斯研究》1984 年第 2 期。
34. 徐天新:《斯大林模式的形成》,北京:人民出版社,2013 年。
35.《原苏联东欧转型国家住房改革研究报告》,中国人民大学研究报告。
36.《原苏联及俄罗斯的住房状况》,http://www.hljfdc.com/index/news_xx.asp? id=4944

37. А. Н. 雅科夫列夫主编:《20世纪俄罗斯档案文件·新经济政策是怎样被断送的(一)》,李方仲、宋锦海、李永庆译,李方仲校,北京:人民出版社,2007年。
38. Б. Я. 伊昂纳斯克主编:《基本建设经济学》,郑禄、唐慕文译,北京:中国人民大学出版社,1985年。
39. 雅·阿·约夫菲,列·巴·兹洛马诺夫编著:《苏联社会经济发展统计资料手册(1917—1977)》,文郁译,北京:求实出版社,1984年。
40. 余伟民主编:《俄罗斯道路:历史与现实——中国学者的研究视角》,上海:上海三联书店,2013年。
41. 约翰·P. 哈特等:《苏联经济现状》(下),北京:生活·读书·新知三联书店,1981年。
42. 臧志远:《苏联工业化集合住宅研究》,天津大学2009年硕士学位论文。
43. 周尚文、叶书宗、王斯德:《苏联兴亡史》,上海:上海人民出版社,1993年。
44. 庄晓芸、肖来付:《俄罗斯的住房问题与住房制度改革》,《俄罗斯中亚东欧市场》2008年第12期。
45. 左凤荣:《中国的改革开放是对斯大林—苏联模式的否定》,《中国特色社会主义研究》2007年第1期。

(二) 俄文部分

1. А. А. Ильюхов. Жизнь в эпоху перемен: Материальное положение городских жителей в годы революции и Гражданской войны (1917-1921 гг.). М., РОССПЭН, 2007.

2. А. А. Левский. На путях решения жилищного вопроса в СССР // История СССР. 1962. №4.

3. А. А. Рогач. Городская повседневность Самаро-Саратовского Поволжья в 1918-1920 гг. диссертация…кандидата исторических наук. Самара, 2009.

4. А. В. Гоголевский. Революция и психология: политические настроения рабочих Петрограда в условиях большевистской монополии на власть 1918-1920. Изд-во С.-Петерб. ун-та, 2005.

5. А. Е. Харитонова. Основные этапы жилищного строительства в СССР // Вопросы истории. 1965. №5.

6. А. И. Черных. Жилищный передел-политика 20-х годов в сфере жилья // Социологические исследования. 1995. №10.

7. А. Корягин. Строительство коммунизма и жилищный вопрос //

Вопросы экономики. 1962. №6.

8. А. Николаев. Развитие жилищного строительства за 40 лет Советской власти // Городское и сельское строительство. 1957. №10.

9. А. Черных. Становление России советской: 20-е годы в зеркале социологии. М., Памятники исторической мысли, 1998.

10. Академия наук СССР Сибирское отделение институт истории, филологии и философии. Культура и быт рабочих Сибири в период строительства социализма. Издательство 《Наука》, Сибирское отделение Новосибирск, 1980.

11. Академия Наук СССР институт истории СССР. Рабочий класс в октябрьской революции и на защите ее завоеваний 1917-1920 гг. Том 1. М., Наука, 1984.

12. Академия Наук СССР институт истории СССР. Рабочий класс-ведущая сила в строительстве социалистического общества 1921-1937гг. Том 2. М., Наука, 1984.

13. Академия строительства и архитектуры СССР. Строительство в СССР. 1917-1957. М., Госстройиздат, 1958.

14. Алексей Федров. Опыт решения жилищного вопроса в Советской России: справедливое распределение или всеобщая вакханалия (на материалах губернских городов центрального промышленного района). https://actualhistory.ru/quarters_in_sov_russia.

15. В. А. Аверченко, И. Г. Царев. Жилищное строительство—старая песня о главном // Экономика и организация промышленного производства. 2005. №7.

16. В. А. Надеждина. Нэповская Россия в зеркале социальной истории // Отечественная история. 2007. №4.

17. В. В. Святловский. Жилищный и квартирный вопрос в России. Избранные статьи. М., РОССПЭН, 2012.

18. В. С. Измозик., Н. Б. Лебина. Жилищный вопрос в быту Ленинградской партийно-советской номенклатуры 1920-1930-х годов // Вопросы истории. 2001. №4.

19. Г. В. Андреевский. Повседневная жизнь Москвы в Сталинскую эпоху (20-30-е годы). М., Молодая гвардия, 2003.

20. Г. Г. Корноухова. Повседневность и уровень жизни городского

населения СССР в 1920-1930-е гг. (На материалах Астраханской области). диссертация…кандидата исторических наук. М., 2004.

21. Госкомстат СССР. Жилищные условия населения СССР. Статистический сборник. М., информационно-издательский центр Госкомстата СССР, 1990.

22. Д. Л. Бронер. Жилищное строительство и демографические процессы. М., Статистика, 1980.

23. Декреты Советской власти. Том XII. М., издательство политической литературы, 1986.

24. Декреты Советской власти. Том XVI. М., РОССПЭН, 2004.

25. Декреты Советской власти. Том I. М., 1957.

26. Достижения Советской власти за 40 лет в цифрах (Статистический сборник). М., Государственное статистическое издательство, 1957.

27. Е. Г. Гимпельсон. Советский рабочий класс 1918-1920 гг. социально-политические изменения. М., Наука, 1974.

28. Е. И. Косякова. Городская повседневность Новониколаевска-Новосибирска в конце 1919- первой половине 1941г. диссертация … кандидата исторических наук. Омск, 2006.

29. Е. Н. Андрианова. Быт жителей Петрограда в период военного коммунизма по материалам коллекции фотографий ГЦМСИР // Вестник Московского университета. 2011. №2.

30. Е. Ю. Герасимова. История коммунальной квартиры в Ленинграде. http://www.kommunalka.spb.ru/history/history12.htm.

31. Е. Ю. Герасимова. Советская коммунальная квартира как социальный институт: историко-социологический анализ (на материалах Петрограда-Ленинграда, 1917-1991). диссертация … кандидата социологических наук. С.-Петербург, 2000.

32. Елена Кириллова. 《Квартирный вопрос》в Петрограде-Ленинграде в годы нэпа // Российская история. 2016. №1.

33. Жилищные Товарищества периода НЭП. http://www.tsg.ru/arxif/20/za/jilalm04/glava5.htm.

34. И. А. Гатауллина. Среднее Поволжье в годы НЭП: социально-экономические процессы и повседневность. Казань, 2009.

35. И. Б. Орлов. Жилищная политика советской власти в первое

послереволюционное двадцатилетие. http://ukrhist. at. ua/publ/23-1-0-518.

36. И. Б. Орлов. Советская повседневность: исторический и социологический аспекты становления. М., Изд. дом Гос. ун-та-Высшей школы экономики, 2010.

37. И. П. Кулакова. История Московского жилья. М., О. Г. И, 2006.

38. И. С. Чередина. Московское жилье конца XIX-середины XX века. М., 《Архитектура-С》, 2004.

39. История развития жилищного фонда Санкт-петербурга. http://www.zemso-spb. ru/index. php? go = Pages&in = print&id = 48.

40. История создания советских домов-коммун. Библиофонд, электронная библиотека. http://www. bibliofond. ru/view. aspx? id = 511465.

41. К. Виноградов. Перспективы жилищного строительства и перепись жилищного фонда в СССР // Вопросы экономики. 1959. №10.

42. Катерина Герасимова. Жилье в советском городе: историко-социологическое исследование (Ленинград, 1918-1991). https://instryktsiya. ru/instr/8509/index. html.

43. Л. В. Лебедева. Повседневная жизнь пензенской деревни в 1920-е годы: традиции и перемены. М., РОССПЭН, 2009.

44. М. А. Денисова. Повседневная жизнь населения советского провинциального города в 1920-е годы: на материалах города Курска. диссертация... кандидата исторических наук. Курск, 2010.

45. М. А. Шипилов. Жилищный вопрос при капитализме и социализме. М., издательство политической литературы, 1964.

46. М. Аркадьев. О жилищном строительстве в СССР. Государственное издательство политической литературы, 1949.

47. М. В. Богословская. Жилищные условия и медицинское обслуживание советской государственной элиты в 1920-30-е гг // Новый исторический вестникъ. 2006. №1(14). http://ricolor. org/history/rsv/elita/1/.

48. М. Г. Меерович. Квадратные метры, формирующие сознание-жилище, как средство управления людьми: жилищная политика в СССР. 1917-1932 гг. http://www. circle. ru/ personalia/.

49. М. Г. Меерович. Кто не работает, тот не живет. Жилищная политика как инструмент управления социальными изменениями: опыт России

(1917-1941 гг.). http://www.circleplus.ru/archive/n/34/7.

50. М. Г. Меерович. Наказание жилищем：жилищная политика в СССР как средство управления людьми(1917-1937 годы). М.,РОССПЭН, 2008.

51. М. Г. Меерович. Социально-культурные основы осуществления государственной жилищной политики в РСФСР(1917-1941гг.). Улан-Удэ, 2004. http://planetadisser.com/see/dis_242241.html.

52. Московская недвижимость во времена СССР. http://www.nedmos.info/moscow.html.

53. Н. Б. Лебина. Социально-политическое развитие рабочей молодежи в условиях становления тоталитарного режима в СССР (20-30-е гг.). диссертация...доктора исторических наук. С.-Петербург, 1994.

54. Н. А. Араловец. Городская семья в России 1897-1926 гг. Историко-демографический аспект. М.,РИО ИРИ РАН, 2003.

55. Н. Б. Лебина., А. Н. Чистиков. Обыватель и реформы：картины повседневной жизни горожан в годы НЭПа и Хрущевского десятилетия. СПб., Дмитрий Буланин, 2003 (ГИПП Искусство России).

56. Н. Б. Лебина. Повседневная жизнь Советского города：нормы и аномалии. 1920-1930 годы. издательство Журнал《Нева》, Издательско-торговый дом《Летний Сад》, 1999.

57. Н. Б. Лебина. Энциклопедия банальностей：Советская повседневность：Контуры, символы, знаки. СПб.,Дмитрий Буланин, 2008.

58. Н. Лебина. Советская повседневность：нормы и аномалии. от военного коммунизма к большому стилю. М., новое литературное обозрение, 2015.

59. Народное хозяйство СССР за 60 лет (Юбилейный статистический ежегодник). М.,Статистика, 1977.

60. Народное хозяйство СССР. 1922-1982. Юбилейный статистический ежегодник. М., Издательство《Финансы и статистика》, 1982.

61. Народное хозяйство СССР. статистический ежегодник ЦСУ СССР.

62. Основы жилищного законодательства Союза ССР и союзных республик. Жилищный кодекс РСФСР. М., издательство 《Юридическая литература》, 1983.

63. Ответственный за выпуск Л. А. Уманский. Народное хозяйство СССР за

70 лет：Юбилейный статистический ежегодник. М., Издательство 《Финансы и статистика》, 1987.

64. Под общей редакцией члена-корреспондента АН СССР Г. Л. Смирнова. Первые декреты Советской власти. М., 1987.

65. Под ред. Павла Романова и Елены Ярской-Смирновой. Советская социальная политика 1920-1930-х годов：идеология и повседневность. М.，ООО《Вариант》，ЦСПГИ, 2007.

66. Редкол. ：А. С. Сенявский и др. ХХ век в российской истории：проблемы，поиски，решения：сборник. М., Издательский центр Института российской истории РАН, 2010.

67. Российская академия наук институт российской истории. НЭП：экономические，политические и социокультурные аспекты. М., РОССПЭН, 2006.

68. С. П. Постников., М. А. Фельдман. Социокультурный облик промышленных рабочих России. в 1900-1941 гг. М.，РОССПЭН, 2009.

69. Санкт-Петербургский государственный университет. Новейшая история России 1914-2005. М.，высшее образование, 2007.

70. Сборник жилищного законодательства. М., издательство《Юридическая литература》, 1963.

71. Сергей Глазунов, Владимир Самошин. Доступное жилье：люди и национальный проект. М.，издательство《Европа》, 2006.

72. Сергей Журавлев, Михаил Мухин. 《Крепость социализма》：Повседневность и мотивация труда на советском предприятии. 1928-1938 гг. М.，РОССПЭН, 2004.

73. Систематический сборник декретов и постановлений по жилищному вопросу. М.，издание М. К. Х., 1923.

74. Составил В. К. Хитев. Советское законодательство о жилище. Систематический сборник важнейших законов и постановлений. Государственное издательство《Советское законодательство》, 1937.

75. Составление и редакция：Уильям Брумфилд и Блэр Рубл. Жилище в России：век ХХ. Архитектура и социальная история. М., 《Три квадрата》, 2001.

76. Т. А. Ярославцева. Государственная политика в жилищно-коммунальной сфере на дальнем востоке в 1920-е-1930-е годы //

Отечественная история. 2006. №5.

77. Т. В. Кузнецова. К вопросу о путях решения жилищной проблемы в СССР（революционный жилищный передел в Москве. 1918-1921 гг.）// История СССР. 1963. №5.

78. Т. М. Говоренкова. Жилищные реформы периода Новой Экономической Политики и возможность применения их опыта в современной России（Федеральное агентство по строительству и жилищно-коммунальному хозяйству）. http://www.comhoz.ru/content/document_r_E44438A8-0BEF-4E85-8573-FEE9528279C1.html.

79. Т. М. Смирнова. "жилищный ворпос-такой важный и такой больной …": жилищная политика и практика в послереволюционной России（1917-начало 1920-х гг.）. The Soviet and Post-Soviet Review, 33, Nos. 2-3（2006）.

80. Ш. Д. Чиквашвили. Жилищно-строительная кооперация в СССР. М., издательство《Юридическая литература》, 1965.

81. Ш. Фицпатрик. Повседневный сталинизм. Социальная история Советской России в 30-е годы: город. М., РОССПЭН, 2001.

82. Ш. Эпизод. Как стал бесхозным русский дом. https://patrio.livejournal.com/110936.html? mode = reply.

83. Этапы развития жилищных отношений в России и городе Москве в XX веке. http://hghltd.yandex.net/yandbtm? url = http.

住房事业名词对照表

（按汉语拼音字母顺序排列）

搬迁委员会　комиссия по вселению
城市住房合作社联社　городской союз жилищной кооперации
地方经济处　отдел местного хозяйства
发还原主（指已征用或收归市有的建筑物）　демуниципализация
房屋管理所　домовое управление
房屋管理员　заведующий домом
房屋管理员　управляющий домом
工厂管理处　заводоуправление
工人住宅建设促进委员会　комитет содействия жилищному рабочему строительству
工人住宅建筑合作社　рабочие жилищно-строительные кооперативные товарищества
公社房　дом – коммуна
公用事业处　отдел коммунального хозяйства
公用事业处　коммунальный отдел
公用事业管理总局　главное управление коммунального хозяйства
合住房　коммунальная квартира
紧凑使用住宅　уплотнение
莫斯科不动产管理局　московское управление недвижимых имуществ
莫斯科国家建筑委员会　московский комитет государственных сооружений
莫斯科市国民经济委员会建筑管理处　отдел сооружений МГСНХ
莫斯科市和全省改善工人日常生活委员会　комиссия по улучшению быта рабочих г. Москвы и губернии
莫斯科市苏维埃住宅地政处　жилищно-земельный отдел Моссовета
内务人民委员部公用事业管理总局　ГУКХ НКВД
贫农住宅管理委员会　домовый комитет бедноты

平方俄丈　квадратная сажень
区住房分配委员会　районные комиссии по распределению жилплощади
区住宅分配处　районный жилищный отдел
全体会议　общее собрание
入股金　паевые взносы
入社费　вступительные взносы
审计委员会　ревизионная комиссия
省发还原主委员会　губернская комиссия по демуниципализации
省公用事业处　губоткомхоз
苏维埃楼　Дом Советов
一般公民住宅建筑合作社　общегражданские жилищно-строительные кооперативные товарищества
中央公用事业和住宅建设银行　центральный банк коммунального хозяйства и жилищного строительства
中央住宅委员会　центральная жилищная комиссия
重新分配住宅　квартирный передел
住房管理处　жилищное управление
住房合作社　жилищное товарищество
住房合作社联社　союз жилищных кооперативных товариществ
住房租赁合作社　жилищно-арендное кооперативное товарищество
住宅地政处　жилищно-земельный отдел
住宅分配处　жилищный отдел
住宅负责人　ответственный по квартире
住宅管理委员会　домовый комитет
住宅建筑合作社　жилищно-строительное кооперативное товарищество
住宅委员会　жилищная комиссия
自动紧凑使用住宅　самоуплотнение

苏联城市住房政策一览表(1917—1937)

1917年10月26日	全俄工兵农代表苏维埃第二次代表大会通过《关于土地》法令
1917年10月28日	俄罗斯联邦内务人民委员部颁布《关于延期支付住房费用》法令
1917年10月30日	内务人民委员部颁布《关于授权城市自治机关管理住房问题》决议
1917年11月18日	列宁在《人民委员会关于高级职员和官员的薪金额的决定草案》中规定:人民委员家庭成员的住房每人不得超过一间
1917年12月14日	俄罗斯联邦人民委员会颁布《关于禁止不动产交易》法令
1918年8月20日	全俄工兵农及哥萨克代表苏维埃中央执行委员会颁布《关于废止城市不动产的私有财产权》法令
1919年7月17日	卫生人民委员部发布全国住房面积卫生标准,规定人均8.25平方米
1921年1月27日	俄罗斯联邦人民委员会颁布《关于免除房租等费用》法令
1921年5月23日	俄罗斯联邦人民委员会颁布《关于改善劳动人民住房条件的措施和打击破坏住房的措施》法令
1921年6月10日	全俄中央执行委员会和人民委员会通过《关于内务人民委员部》决议
1921年8月8日	俄罗斯联邦人民委员会颁布《关于公用事业处修订收归市有的房产名单》
1921年8月8日	俄罗斯联邦人民委员会颁布《关于住房管理》决议
1921年8月8日	俄罗斯联邦人民委员会通过《关于提供给合作社团体和公民个人开发城市地段的权力》法令
1921年12月28日	俄罗斯联邦人民委员会颁布《关于发还原主的条件》

续 表

1921 年	全俄中央执行委员会和俄罗斯联邦人民委员会颁布《关于把公用事业机关从直接经营市有住房中解放出来,将房屋转交给住户集体经营》法令
1922 年 4 月 20 日	俄罗斯联邦人民委员会颁布《关于缴纳住房费用》法令
1922 年 5 月 22 日	全俄中央执行委员会颁布《关于被俄罗斯联邦承认并受其法律和法院保护的基本私有财产权》法令
1922 年 11 月 11 日	全俄中央执行委员会颁布《关于实施俄罗斯联邦民法典》决议
1923 年 6 月 13 日	全俄中央执行委员会和俄罗斯联邦人民委员会颁布《关于在城市类型居民点征收房租》法令
1924 年 5 月 16 日	苏联中央执行委员会和苏联人民委员会颁布《关于推进合作建设工人住房》决议
1924 年 8 月 19 日	苏联中央执行委员会和苏联人民委员会通过《关于住房合作社》决议
1925 年 6 月 1 日	全俄中央执行委员会和俄罗斯联邦人民委员会颁布《关于在城市居民点征收房租》法令
1926 年 6 月 4 日	苏联中央执行委员会和苏联人民委员会颁布《关于在城市居民点征收房租和调整住房使用的措施》决议
1926 年 10 月 11 日	全俄中央执行委员会和俄罗斯联邦人民委员会颁布《关于将因购买住房被定罪的人从住房中迁出的程序》法令
1927 年 6 月 15 日	苏联中央执行委员会和苏联人民委员会发布《关于促进工人住房建设的措施》决议
1927 年 7 月 11 日	全俄中央执行委员会和俄罗斯联邦人民委员会颁布《关于组织市政住房管理托拉斯》决议草案
1927 年 8 月 1 日	全俄中央执行委员会和俄罗斯联邦人民委员会颁布《关于对住房面积使用权的调整和关于在公有化房屋(国有、市有以及住宅建筑合作社所有)及分配给市政使用的房屋中打击擅自占用的措施》决议
1927 年 9 月 29 日	俄罗斯联邦人民委员会通过《关于调整工人个人建房》决议
1927 年 11 月 15 日	俄罗斯联邦人民委员会出台《关于城市定居点住房事业的措施》决议
1928 年 1 月 4 日	苏联中央执行委员会和苏联人民委员会通过《关于住宅政策》决议
1928 年 5 月 14 日	全俄中央执行委员会和俄罗斯联邦人民委员会通过《关于在城市和工人村支付房租》决议
1928 年 12 月 28 日	苏联人民委员会出台《打击虚假合作社的措施》决议
1929 年 4 月	全俄中央执行委员会和俄罗斯联邦人民委员会颁布《关于限制非劳动者居住在市有和国有住房里和将原来的房主从国有和市有住房里迁出》决议
1931 年 6 月 15 日	联共(布)中央全会通过《关于莫斯科市政建设和苏联市政建设的发展》决议

续 表

1932 年 8 月 19 日	苏联人民委员会通过《关于住宅建筑合作社》决议
1934 年 4 月 23 日	苏联人民委员会通过《关于改进住宅建设》决议
1937 年 10 月 17 日	苏联中央执行委员会和苏联人民委员会颁布《关于保护城市住宅和改善住宅的经营》决议

后 记

本书建立在我的博士学位论文基础上，属于国家社会科学基金后期资助项目的最终研究成果。从萌生研究住房问题的想法到完稿，经过了十二年的光阴。在此期间，许许多多学界前辈对本书稿的写作给予热心的帮助和耐心的指点，回首往事总是让我倍感温暖，心生感激。

首先，我必须要深深感谢引领我走上学术道路的授业恩师黄立茀先生。从选题的确定到行文、从修改到定稿，无一不得到老师的悉心指导。屈指数来，从投入老师门下到成为同事，我们并肩战斗已十三年有余。老师为人正直、坦率、真诚，为学勤奋、严谨、扎实。最让我钦佩的是两点：首先，老师始终以昂扬的斗志全身心扑到学术事业上，愈挫愈勇，执着地追求真理。其次，老师时刻以虚怀若谷的心态海纳百川，超越自我。能结识黄老师，是我这一生中非常幸运的事情。黄老师永远是一位值得我尊敬和学习的优秀女性！

其次，我要感谢在成书过程中给予我帮助的各位老师。在收集资料时，笔者得到中央编译局徐元宫老师的热忱相助，他不但帮我在编译局的图书馆借书，还盛情款待我。中国人民大学国际关系学院的郭春生老师，将他院学者撰写的住房研究报告供我参考。中国社会科学院俄罗斯东欧中亚研究所图书馆的张裕芬老师，允许我进入她所的图书馆，逐本查阅每一份资料。在书稿写作过程中，中国社会科学院世界历史研究所的陈之骅研究员、闻一研究员和马龙闪研究员，俄罗斯东欧中亚研究所的陆南泉研究员、张盛发研究员、吴伟研究员，边疆中心的邢广程研究员；北京师范大学历史学院的张建华教授、政府管理学院的李兴教授；北京外国语大学俄语学院李英男教授；吉林大学东北亚研究院张广翔教授；陕西师范大学历史文化学院曹维安教授都对本书稿提出了宝贵的意见和建议。

再次，我还要感谢中国社会科学院国际合作局和世界历史研究所的各位领导，他们为我提供三次机会赴俄罗斯收集资料，这为本书的修改打下坚实的史料基础。

最后，我要深深地感谢我的家人，他们永远是我前进的不竭动力。

由于作者水平有限,一些资料较欠缺,本书存在许多不尽人意之处,诚恳希望学界同仁给予批评指正。

2019 年 11 月

北京天通苑